土地综合整治效益分析
——以河南省为例

Benefits Analysis of Comprehensive Land Integration
—A Case Study of Henan Province

主　编：王建国
副主编：王新涛　左　雯

经济管理出版社
ECONOMY & MANAGEMENT PUBLISHING HOUSE

图书在版编目（CIP）数据

土地综合整治效益分析：以河南省为例/王建国主编. —北京：经济管理出版社，
2015.11

ISBN 978-7-5096-4082-1

Ⅰ.①土…　Ⅱ.①王…　Ⅲ.①土地整理—效益评价—河南省　Ⅳ.①F321.1

中国版本图书馆 CIP 数据核字（2015）第 274177 号

组稿编辑：申桂萍
责任编辑：高　娅
责任印制：黄章平
责任校对：王　淼

出版发行：经济管理出版社
　　　　　（北京市海淀区北蜂窝 8 号中雅大厦 A 座 11 层　100038）
网　　址：www. E-mp. com. cn
电　　话：（010）51915602
印　　刷：北京九州迅驰传媒文化有限公司
经　　销：新华书店
开　　本：720mm×1000mm/16
印　　张：14.25
字　　数：222 千字
版　　次：2015 年 11 月第 1 版　　2015 年 11 月第 1 次印刷
书　　号：ISBN 978-7-5096-4082-1
定　　价：48.00 元

前　言

开展土地综合整治，对坚守耕地红线、保障国家粮食安全，提高农业效率、推进农业现代化，破解土地问题、科学推进新型城镇化，加快经济发展方式转变、推动科学发展，促进生态文明建设具有重要的战略意义。

一方面，我国人口多、人均耕地少、耕地后备资源不足、人地矛盾突出。随着经济的发展、人口的增加、工业化和城镇化的日益加剧，对土地资源的需求也与日俱增；另一方面，农村建设用地低效利用、闲置浪费问题十分严重，超标准占地、一户多宅、"空心村"等现象大量存在，造成了城市建设用地供需紧张和农村建设用地粗放、浪费同时并存的局面。因此，如何在保证经济快速发展占用大量耕地资源的前提下实现耕地资源总量的动态平衡成为了制约经济社会发展的一大难题。

河南是国家粮食生产核心区，肩负着国家粮食安全的重任，必须坚守耕地红线，而河南正处于工业化、城镇化加速推进阶段，建设用地需求量巨大，年度计划用地指标远远不能满足需要。为了破解这一矛盾，河南于2009年制定了"千村整治"实施方案，统筹部署全省土地综合整治试点工作，重点将城乡接合部、产业集聚区附近亟须搬迁建设的村庄及现状散乱、整治潜力大、生产生活环境亟须改善的村庄作为重点进行整治。通过土地综合整治，整合了农村低效利用或未利用的农业用地，缓和了城市发展占地与耕地保护之间的矛盾，提高了保障发展的能力；盘活了农村闲置的土地资源，增加了有效耕地面积，促进了耕地保护；促进了农村土地流转和农村产业发展、农民居住条件和生活环境改善，取得了明显的成效。

本书以河南为例，对土地综合整治进行综合效益评价研究，包括对社会、经济、生态效益的评价。通过对土地综合整治的成果进行分析及讨论，全面评估河南土地综合整治的具体成效，深入分析土地综合整治工作中存在的制约因素，为今后的土地综合整治实践工作提供科学的分析和判断依据，并提出正确的理论指导，以期更好地开展土地综合整治的工作。通过这一科学决策的实施，增加耕地数量，提高耕地质量，实现规划确定的耕地保有量的目标，最终使人、土地、环境成为和谐的统一体，取得土地综合整治的最佳综合效益，推动河南土地综合整治事业健康、高效、可持续发展，为全国土地综合整治提供思路和经验，促进国民经济最终发展目标和社会最终发展目标的统一，更好地实现城乡统筹发展。

本书由王建国研究员等著。参与撰稿的有：王建国（第一章）、郭小燕（第十一章）、王新涛（第五章）、左雯（第二、第四、第六、第七、第九章）、李建华（第三、第十章）、郭志远（第七章）、吴旭晓（第八章）。由王建国研究员拟定大纲并通稿，王新涛、左雯同志承担了本书出版的联络工作和书稿的编辑处理工作。

在本书付梓之际，要深深感谢河南省社会科学院办公室、科研处、财务处的热心帮助，感谢经济管理出版社的大力支持，感谢经济管理出版社申桂萍老师的竭力帮助，感谢所有鼓励、支持、帮助本书撰写出版的领导和同志们。

作　者

2015 年 10 月

目　录

第一章 河南土地综合整治的背景和意义

土地综合整治是指在一定的区域内，按照土地利用总体规划确定的目标和用途，采取行政、经济、法律和工程技术等手段，对土地利用结构及布局进行调整和改造，增加有效的耕地面积，提高土地的利用率和产出率，促进耕地规模经营、人口集中居住、产业集聚发展并改善生态环境。土地综合整治对坚守耕地红线、保障国家粮食安全、提高农业效率、推进农业现代化、破解土地问题、科学推进新型城镇化、加快经济发展方式转变、推动科学发展、促进生态文明建设、打造"美丽河南"具有重要的战略意义。

一、坚守耕地红线、保障国家粮食安全的重要举措

（一）坚守耕地红线是保障国家粮食安全的重要基础

土地是民生之本、发展之基。在我国这个发展中的人口大国，土地问题始终是现代化进程中一个带有全局性、战略性的重大问题。土地问题中最为重要的是耕地问题。我国耕地资源稀缺，在不到世界10%的耕地上，承载着世界20%以上的人口。我国人均耕地面积不到世界平均水平的一半，人多地少的矛盾极为尖锐和突出，有限的耕地资源还在减少。耕地后备资源也严重不足，60%以上分布在水源缺乏或者水土流失，土地沙化、盐碱化严重的地区，通过开发补充耕地的潜力十分有限。耕地资源短缺，已经成为制约

经济社会可持续发展的重要因素。今后一个相当长的时期内我国人口将继续增加，人地矛盾将更加突出。

坚守耕地红线是保障国家粮食安全的基础。国以民为本，民以食为天。13亿多人口的吃饭问题，始终是我国头等重要的大事。粮食生产的基础是耕地。保证国家粮食安全，最根本的是要保护耕地。2013年我国粮食总产量迈上12000亿斤的新台阶，实现了"十连增"，主要农产品供给连续增加，但农产品需求增长的速度更快，供求关系一直处于紧平衡状态。近些年，不少农产品都需要靠进口来弥补缺口，这导致我国农产品国际贸易由过去的顺差转为逆差并呈快速增加态势，部分重要农产品自给率不断下降，其中粮食自给率已低于90%。2004年我国农产品贸易逆差为46.5亿美元，2008年突破100亿美元，2010年突破200亿美元，2011年突破300亿美元，2012年突破400亿美元，2013年突破500亿美元。2013年全国农产品进口增加5.7%，其中谷物净进口1358万吨，增长4.8%；大豆进口6337.5万吨，增长8.5%。根据净进口量和当年全国单产水平测算，2013年我国粮棉油糖四大产品净进口量相当于8.62亿亩耕地面积的产出量，比2000年增加5倍。

我国仍处于工业化、城镇化快速推进阶段，随着人口总量增长、城镇人口比重上升、居民收入水平提高和农产品的工业及能源用途拓展，全社会对农产品数量、质量、品种的需求将进一步提升，保障农产品总量平衡、结构平衡和质量安全的压力越来越大。粮食是一种特殊商品，消费稳定，而生产波动大，自然风险和市场风险相互交织。各主要国家为保护自身利益，在粮食国内市场和国际市场之间，都建有不同形式的"防护墙"，都将促进国内市场稳定作为重要政策目标，将粮食风险推向国际市场。因此，我们必须把保障国家粮食安全放在更加突出的位置，坚持主要依靠自己的力量解决好吃饭问题，牢牢地将饭碗端在自己手上，统筹谋划新形势下的国家粮食安全战略，始终把握粮食安全的主动权。做到这一点，要构筑稳固牢靠的国家粮食安全保障体系，就必须牢牢坚守18亿亩耕地保护红线。

（二）河南在保障国家粮食安全方面肩负重任

河南是中国的农业大省，也是粮食生产大省，在保障全国粮食安全生产方面起到了至关重要的作用。2014年，面对播期严重干旱、冬季气温偏高、春季病虫害暴发态势明显等不利因素，全省8110万亩小麦生产获得空前丰收，产量空前提高，质量空前提升，产量达到667.76亿斤，实现"十二连增"。河南人均耕地只有1亩多，不但解决了1亿人的吃饭问题，还年年调出400亿斤原粮及制成品，为保障国家粮食安全做出了重大贡献。

国家和河南历来都对粮食生产高度重视。时任总书记胡锦涛在讲话中指出："能不能保障国家的粮食安全，河南的同志肩上是有责任的。"时任总理温家宝连续九年九次到河南，每次视察的都是粮食生产。2014年5月，习近平总书记视察河南时指出，粮食安全要警钟长鸣，粮食生产要高度重视，"三农"工作要常抓不懈。河南的粮食产量占全国的1/10，小麦产量超过1/4，地位举足轻重。粮食生产这个优势、这张"王牌"任何时候都不能丢。要立足打造全国粮食生产核心区这一目标任务，着力提高粮食生产能力，努力在高基点上实现粮食生产新突破。

河南省委、省政府坚决贯彻落实国家粮食安全战略，始终把维护粮食安全、口粮绝对安全作为基本政治责任扛在肩上，把粮食生产作为河南的一张"王牌"、一大优势着力培育，努力在高基点上实现粮食新突破。省委书记郭庚茂反复强调："河南作为农业大省和全国重要的粮食主产区，确保粮食稳产增产、为保障国家粮食安全做贡献是必须肩负的政治责任。中国人吃饭要靠自己，河南人吃饭更要靠自己。"

建设国家粮食生产核心区和建设中原经济区是河南三大国家战略中的两个。其中，粮食核心区建设作为河南"三化"协调、"四化"同步科学发展的前提，其在中原经济区、郑州航空港经济综合试验区中的基础地位无可替代。2010年，河南发布《关于河南粮食生产核心区建设规划的实施意见》，规划到2020年，粮食生产用地稳定在7500万亩，粮食生产能力达到1300亿斤，成为全国重要的粮食生产稳定增长的核心区、体制机制创新的试验区、农村经济社会全面发展的示范区。

2011 年 10 月，国务院出台《关于支持河南省加快建设中原经济区的指导意见》，在确定中原经济区诸多定位时，把"国家重要的粮食生产和现代农业基地"放在首位，明确提出，集中力量建设粮食生产核心区，推进高标准农田建设，保障国家粮食安全；加快发展现代农业产业化集群，推进全国重要的畜产品生产和加工基地建设，提高农业专业化、规模化、标准化、集约化水平，建成全国新型农业现代化先行区。这既是河南的庄严承诺，也是河南的政治责任。

（三）耕地资源匮乏制约河南持续提高粮食生产能力

据第二次河南土地调查数据显示，南阳、驻马店、周口、信阳、商丘五市的耕地面积较大，占全省耕地总面积的比重合计达 54.02%，粮食产量合计占全省粮食总产量的 58%。但是，全省耕地保护形势仍十分严峻，人均耕地少、耕地后备资源不足的基本省情没有改变。

对农业大省来说，耕地是宝。调查数据显示，河南耕地主要分布在平原和丘陵地区。2013 年底，全省平原区耕地 8537 万亩，丘陵区耕地 2572 万亩，分别占耕地总量的 69.47% 和 20.93%。山区耕地 1179 万亩，占耕地总量的 9.60%。耕地中有灌溉设施的为 8057 万亩，占 65.57%。全省粮食产量实现"十一连增"，是在实际保有的耕地基础上实现的。河南以占全国6.05% 的耕地生产出全国 10.15% 的粮食。

综合考虑现有耕地数量、质量和人口增长、发展用地需求等因素，河南必须继续坚持最严格的耕地保护制度，坚守耕地红线不动摇。目前，河南耕地面积居全国第三，但人均耕地面积则从 1996 年的 1.33 亩下降到 2009 年的 1.23 亩，低于全国人均 1.52 亩的水平，更低于世界人均 3.38 亩的水平。人均耕地的逐年下降，主要因素是人口增加。与此同时，适宜开垦的耕地后备资源日趋减少，目前郑州、许昌、漯河、商丘等市的耕地后备资源已近枯竭。同时，适宜开垦的耕地后备资源日趋减少，农村建设用地拆旧复垦难度越来越大，占补平衡将愈加困难。必须毫不动摇地坚持最严格的耕地保护制度，坚守耕地红线和粮食安全底线。

此外，改造中低产田也是河南持续提高粮食生产能力的关键。当前，河南仍有中低产田 6200 多万亩，按照 20 年来每改造 1 亩中低产田，平均新增粮食综合生产能力 167 公斤测算，在现有农业生产水平下，全省现有中低产田蕴藏着 200 多亿斤粮食综合生产能力，亟须加快中低产田改造和高标准农田建设步伐，稳定提高粮食综合生产能力，支持河南为保障国家粮食安全做出新的贡献。

（四）开展土地综合整治是坚守耕地红线、保障国家粮食安全的重要举措

由上述分析可知，河南坚守耕地保护红线、保障国家粮食安全具有重要意义。然而，耕地资源的匮乏，以及耕地质量不高成为重要的制约因素。因此，大力开展土地综合整治、增加耕地面积、提高耕地质量，是河南坚守耕地红线、持续提高粮食综合生产能力，为保障国家粮食安全做出更大贡献的重要举措。

土地综合整治通过土地平整等能够增加有效耕地面积。土地是农业生产之本，又是不可再生资源。在土地平整工程中通过将废弃地表土剥离、外运腐殖土和深松等工序，使之变成土壤肥沃的标准良田，同时将零星的耕地通过工程措施使之集中连片。通过土地的综合整治，建成大面积、连片高标准农田，能够增加耕地面积，保证全省耕地总量动态平衡，缓解人地矛盾，提高粮食产量，为经济的发展奠定基础。

土地综合整治通过农田水利工程的实施能够进一步节约耕种成本，提高耕地的抗灾能力。农田水利工程的实施，能够收到节地节水、高效率、降低生产成本的效果，有效地提高土地利用率。同时，也能够提高耕地的抗灾能力，改善耕地质量，提高粮食品质，促使传统低效农业向现代高效农业转变。此外，土地综合整治通过田间道路工程的建设有利于改善农村交通的现状，改变传统的耕作方式，提高机械化水平，推进农业产业化经营。

二、提高农业效率、推进农业现代化的重要手段

（一）提高农业效率是推进农业现代化的重要方面

农业是人类生存的基础，是国民经济其他部门赖以生存和发展的前提。农业现代化是用现代工业成果装备农业，用现代科技改造农业，用现代科学管理方法管理农业，用现代社会化服务体系服务农业，用现代科学文化知识武装农民，实现传统农业向现代农业转变的过程；也是大幅度提高农业劳动生产率、提高农产品市场竞争力、增加农民收入的有效途径。大力推进农业现代化建设，既是新阶段农业发展的基本规律和趋向，也是全面建成小康社会和生产力发展的必然要求。

当前河南农业农村发展正处于转折、转型期，农业还是经济发展的薄弱环节，是新型工业化、城镇化、农业现代化、信息化"四化"同步的"短腿"；农村还是全面建成小康社会的"短板"。打造"富强河南"、"文明河南"、"平安河南"、"美丽河南"和推进社会主义民主政治制度建设、加强党的执政能力制度建设，实现中原崛起、河南振兴、富民强省，到2020年与全国同步全面建成小康社会，难点在农村。必须把"三农"工作放在更加重要的位置抓紧抓好，大力推进农业现代化，确保粮食稳产增产、农业提质增效、农民持续增收、农村和谐稳定。

提高农业生产效率是推进农业现代化的重要方面和根本标志。农业的产业本质是经济再生产与自然再生产相交织的过程。自然风险高、市场风险高、经济效益低等农业的本质特点决定了农业的弱势性。主要表现为：农业人口收入与消费的弱势；农业人口科学文化素质的弱势；农业人口组织化程度低，权益保障性较差；农业利益严重流失；农业在基础设施领域的弱势等。此外，农业人口在医疗卫生、社会保障体系等方面无法享有国民待遇，与非农业人口存在较大差距。可见，农业的弱势性决定了农业生产效率低下，这也是制约农业现代化的主要因素，亟须提高农业资源使用效率和生产

效率，推进农业现代化。

（二）河南农业效率低下，农业现代化道路任重道远

近年来，河南抓住国家构建支农、惠农政策体系的机遇，认真贯彻执行中央各项支农、惠农政策，坚持不懈抓好"三农"工作，深入开展粮食稳定增产行动，积极推进粮食生产核心区建设，深入推进高标准粮田"百千万工程"和农业产业化集群培育工程，加快推进中低产田改造，大力实施大中型灌区改造和小型农田水利建设，全面提高农业物质技术装备水平，着力构建现代农业产业体系，现代农业建设取得明显成效，农业现代化水平大大提高。

一是粮食产量连年增长。河南不断巩固并提高粮食综合生产能力，粮食等主要农产品产量连年增长、粮食播种面积逐年提高、粮食单产不断提高，为保障国家粮食安全、支撑地方发展做出了重要贡献。二是农业物质技术装备条件显著改善。进入 21 世纪以来，随着政府支持农业政策力度的逐年加大，投入资金的不断增多，农业先进生产要素的全面进入，农业物质技术装备条件大大改善。农用机械总动力、农田有效灌溉面积、化肥使用量、农村用电量、农药使用量和农用塑料薄膜使用量大幅度增加，农业生产方式由人力畜力为主转入以机械作业为主的新阶段。三是农业规模化经营水平不断提高。近年来，随着农村劳动力大量外出务工，农业从业人员不断减少，农村土地流转加快，农业规模化主体不断涌现，农业规模化经营水平明显提高。四是农民合作组织加快发展。长期以来，河南一直把培育农民合作社作为提高农民组织化程度的重要"抓手"。全省在工商部门登记注册的各类农民合作社位居全国第四位。合作领域不断拓宽，合作层次不断提升，经营范围覆盖整个农业，涉及种养、加工和社会化服务。五是农业社会化服务体系不断完善。河南积极推动服务模式创新，初步形成了以政府公益性服务机构为主导、合作社和农业产业化龙头企业共同参与的多元化发展格局，其中农业公共服务系统得到显著加强。

同时，无论从现实情况看，还是从长期趋势看，河南农业仍存在资源紧缺、劳动生产率不高、竞争力不强、比较效益较低的突出问题。一是经营规

模太小，致使农业生产率低下。河南人均耕地 1.23 亩，不足全国平均水平的 80%，不及世界平均水平的 20%、美国的 1/230，而人均产出更不及世界平均水平的 1/70、美国的 1/80，农业劳动生产率的低下，直接造成农业生产成本偏高，在国际市场上失去了竞争力，而且农户超小型的经营规模，地块零散，限制了先进技术的采用，尤其对"规模性技术"的采用会产生严重阻碍，如机械技术、生物技术、化学除草技术、病虫害综合防治技术和中低产田改造技术等现代农业技术，农户根本无法单独采用。二是农田水利设施薄弱。主要表现为水利设施年久失修，老化严重；部分工程标准低、质量差，利用率低；重建轻管，毁坏严重等。三是农业生产技术和手段落后，造成农业产量低、农产品品质差，在市场上缺乏竞争力。许多农产品由于不符合国际标准和农药残留量高，即使低价也难以卖出。四是农户经营分散，组织化程度低。主要表现为合作社的组织规模偏小，经济实力弱，带动能力有限，既不利于农户从事专业化商品生产，也不利于农户对新技术的采用。五是农业产业化经营仍有差距。农业产业化与先进省份相比，还有较大差距，企业规模小，产业链条短，导致农业综合效益低下，不利于增加农民收入和提升农业自我发展的能力。

由上述分析可知，由于种种原因，河南农业生产效率还比较低，推进农业现代化的道路仍然任重道远。

（三）土地综合整治是河南提高农业效率、推进农业现代化的重要手段

农村土地整治是根据规划对"田、水、路、林、村"进行综合治理，增加耕地面积、提高耕地质量、改善生产条件和修复受损生态的土地利用活动，是提高农村土地产出与效益的重要途径，是破解农业现代化制约因素的重要手段，对于巩固国家粮食安全基础、改善农业基础设施条件、提高生产要素利用效率和搭建统筹城乡发展平台具有重要意义。

土地综合整治能够促进农业的集约化、规模化、机械化、产业化。由于农村土地大多奇零不整、田间道路窄、地块规模小、农田水利配套设施建设不完善，通过土地综合整治，可以调整土地利用结构，完善农田水利设施建

设、生产道路建设、防护林建设、盐碱地治理等，增强农业抵御自然灾害的能力。各项水利工程建设能够使排灌渠网相连，设施配套齐全，蓄水量增加，防洪能力增强，基本农田旱能灌、涝能排，提高粮食综合生产能力。从而优化土地结构，改善土地的基础设施条件，为土地的规模经营奠定基础，加快农业现代化的发展步伐。

土地综合整治能够提高农业效率，增加农民收入，提升农民生活水平。土地综合整治能够增加有效耕地面积，提高耕地利用率和生产率，进而增加农民收入。在土地整理过程中，融土地开发、水利、交通、环保、居住等工程于一体，结合现代农业园区等专项建设标准，做好农田水利设施建设，在增加耕地的同时又能改善土地质量和农业基础设施条件，提高农业机械化耕作水平。此外，通过土地综合整治、田间道及生产路相通联网、道路等级提高、农民购置农用机械增加，农业机械化耕作水平得以大大提高。同时农村交通运输畅通，城镇公交车在农村设站，农用物资运得进，农产品运得出，加快农村物流发展。

土地综合整治能够实现现代化村容、村貌、村洁。土地综合整治能够优化农业资源环境。土地综合整治在增加耕地面积、提高耕地利用率和产出率的同时，能够有效地改善农民的居住环境。如在具备条件的地区对新型农村社区进行统一规划，对新农村的村容村貌进行统一规划，重视环境的建设，最终改善农村生产和居住环境，通过新农村建设，吸引农民向聚集区居住，农村社区基础设施建设配套齐全后，村容村貌将大大改变，从而改善农村生活和居住环境，提高农民生活质量。同时，通过农民集中居住，可以把布局分散、数量很大、使用效率很低的农民宅基地集中起来，统一整理复耕还田。整理复垦后的土地，会大大超过小城镇建设所占用的耕地，确保耕地不减少，实现土地使用集约化。

三、破解土地问题、科学推进新型城镇化的根本途径

（一）科学推进新型城镇化是当前河南面临的重要任务

城镇化是现代化的必由之路。城镇化是伴随工业化发展，非农产业在城镇集聚，农村人口向城镇集中的自然历史过程，是资源高度集约化配置的过程，是人类社会发展的客观趋势，是现代化建设的核心内容。站在新的起点上，走中国特色、科学发展的新型城镇化道路，是解决农业、农村、农民问题的重要途径，是推动区域协调发展的有力支撑，是扩大内需和促进产业升级的重要"抓手"，对全面建成小康社会、加快推进社会主义现代化具有重大现实意义和深远历史意义。

科学推进新型城镇化是实现中原崛起、河南振兴、富民强省的必然选择。河南是农业大省、人口大省、发展中大省，正处于全面建成小康社会的决定性阶段，处于爬坡过坎、攻坚转型的关键时期，城镇化水平低、质量不高仍然是河南经济社会发展诸多矛盾的症结所在。科学推进新型城镇化具有牵一发而动全身的综合带动作用，有利于推动粮食生产核心区、中原经济区、郑州航空港经济综合实验区三大国家战略规划深入实施，加快先进制造业大省、高成长服务业大省、现代农业大省建设，让人民群众更好、更公平地享受到改革发展成果，打造"富强河南"；有利于促进生产方式、生活方式以及价值观念的转变，传承中原历史文化，提高社会文明程度，打造"文明河南"；有利于解决大量农民工在城乡之间钟摆式流动带来的社会矛盾和风险，提高社会治理水平，促进社会和谐稳定，打造"平安河南"；有利于促进产业和人口在空间布局上合理集中，推动节约集约发展和生态保护，提高可持续发展能力，打造"美丽河南"。我们要实现社会主义现代化，加快中原崛起、河南振兴、富民强省，就必须走新型城镇化道路，较好地完成这个历史任务。

科学推进新型城镇化是遵循规律、健康发展的必然要求。改革开放以来，特别是近年来，河南城镇化进程明显加快，现代城镇体系框架初步形成，中原城市群总体经济实力和辐射带动力稳步提高，郑州全国区域性中心城市建设迈出坚实步伐，地区性中心城市和县城人口产业集聚能力明显提升，城乡面貌发生了很大变化，是河南历史上城镇化发展最快的时期。同时，在发展过程中也积累了一些突出的矛盾和问题，主要是产业就业支撑能力不足，不能满足大量农村富余劳动力亟待转移的需要；城市基础设施建设滞后，基本公共服务供给水平不高，大量进城农民工和其他常住人口处于半市民化、"两栖"状态；促进农业人口向城镇转移的农村配套改革滞后，农民转市民后财产权益的保护和实现机制尚不完善；城市发育水平低，城市空间分布和规模结构不合理，中心城市辐射带动能力较弱，县级城市集聚产业和人口的潜力没有充分发挥；一些地方城镇建设规模扩张过快，占地过多，用地粗放，资源环境承载压力不断加大；城市社会治理体制和水平滞后于人口流动、社会结构变化、利益诉求多样化的趋势，个别地方出现了"城市病"的一些现象，社会稳定面临许多挑战。亟须加快推进新型城镇化建设，充分发挥城镇化建设对经济社会发展和造福人民群众的乘数效应，加快中原崛起、河南振兴、富民强省。

（二）土地问题是制约河南科学推进新型城镇化的重大问题

土地作为城镇经济和社会生活的基本空间条件之一，是一种不可再生的稀缺资源。河南实行最严格的耕地保护政策，使得土地的供给更加有限，新型城镇化面临着更加严格的土地约束。随着新型城镇化的加快推进，对土地的需求不断增加。在耕地红线不得突破、基本农田不能减少、可开垦的宜农荒地已经不多的"硬约束"条件下，土地已经成为新型城镇化加快推进的重要制约因素之一。

耕地面积减少、质量相对下降。一是城镇建成区范围不断扩大、工业建设用地增加和农村生产生活建设用地占用了大量耕地，并且土地利用方式粗放，耕地资源严重浪费问题突出。二是耕地种植过程中的精耕细作比例有所降低，影响了农业种植结构的调整和生产效率的提高。三是土地开发整理复垦对于补充耕地十分有限。国家和河南对土地开发整理复垦的投资逐年增加，但是由于耕地是由自然土壤经过相当长的历史时期发育而成，所以耕地一经占用，即使投入大量资金和人力进行土地开发整理复垦，新增的耕地不仅数量有限，而且肥力也难以保持。四是耕地资源污染严重。随着非农业建设用地的扩张，工业的快速发展，"三废"排放量增加，化肥、农药、地膜的过量使用，导致农田生态问题日益严重，耕地重金属、化学污染程度日渐加深。

城乡建设用地布局和结构不尽合理。一是城乡用地空间布局不合理。大城市空间形态普遍以主城区为主的"摊大饼"方式向外蔓延发展，城市土地利用布局严重不合理；城市内部土地利用结构、布局不合理，铺张浪费和过度密集并存，城市环境、城市生态、城市交通逐步退化，"大城市病"逐步加重。具体表现为老城区过度拥挤、密度大、容积率低，新城区贪大求洋，开发区铺张浪费。集镇和村庄的形态、布局、用地散乱，用途与功能配置不合理，生产、生活功能配套缺失，用地低效、闲置普遍、效率低下。二是建设用地比例失调，利用水平低。按人口分布计算，农村用地过大，城市比例偏小。城乡之间存在明显的用地效率落差，并呈扩大趋势。三是单位国土经济密度远低于发达国家，城镇工业用地投入产出效率较发达国家也有较大差距。

现行城乡分割的土地市场存在着诸多弊端。一是农村土地成为城市建设用地的无限供给来源，再加上各地政府经营城市理念的影响，土地非农化的冲动和极度膨胀局面很难抑制。二是土地征购导致农民集体所有权永久丧失的价格远远低于国家有限期出让土地的价格，城乡土地同地不同价，土地非农化的升值收益没有留给农村，政府和开发商大大获益。三是由于农村土地不能直接实现市场化，农民拥有的宅基地等没有任何商品价值，农村劳动力转移及其农村建设在不少地方形成了"空心村"，造成农村土地资源的浪费。

土地利用方式粗放。一是城镇化过程中土地资源被过度消耗。土地城镇化速度远快于人口城镇化，城镇工业用地占比过高，利用效率偏低。农村建设用地占比大，闲置和粗放利用问题突出，农村居民点用地是同期城镇建设用地的 2.4 倍。二是单位土地承载的经济总量不高。国土经济密度（即每平方公里土地上承载的 GDP）远低于发达国家，城镇工业用地投入产出效率低。三是现行城镇化进程依赖土地程度过高。传统经济增长强烈依赖土地要素供给，土地的宽供应和高耗费保证了高投资，助推了城镇化。城镇建设过分依托土地为杠杆的金融运作，现有城镇建设方式以"土地—财政—金融"联动机制为支撑，引发多征、多占、多卖地冲动，造成不节约、不集约利用资源环境问题。

（三）土地综合整治是破解土地制约、科学推进新型城镇化的根本途径

土地综合整治是在一定的区域内，按照土地利用总体规划确定的目标和用途，以土地整理、复垦、开发和城乡建设用地增减挂钩为平台，推动"田、水、路、林、村"综合整治，改善农村生产、生活条件和生态环境，促进农业规模经营、人口集中居住、产业聚集发展，推进城乡一体化进程的一项系统工程。土地综合整治既覆盖农村，又涉及城镇，对统筹城乡发展、优化城乡用地结构、破解城镇化进程中土地资源制约起着重要作用，是破解土地制约、科学推进新型城镇化的根本途径。

首先，有利于改善农民生产、生活条件，促进新农村建设。当前，河南农村大量住宅因农民进城而常年闲置，形成"空心村"和闲置宅基地，造成了土地资源的极大浪费。同时，农村居民点用地普遍存在"散、乱、小、脏、差"的特点。通过实施农村土地综合整治，完善农村路网、供水、供电、通信、广播电视以及生活垃圾、污水收集处理等基础设施，健全教育、医疗卫生、文化娱乐、社会养老、商业网点等公共服务设施，推广清洁能源，改变农村"脏、乱、差"状况，实现农村布局优化、道路硬化、村庄绿化、环境净化。

其次，有利于优化用地布局，实现节约集约用地。依据村镇体系规划和新农村布局建设，适度调整撤并布局分散的自然村，合理开发利用腾退宅基地、村内废弃地、空闲地，改造旧村、建设新型社区，形成农村人口向城镇和中心村集中，产业向集聚区集中，耕地向规模经营集中的格局。同时，整治城镇建设用地能够提高城市土地利用效率。以旧城镇、旧厂房、旧村居改造为内容，整治城镇建设用地，可以优化城市土地利用结构及布局，美化城

市环境，是对城市低效土地进行必要改造的活动，对于促进产业调整、城市转型、环境再造，节约集约利用土地具有重要意义。

最后，有利于破解建设用地指标紧张难题，促进新型城镇化科学推进。众所周知，无论是工业化还是城镇化，建设用地都是一道绕不过的"坎"。而国家每年下达的建设用地指标十分有限，大量的建设项目用地需要通过土地挖潜来解决，而开展土地综合整治正是解决这一难题的有效途径。一些地方将农村土地综合整治中的集体建设用地整理纳入城乡建设用地增减挂钩项目，在耕地面积不减少、质量有所提高和城乡建设用地总量不增加的前提下，按照"先减后增，增减平衡"原则，把农村节约的建设用地指标，通过有偿转让，调剂到产业集聚区和城镇建设使用，从而缓解城镇建设用地压力，有利于加快城镇建设步伐。

四、加快经济发展方式转变、推动科学发展的重要"抓手"

（一）加快经济发展方式转变是落实科学发展观、推动科学发展的客观需要

中共十八大报告指出："以科学发展为主题，以加快转变经济发展方式为主线，是关系我国发展全局的战略抉择。要适应国内外经济形势新变化，加快形成新的经济发展方式。"当前河南发展正面临产业结构升级、城乡关系调整、生态文明建设的新任务，转变经济发展方式既是全面贯彻落实科学发展观的重要体现，又是缓解资源与环境"瓶颈"约束的必然要求，对保持河南经济社会平稳较快发展具有重大的理论和实践意义。

河南实现科学发展的必然要求。科学发展观的第一要义是发展，但这种发展绝不仅是经济总量的增加。传统"高投入、高消耗、高排放、不协调、难循环、低效率"的经济增长方式在 21 世纪已走到难以为继的地步，随着支撑经济增长的生产要素低成本优势开始减弱、资源环境能力接近极限、投

资高增长矛盾越来越尖锐，河南在经济发展中面临的不稳定、不协调、不全面、不可持续的问题也日益紧迫。贯彻落实科学发展观，全面领会科学发展的思想内涵、精神实质，首要任务就是要加快转变经济发展方式，彻底摒弃单纯追求增长速度、以资源环境为代价、不讲求增长质量和效益的旧的模式，以科学发展观指引经济效益的提高、经济结构的优化、资源消耗的降低、生态环境的改善和发展成果的合理分配，通过创新发展模式，提高发展质量，推动河南在科学发展道路上加快前进。

河南实现转型发展的必然要求。近年来，河南经济社会发展取得了重大成就，但是，由于受发展基础、发展阶段等多种因素制约，结构性和深层次矛盾还比较突出：经济增长过度依赖投资拉动，经济增长的内生动力不足；重化工业成为拉动经济增长的主动力，服务业发展明显滞后；由于过度依赖能源、资源的高消耗和高投入，产业结构、产品结构层次低，自主创新能力弱；河南在经济发展方式转变上的滞后性和经济结构调整的紧迫性都更加凸显，这些问题如果不能得到解决，经济的较快增长将无法持续。加快经济发展方式转变，即从粗放经营模式向集约经营模式转变、从外延发展模式向内涵发展模式转变、从资源依赖模式向创新驱动模式转变、从依赖投资模式向扩大消费模式转变、从单向直线的传统经济模式向循环经济模式转变，是河南实现转型发展的必然要求。

河南实现绿色发展的必然要求。当前河南经济发展方式总体上仍然属于粗放型发展方式。尤其是河南工业主要为资源、原材料产业，轻工业比重偏低且主要依赖农产品原料，重工业比重偏大且主要集中在采掘业和原料工业，这些产业存在着严重的资源依赖性，其相对优势主要来自对资源的消耗和环境的损害。同时河南正处于工业化和城镇化加速发展阶段，对资源和环境的压力将会进一步加大，随着经济社会的发展，生产要素的有限性逐步显现，规模扩张与资源消耗、环境污染、劳动力成本上升之间的矛盾凸显，不但严重制约了河南经济的发展速度和质量，也带来了一系列的生态环境问题。加快转变经济发展方式正是新形势下河南贯彻落实科学发展观，实现绿色发展的内在要求，从资源消耗型、环境污染型的增长方式向资源节约型、环境友好型的增长方式转变成为摆在河南面前的重大课题。

（二）土地利用方式转变是加快经济发展方式转变的重要内容

土地关系国计民生，支撑各行各业。对于一个发展中的农业大国，土地是社会经济发展的命脉，在宏观调控中起着四两拨千斤的作用。特别是在既要确保 18 亿亩耕地红线，保障 13 亿人吃饭，又要保障新型城镇化、工业化发展用地的两难局面中。只有以土地利用方式转变，才能促进经济发展方式的转变，走出一条"两不三新"的科学发展之路。

在今后相当长的一段时期内，经济社会发展对土地资源的刚性需求将越来越大。当前，河南正处在工业化、城镇化和农业现代化的关键时期。国务院《关于支持河南省加快建设中原经济区的指导意见》指出，河南在中原经济区建设中，要坚持以科学发展为主题，以加快转变经济发展方式为主线，探索不以牺牲农业和粮食、生态和环境为代价的工业化、城镇化和农业现代化协调发展的路子，着力稳定提高粮食综合生产能力，推进产业结构和城乡结构调整，建设资源节约型和环境友好型社会，以新型工业化、城镇化带动和提升农业现代化，以农业现代化夯实城乡共同繁荣的基础，推动中原经济区实现跨越式发展，对土地资源要素保障提出了前所未有的要求。这也决定了河南未来用地形势更加严峻，土地供需矛盾日益突出，过度消耗和低效利用土地资源的粗放型发展方式已难以为继。

从资源禀赋和现行土地管理制度看，土地的稀缺性和宏观形势对经济社会发展形成的硬性约束将越来越紧。我国人均 GDP 已经超过 6000 美元，开始进入中等发展国家。根据国际上的经验教训，在这个时期，经济社会发展很容易掉进"拉美陷阱"，快速的工业化和城市化造成资源破坏、环境恶化等问题，严重影响经济社会的持续和协调发展。从河南土地省情看，总体可以归纳为"三小一大"，即土地总面积较小，只有 16.7 万平方公里，约占全国总面积的 1.74%；人均耕地占有量小，只有 1.23 亩，居全国各省、自治区、直辖市第 18 位，相当于世界平均水平的 35%；耕地后备资源量小，未利用地中可利用面积不足 40%，其中宜耕地不足 6%；土地承载压力大，以占全国 1.74%的土地承载了全国 7.47%的人口，以占全国 6.05%的耕地生产出全国 10.15%的粮食。同时，河南的土地粗放利用，已经利用的土地普遍存在着项目的投资强度偏低、产出率低、容积率低、建筑密度低的"四低"现象，未批先用、乱占滥用、擅自改变土地用途的现象时有发生。

从宏观形势看，国家对加快土地管理利用方式转变、促进经济社会发展方式转变的要求越来越高。河南省委、省政府提出，要努力走出一条"两不牺牲、三化协调"的科学发展路子，破解经济社会发展中的矛盾和问题，根本途径在于加快经济发展方式转变。省政府下发了《关于进一步加强土地开发利用管理的若干意见》和《关于批转河南省创新土地开发利用管理机制专项工作方案的通知》，指出加强土地开发利用管理、实现土地合理高效利用，是贯彻落实科学发展观、加快经济发展方式转变的内在要求，是在用地需求不断增长的形势下严格保护耕地、缓解用地压力、维护群众利益的重要途径。

因此，面对经济社会高速发展过程中土地资源利用与经济社会发展矛盾日益突出的局面，实现经济社会发展与土地资源利用相协调，根本出路在于加快土地利用方式转变。为此，河南要加快土地开发利用方式的转变，最大限度地降低经济社会发展所带来的资源环境破坏等负面作用，推动经济社会走出一条质量与数量并举、速度与效率并重、当前与长远兼顾、经济社会和环境资源协调的科学发展路子。

（三）土地综合整治是加快土地利用方式转变的重要方面

由上述分析可知，加快土地利用方式转变是加快经济发展方式转变的重要内容。而加快土地利用方式转变，要求在坚守耕地红线的同时，高举节约集约用地的大旗，严控增量、盘活存量，优化结构、提高效率，综合利用、健全标准，优化国土空间开发格局；要积极稳妥地推进土地管理制度改革，充分发挥市场配置资源的决定性作用，同时更好地发挥政府的作用，优化土地资源市场配置，健全土地节约集约利用的政策制度，完善土地利用标准体系；要大力推广节地技术和节地模式，打好制度、标准、经济、政策"组合拳"，努力以土地利用效率的提高促进经济发展质量的提升，以土地利用方式的转变促进经济发展方式的转变。

土地综合整治，是通过土地要素的合理配置提高土地利用效率，包括农用地整理、废弃土地复垦、宜农未利用地开发、建设用地整治、区域性综合整治等。通过土地、资本、技术结合，对人（农民）、产业以及社会经济进行综合的统筹，将农业部门开展的中低产田改造、水利部门进行的农田水利建设、交通部门进行的农村路网规划、林业部门进行的植树造林、建设部门进行的村镇建设等组合起来，实施区域性综合治理和统筹整治。它以土地整理复垦开发和城乡建设用地增减挂钩为平台，聚合各类涉农资金，推动目前"田、水、路、林、村"的单一整理向"田、水、路、林、村"的综合整治转变，促进耕地规模经营、人口集中居住、产业集聚发展，追求综合效益最大化，发挥"1+1>2"的效应。

土地综合整治能够以较少的土地资源消耗支撑更大规模的经济增长；坚持经济效益、社会效益、生态效益协调统一，不断提高土地利用效率；坚持统一规划、合理布局，促进区域、城乡、产业用地结构优化，是促进土地利用方式转变与经济发展方式转变、推动科学发展的重要内容。

五、促进生态文明建设、打造"美丽河南"的重要内容

（一）促进生态文明建设、打造"美丽河南"具有重要的战略意义

中共十八大报告指出，"必须树立尊重自然、顺应自然、保护自然的生态文明理念，把生态文明建设放在突出地位，融入经济建设、政治建设、文化建设、社会建设各方面和全过程，努力建设"美丽中国"，实现中华民族永续发展"。根据中共十八大的新要求，结合河南正处于爬坡过坎、转型升级关键阶段的实际，河南提出进行"富强河南、文明河南、平安河南、美丽河南"建设。"美丽河南"建设是河南面临的紧迫任务，关乎河南人民的福祉，关乎河南的长远发展，是实现中原崛起、河南振兴、富民强省战略目标的必然选择，具有重要的战略意义。

建设"美丽河南"是全面建成小康社会的重要内容。中共十八大报告提

出，到 2020 年，我国将全面建成小康社会。这是一个全面发展的目标，不仅是解决温饱问题，而且要从政治、经济、文化等各方面满足城乡发展需要。表明未来中国不仅注重经济增长目标，还要实现其他方面协调发展、科学发展，更加重视经济发展的质量，更加注重百姓生活的改善。近年来，河南经济社会取得巨大成就，全省经济总量连续多年居全国第五位。但是，人口多、底子薄、基础弱、发展不平衡的基本省情没有变，人均发展水平和人均公共服务水平低的状况没有变，河南很多经济社会指标还是低于全国平均水平。2020 年河南要全面建成小康社会，任务还很艰巨，必须要求贯彻落实科学发展观、坚持走"三化协调"、"四化同步"之路，保持全省经济、社会、自然生态全面协调可持续发展。建设"美丽河南"就是将生态文明理念融入经济社会发展全过程，共建自然、人与社会和谐相处的美好家园，与全面建成小康社会的目标和要求完全契合，是河南全面建成小康社会的重要内容。

建设"美丽河南"是加快经济发展方式转变的重要途径。当前，河南经济结构不合理、资源约束增强、环境压力加大等矛盾仍然突出，传统的粗放型经济发展方式难以为继，迫切需要加快经济发展方式转变。尤其是在河南现代化建设进程中，能源、水资源和环境容量是影响长期持续发展的最为突出的三大制约因素。要保持今后 20 年的平稳较快发展，按目前的能源消费弹性系数计算，即使考虑节能减排因素，到 2030 年也需要 5 亿吨以上的标准煤支撑，这对能源保障提出了重大挑战。同时，在今后较长时期内，可利用的水、土地等资源总量和环境容量约束不可能有明显缓解，资源和环境对经济发展的硬约束问题将愈加突出。建设"美丽河南"将从长远、全局、战略上破解三大"瓶颈"制约，有利于从根本上转变经济发展方式。一是有利于促进资源、能源高效开发和节约利用，大幅度提高资源、能源利用效率。二是有利于倡导环境友好行为，发展循环经济和清洁生产，改善经济结构。三是有利于减少污染物排放，提高环境承载能力，有效缓解经济发展与资源环境之间的矛盾，实现经济社会可持续发展。

建设"美丽河南"是改善人居环境、提升生活质量的重要保障。改善人居环境是提升人民生活质量的重要方面，是推进新型城镇化的必然要求，是社会经济实现可持续发展的重要保证。人居环境问题正日益得到世界上各国政府和人民的重视。我国政府也高度重视人居环境改善工作尤其是农村人居环境改善工作，国务院办公厅在 2014 年 5 月印发了《关于改善农村人居环境的指导意见》，提出到 2020 年，全国农村居民住房、饮水和出行等基本条件明显改善，人居环境基本实现干净、整洁、便捷，建成一批各具特色的美丽宜居村庄。建设"美丽河南"，有利于使人与自然的关系更加和谐，建设经济繁荣、环境友好、社会和谐、人民富裕的美好家园，让城乡人民群众喝上干净水、呼吸到清洁空气、吃上放心食品，在良好的环境中生产生活。同时，建设"美丽河南"可以为子孙后代留下良好的生存和发展空间，保证一代接一代永续发展，实现代际公平，是造福当代、惠及子孙的宏伟事业。

（二）生态文明建设与土地综合整治的关系

土地是一个包括地质、地貌、气候、水文、土壤、植被等多种自然要素以及人类活动种种结果的自然综合体和生态系统，具有养育、承载、仓储、景观功能。生态文明是指人类遵循人、自然、社会和谐发展的客观规律，改造自然和社会而取得的物质与精神成果的总和，强调以尊重和维护生态环境为主旨，以可持续发展为根据，以未来人类的继续发展为着眼点。土地综合整治即是在一定的区域内，按照土地利用总体规划确定的目标和用途，以土地整理、复垦、开发和城乡建设用地增减挂钩为平台，推动田、水、路、林、村综合整治，改善农村生产、生活条件和生态环境，促进农业规模经营、人口集中居住、产业聚集发展，推进城乡一体化进程的一项系统工程；是调整人地关系、确保资源再生、满足社会发展对资源的持续需求和实现生态文明的重要手段。

人类的生存既需要农产品、工业品等物质文化产品，也需要清新的空气、洁净的水源、舒适的环境、宜人的气候等生态产品。而土地综合整治是人类对这两类必需品的科学兼顾，因为土地综合整治的根本目的就是通过提高土地承载能力，为生态建设提供更多空间，实现资源与人类的永续发展，所以无论是生态环境的保育或重建，还是生态文明建设，土地综合整治都是重要"抓手"。

一方面，生态文明建设离不开土地综合整治。首先，生态环境的外部性和溢出效应，客观要求对土地利用进行系统、科学的规划和综合整治，才能形成较为完善的生态保护体系、实现生态平衡；其次，对于追求发展造成的生态破坏的建设用地，需要通过土地综合整治"腾笼换鸟"，置换出生态建设空间；最后，土地是财富之母，通过土地综合整治新增的土地，可以弥补生态建设的资金缺口。

另一方面，通过系统分析和诊断区域土地利用存在的生态环境问题和成因，有针对性地开展土地综合整治，可以直接促进生态文明建设。一是可营造出高质量自然化人居环境；二是可提升生态环境脆弱区的生态保护和修复，保护生物多样性，改善土地生态安全格局；三是可使耕地与周围沟、路、林、渠等基础设施以及片林、树丛、坑塘等半自然生境要素之间实现有机整合，提升耕地生态景观功能；四是可保护和恢复原生生物群落和生态系统，保持自然山体、水系和地形地貌形成的景观格局与特征，延续地域文化景观特征，实现绿脉、文脉的持续传承与发展。

（三）当前河南生态现状以及土地综合整治对生态环境的不良影响

河南人口众多、资源短缺、环境容量有限，尤其在城镇化、工业化、农业现代化快速发展的进程中，产生了一系列严重的生态环境问题，如环境污染、土地生态系统功能退化、生物多样性下降、景观破碎化等。生态环境恶化的原因有：一是地方政府过分注重 GDP 增长，重眼前利益、轻长远发展，重经济效益、轻环境保护，不顾资源环境的承载能力，进行掠夺式的开发利用，造成植被破坏严重，土地、河流污染严重，资源枯竭，不可持续发展；二是过分强调人的利益、忽视生物保护，如将河流简单地截弯改直甚至填充，进行不适当的水电开发，大范围内选种植物等，使生物多样性丧失严重；三是资源开发利用单一、浪费严重，如一些企业因基础设施薄弱、技术和工艺落后，加上缺乏切实的监管，在长期生产过程中资源利用单一，既造成资源极大浪费，简单处理的废弃物又造成严重环境污染，以致形成了大量毒地、毒气、毒水等。

尤其是，当前的土地综合整治还是简单、低层次的整治，对生态环境存在着一些不良影响。随着河南经济社会的快速发展，对土地资源需要压力持续增大，使得土地综合整治往往侧重于增加耕地面积，而较少顾及生态环境。一是在区域层面上，土地综合整治在规划布局上较少考虑生态环境因素，片面追求增加耕地面积，过分强调提高土地资源的承载力。二是在农田层面上，较多地考虑了田块合并与平整，忽视了农田防护、景观生态效应和生物多样性。三是在工程技术层面上，不适当的土地整治方式和技术产生了较为普遍的生态伤害，如较多地考虑了能灌能排，过分重视人机通行、水流顺畅，忽略了水土保育重构和景观生态再造，硬化的沟渠流水快来快去、不用水时渠干沟枯，从而破坏了自然生态，断绝了河水涵养万物的功能、断绝了野生动植物的生机；又如片面强调耕地面积的增加，填了池塘洼地、挖了土丘山岗，违背了因地制宜开展生态建设的要求。四是不恰当的土地平整方式造成了对土地生态的破坏，如施工中使用推土机等大型机械对土地进行反复碾压，破坏了经过长期耕作、施肥、灌溉而熟化的土壤层而造成起土壤板结；另外由于土地整治项目施工往往在干旱少雨的季节，使土壤产生了风蚀等潜在的生态问题。

（四）从建设生态文明的角度进行土地综合整治是打造"美丽河南"的重要内容

综上分析，树立尊重自然、顺应自然、保护自然的生态文明理念，科学合理地进行土地综合整治，把简单追求可用土地数量增长向人与自然全面和谐发展转变；从单纯追求增加土地承载力到适度增加生态环境承载力、确保土地持续承载力转变；从简单、低层次整治向针对不同生态环境、采用先进工程技术转变，是建设生态文明、打造"美丽河南"的重要内容。

这是因为，土地综合整治除了能够优化用地结构布局、提高农业综合生产能力、改善人居环境、发展现代农业、促进农民增收、破解建设项目用地难题外，还能使生态恶化的环境恢复生机。一是通过土地综合整治能够优化国土空间格局，预留生态环境空间，实现土地资源节约集约利用，为经济社会发展提供土地资源。二是通过土地综合整治能够对因发展不当造成的环境污染进行生态重建，恢复土地资源的生态功能。三是通过土地综合整治能够进行生态保育，改变生产生活方式，减少对土地生态环境的破坏性。四是通过创新工程施工技术实施土地综合整治，能够最大限度地减少施工对水、土壤、植被、大气、生物等环境要素造成的伤害。

第二章　河南土地综合整治的理论基础和政策基础

一、相关概念辨析

20 多年来，河南土地开发整理工作和全国其他地区一样，经历了从社会自发到政府自觉、从分散到集中、从小范围到大规模、从单一目标到综合目标的发展历程，这中间从中央到地方出台了一系列相关文件和政策，涉及土地整理、土地整治、土地综合整治等一系列概念，厘清这些概念对于我们认识土地综合整治的效益具有重要意义。

（一）土地整理

土地整理是指在一定区域内，通过基础设施建设和土地产权调整，达到改善生产条件，提高生活质量和生态环境维护的一项整体性、综合性的土地利用调整措施。从具体的实施过程来看，它泛指人们为了一定目的，对土地进行调整、安排和整治的生产实践活动，是一项涉及工程与技术、经济与法律、行政与管理的系统工程，其实质是合理组织土地利用。狭义的土地整理仅指农地整理，广义的土地整理包括农地整理和市地整理两方面内容，我国目前已开展的土地整理活动大都属于狭义的土地整理，即以增加耕地面积、提高耕地利用率和产出率为根本目的的农地整理，既包括已利用土地的结构调整和整治，也包括未利用土地的开发及采矿废弃地的复垦。

（二）土地整治

土地整治是改变土地利用所存在的不利条件的一种综合措施，是适时补充耕地、提升土地产能、保证耕地动态平衡和强化集约用地的重要手段。在我国，将土地整治与农村发展，特别是与新农村建设相结合，是保障社会经济稳定发展、保护耕地（尤其是基本农田）、统筹城乡土地配置的重大战略。在现阶段，土地整治可以看作是包括土地整理、土地开发和土地复垦三种措施的一个综合性措施。

（三）城乡建设用地增减挂钩

城乡建设用地增减挂钩是指依据土地利用总体规划，将若干拟整理复垦为耕地的农村建设用地地块（即拆旧地块）和拟用于城镇建设的地块（即建新地块）等面积共同组成建新拆旧项目区（以下简称项目区），通过建新拆旧和土地整理复垦等措施，在保证项目区内各类土地面积平衡的基础上，最终实现建设用地总量不增加、耕地面积不减少、质量不降低、城乡用地布局更合理的目标。城乡建设用地增减挂钩是国家推出的支持社会主义新农村建设、促进城乡统筹发展、破解保护与保障"两难"困境的一项重要管理措施。

（四）人地挂钩

《国务院关于支持河南省加快建设中原经济区的指导意见》中最先提出了人地挂钩的概念，是指在严格执行土地利用总体规划和土地整治规划的基础上，探索开展城乡之间、地区之间人地挂钩政策试点，实行城镇建设用地增加规模与吸纳农村人口进入城市定居规模挂钩、城市化地区建设用地增加规模与吸纳外来人口进入城市定居规模挂钩，有效破解"三化"，协调科学发展用地矛盾。

（五）土地综合整治

土地综合整治是一个复杂的大概念，包括开发、利用、保护、治理、法规规划、管理等诸多方面，通过土地、资本、技术的结合，对农民、产业以及社会经济进行综合的统筹，通过土地要素的合理配置提高土地利用效率。土地综合整治是指在一定的区域内，按照土地利用总体规划和土地整治专项规划确定的目标和用途，采取法律、经济、行政和工程技术等手段，调整土地利用结构，改造土地利用布局，增加有效耕地面积，提高土地产出率和利用率，促进人口集中居住、耕地规模经营、生态环境改善的过程。

传统的土地整理，尽管包含了"田、水、路、林、村"的整治，但在实施上更偏重于农地整理，奠定了集约化、规模化和农业产业化发展的基础，其新增的耕地指标主要用于占补平衡。虽然也提倡和强调对农民房屋进行改建、迁建，但由于资金用途的局限性，以往开展的土地整理在新农村建设方面的作用还很有限。随着社会经济快速发展，城乡建设用地紧缺的问题更加突出，国土资源部适时推出了城乡建设用地增减挂钩的试点及政策，城乡建设用地增减挂钩项目侧重于农村集体建设用地的整理复垦，节约出来的用地指标可用于城市建设，其中的土地增值收益可用于新农村建设，但仍具有一定局限性。随着城乡统筹的发展，国土资源部提出了土地综合整治的理念。

二、土地综合整治的主要内容和特点

（一）土地综合整治的内涵

土地综合整治是在一定的区域内，按照土地利用总体规划确定的目标和用途，以土地整治和城乡建设用地增减挂钩为平台，采取行政、经济、法律和工程技术等手段，对区域内的"田、水、路、林、村、房"实行综合整治，以增加有效耕地面积，改善农村生产生活条件、村容村貌及农业生态环境，实现农业规模经营、人口集中居住、产业聚集发展，推动新农村建设和城乡统筹发展的一项系统工程。土地综合整治的实质即把土地整理工作融入经济社会发展的大局中去谋划，与"三项整治"、产业集聚区用地、城乡建设用地增减挂钩，新农村建设及城乡一体化等统筹考虑。其直接的做法，就是把土地整理项目与城乡建设用地增减挂钩项目整合为土地综合整治项目，而所谓的整合包括各类整理复垦开发工作、资金、政策和部门力量四大方面的整合。

土地综合整治的主要做法有以下几个方面：一是开展农田整治，对耕地、宅基地和集体建设用地进行整理复垦，在新增耕地的同时，做到田成方、树成行、路相通、渠相连，达到旱能浇、涝能排、旱涝保收，建成集高效农业、循环农业、节水农业和集约化农业为一体的高标准农田，为规模化经营和现代农业发展创造条件；二是推进村落整治，对农民旧房改造、新居建设、农村基础设施和公共服务配套设施等进行统筹规划和更新建设；三是发展非农产业，在集体建设用地上，依法依规发展乡镇企业和非农产业，促进农村非农产业的发展和农民致富；四是促进城乡互补，通过城乡建设用地增减挂钩，增加建设用地流量，将农村富余的建设用地指标调剂到城镇使用，获得的土地增值收益反哺农村，改善农村生产生活条件。通过土地综合整治，真正实现"耕地占补平衡有良方，土地节约集约有增量，农民安居乐业有保障，城乡统筹发展有希望"。

（二）土地综合整治的主要内容

土地综合整治是一项复杂而长期的系统工程，从各项工程的内容和性质方面分析可以将土地综合整治分为下面几个部分：

1. 农村建设用地整治

农村建设用地整治主要是指对农村进行改造、迁村合并等，直接受益者是农村居民。农村建设用地整治主要指采取一系列措施对农村分散的居民点进行改造、迁村并点、集中居住等整治，改善农民的生活环境、提高土地利用率和产出率。主要措施有：控制农村居民人均建设用地指标，把超标用地复垦为农用地；改造村庄内闲置的、废弃的建筑物和部分基础设施等。

2. 城镇工矿建设用地整治

城镇工矿建设用地整治主要包括旧城改造、旧工矿改造以及"城中村"改造。城镇工矿建设用地整治的目的是合理规划优化旧城土地结构布局，拓展城镇发展空间。先前的旧城区和旧工矿以及"城中村"因为管理体制等因素，导致布局混乱、管理无序、基础设施落后、环境安全差等问题突出，造成污水横流、道路破旧、垃圾乱扔、供水供电及通信设施落后现象严重，很大程度上影响了居民的生活质量和市容市貌。通过对城镇工矿建设用地进行综合整治，将有利于提高城市建设用地、优化土地资源结构、改善居住环境与城市形象，是建设节约型、环保型、文明宜居城市的重要保障。

3. 农田整治

农田整治主要是指土地的平整、小田并大田、明渠改暗渠、路道及防护林配套设施等。通过对农田内的基础设施配套完善使其恢复功用，可增加有效耕地面积，同时为方便生产、生活，需要对路、林、沟、渠各项设施进行配套，在配套过程中应该统筹规划、优化配置，尽量将每项用地的占地面积压缩到最小限度；通过土地平整、田块合并、土地权属调整等措施，相应减少田埂占地面积，将现有废弃坑塘、墓地等综合整治成可利用耕地，充分挖掘原耕地中难以利用的边角地的潜力，增加有效耕地面积；通过土地利用结构调整，优化配置，将与耕地交错分布、田块布局散乱且面积小、利用率较低的坑塘水面、园地、林地按照规划设计标准整理成可利用耕地。

4. 复垦损毁土地整治

复垦损毁土地的整治主要是指通过整治措施，使在生产过程中因挖损、压占、塌陷、污染及其他自然灾害等造成的破坏、废弃的土地恢复利用和经营。在始终坚持18亿亩耕地红线不动摇的大政策，以及土地利用效率低下的现状下，恢复复垦损毁土地已成为土地综合整治的一项重要内容。

（三）土地综合整治的特点

土地综合整治将传统的土地整理和城乡建设用地增减挂钩结合起来，统筹实施，提供了传统土地整理和城乡建设用地增减挂钩相互补充、相得益彰的完整平台，也为新农村建设和统筹城乡发展注入了新的动力，发挥了"1+1>2"的叠加效应。因此，与以往开展的土地整理相比，土地综合整治主要具有以下特点：

1. 多规划协调

按照"统一规划、统一设计、统一整治、统一发展"的要求，土地综合整治规划要与土地利用总体规划、土地整理复垦开发规划、村镇体系规划、村镇建设规划、产业发展规划、资源开发规划、道路建设规划、区域水系规划和新农村建设规划等相互协调、相互衔接、有机结合、配套推进。

2. 多目标设计

土地综合整治成果既要有利于政府完成耕地保护责任目标，增加有效耕地面积，实现占补平衡，富余的用地指标通过增减挂钩有偿调剂到城镇使用，以弥补建设用地指标的不足；又要能解决新农村建设资金的缺口，使土地增值收益反哺农村，改善农村生产生活条件，促进城乡统筹发展，实现政府和群众期望的多个目标。

3. 多资金整合

按照"资金性质不变、管理渠道不变，统筹使用、各司其职，形成合力、各计其功"的思路，整合引导土地整治、农业综合开发、中小农田水利、以工代赈、农村扶贫、退耕还林、中低产田改造、地质环境治理、城乡建设用地增减挂钩项目资金及其他新农村建设等各类涉地、涉农资金的集中使用，综合发挥各项资金的叠加效益。

4. 政府主导、多部门联动

土地综合整治含义广泛、内容多样，涉及国土资源、财政、农业、林业、水利、环境、交通、建设、审计、监察等多个部门，必须形成以土地综合整治为纽带、以政府为主导、由国土资源部门搭建平台、相关部门协同合作、上下联动共进的管理模式，由政府强力整合各部门资源，统筹项目、资金和规划，建立健全工作组织协调机制，落实共同责任体系，推进土地综合整治工作。

5. 持续动态性

在不同的国家、不同的时期对土地项目的整治重点不同，我国早期的土地整治内容主要是保障粮食安全，随着社会经济的不断发展和土地整治的不断深入推进，现今的整治已经进入了一个全新的阶段，即通过对"田、水、路、林、村"的综合整治来改善农村生产生活环境，确保土地资源的可持续利用。

三、国内外土地综合整治研究进展

（一）国外土地综合整治演进历程及研究动态

1. 国外土地综合整治演进历程

土地综合整治是对土地整理的继承与完善。土地整理早期是指调整土地利用结构，是土地资源管理的一项重要内容。从国外土地综合整治发展历程来看，大致可将其划分为三个发展阶段：

第一个阶段（16 世纪中叶至 19 世纪末）：简单土地整理阶段。土地的私有化和不断分割，导致农用地变得零碎、散乱，影响农业大规模经营与管理。所以这个时期的主要形式是对零散田块有组织、有规划地进行归并，调整土地权属，完善农业基础设施，改善农村生产条件，提高土地管理效益，实现土地规范化经营的目的。

第二个阶段（20 世纪初期至 20 世纪 50 年代）：特定内容的土地整理。工业化的快速发展、"二战"后的复苏计划，使得土地整理主要围绕城市建设和大型基础设施建设进行。因此，这一阶段的土地整理的内容主要是针对城市建设的重新规划，解决建设用地，为基础设施的建设提供土地。

第三个阶段（20 世纪 60 年代至今）：土地综合整理。由于城镇化建设的加快，使得当地经济与生态环境发展不平衡。这一时期土地综合整理的主要内容是统筹城乡发展，提高居民收入，保护和改善区域内的生态环境。

"土地整理"一词较早出现在德国、法国、俄国、荷兰、日本等国家。由于各国的国情和社会经济发展状况不同，不同的历史时期、不同国家的土地整理的名称和内容也不尽相同。各国对土地综合整治的名称和内容也有所差异。其中，德国、荷兰、法国、朝鲜、加拿大、瑞士称为土地整理；南斯拉夫、匈牙利、韩国称为土地调整；日本称为土地整治或土地整备。

德国是世界上最早开展土地整理活动的国家，1834 年颁布了世界上第一部《土地管理法》，1886 年巴伐利亚王国的法律中首次提出了"土地整理"

的概念，并依据这项法律设立了土地整理的专项部门，第二次世界大战结束后，颁布新的《土地整理法》，在此基础上，联邦德国于 1953 年和 1976 年分别就该部法律进行了修订。德国早期的土地整理主要是为改善农业生产条件和提高农作物产量，在此基础上，又增加了改善村民的居住、生活条件和环境保护内容，追求经济、社会和生态效益的协调统一。新时期，德国又将信息工程技术的应用作为重点，在硬件、软件、技术标准方面取得了一定进展。

荷兰土地整理工作实施较早，对土地整理高度重视，并且于 1985 年颁布了《土地整理法》，从法律上规范了土地整理。20 世纪 70 年代，荷兰土地整理的核心任务是调整农业结构和扩大农用地面积，20 世纪 70 年代至今，荷兰土地整理已由单纯的农业结构调整向更加有效利用农村土地和土地利用多功能化转变。

俄罗斯土地整理于 17 世纪开始，并在 1779 年建立了土地管理学校，有关的土地整理研究具有明显的技术延伸性并一直延续至今，形成了系统完善的土地整理体系。俄罗斯的土地整治涉及的领域较广，包括村庄建设、农业生产生活、绿化用地、保持水土等各个方面，目的是合理利用土地资源、扩大再生产。1996 年 12 月"俄罗斯及独联体国家土地关系与土地整理问题国际研究学会"在莫斯科成立，提出要制定科学的土地整理标准，运用景观、生态的土地整理设计理论与技术方法，完善现代的、市场的土地整理理论。

澳大利亚的土地整治具有以下特点：重视土地复垦实验室研究；重视多科学联合攻关；重视科研与工程施工紧密结合；重视土地生态系统重建理论研究。

通过国外土地整治的发展历程可以看出，经过几个世纪的发展，土地整治的内涵随着社会的不断发展已日趋改善，并最终形成了一套完整的土地整治体系。国外土地整治过程的实践中呈现以下主要特点：有较完备的法律法规；注重土地的权属调整和土地分配的规范化实施程序；重视生态环境的保护和建设；实行土地征用和收购储备。

2. 国外土地综合整治效益研究动态

土地综合整治效益评价方法即对实施土地综合整治后的项目的效益进行

测算，一般采用定性、定量相结合的方法进行分析。根据国外土地整理以及土地整治相关的实践证明，其土地综合整治效益评价主要是定量评价，并且建立了适应各国的土地综合整治项目特点的效益评价指标体系。

国外土地整理工作初期开展的评价重点也主要是经济效益。但是随着自然、社会、经济的不断发展，经济效益不再是土地整理的唯一重点，社会效益和生态效益逐渐在土地整理工作中被重视，且在开展过程中这三者效益之间的并重也不断被重视。其中典型的如荷兰、德国、俄罗斯等国家。

通过对国外土地整理实践分析，大致可将土地整理效益内容分为：

（1）土地整理效益从最初的单纯重经济效益向经济效益、社会效益、生态效益三者协调统一的综合效益转变，且对景观效益开始初步探索。

德国：早期的土地整理的主要内容是改善农村的生产生活环境、开发土地、改良土地质量、注重土地出产率的增长。现在的德国土地整理不仅关注改善农村生活生产条件，还注重景观的保护与规划、森林和特殊农作物地区的土地整理，大大增强了土地整理的生态景观效益。

荷兰：土地整理初期投资的唯一标准是经济回报率，而今把投资标准转向经济、社会、生态效益综合考虑，且在《土地整理法》中明确规定：在农用地建设区内，非农建设用地不能超过建设总面积的5%。荷兰通过选取影响效益指标对土地整理效益评价进行定量评价，经济回报率指标被选作影响效益的经济指标项，与土地整理投入产出比相结合分析；增加就业岗位及改善农村基础设施作为社会效益指标；生态效益方面的指标则有抵御自然灾害、供水量、濒危物种栖息地等指标。

俄罗斯：土地整理起初发展迅猛，但是由于缺乏科学的土地利用体系，且许多规划设计都没有经过科学的论证，所以，土地整理在一定程度上破坏了土地的系统性，同时也损害了土地所有者的利益。后期对土地整理理论加强完善，并对土地整理的结果进行预测研究，重新制定了土地分配要求。

波兰：实施土地整理前进行科学规划，综合考虑农业生产与经济、社会、生态各方面的要求相一致，并且从美学的角度考虑农村的独特景观效益。注重景观的主导地位，使景观设计与土地利用规划、生态学等专家紧密合作，共同为农村土地整理谋求最大利益。

（2）增量效益。

根据各国土地整治效益评价影响因素的差异性，评价的重点也有所不同。相关资料显示，俄罗斯土地整理实施前后比较，可使农业产值增加20%，纯收入增加22%，农用地产值每百公顷可增加12.1%，劳动消耗量每百公顷可降低4.7%，农用地建设比重可提高10.1%，土地垦殖率可增加9.91%，轮作区面积可增加18.2%。国外土地整理的增量效益就是土地价值的提高。

国外初期以经济效益评价作为土地整理效益评价重点，随着经济社会的发展，土地整理活动开展带来的生态和社会效益逐渐受到了重视，各国开始注重土地整理所引发的增量效益，逐步形成经济效益、社会效益和生态效益相统一的效益评价体系。

例如，德国在土地整理初期以改善农林业生产条件为主，以经济效益中的"产出率"指标作为效益评价的核心指标，随着土地整理开展带来的生态负面效应逐渐显现，景观生态和环境保护理念逐渐受到人们的重视，土地整理效益评价体系开始追求经济、社会和生态效益统一。俄罗斯早期的土地整理主要由相关企业承担，但由于土地规划设计科学性较差，土地所有者遭受很大损失。在总结相关问题的基础上，俄罗斯公布了新的土地整理目标，重点强调了科学的论证、土地整理结果的合理预测以及土地重新分配的条件等，注重各学科综合攻关与土地生态系统重建。荷兰土地整理效益评价由初期的以经济回报率作为主要的评价指标到现在的经济、生态和社会效益相统一的科学评价体系，土地整理的效益评价体系逐步完善，由单一目标向综合目标逐步发展。

虽然目前国外关于土地综合整治效益研究经历了较长时间，但系统的土地整治效益评价体系、方法的研究与报道较少，还没有形成系统的土地综合整治效益研究体系。

（二）国内土地综合整治发展历程及研究动态

1. 国内土地综合整治发展历程

我国土地综合整治实践活动起源比较早，早期的土地综合整治实践有井田制、屯田制、古田制、均田制等。但是现代系统的土地整治研究开展较晚，于新中国成立初期才开始探索进行大规模土地整理工作，还缺乏较成熟的理论指导。我国现代的土地综合整治发展史大致也可以划分为三个阶段：

第一个阶段：1987 年，人民公社化阶段。土地整治的主要内容是以"一平二调"变更权属关系。

第二个阶段：20 世纪 70 年代全国"农业学大寨"兴建时期。主要内容包括开辟荒地、土地平整、整理沟渠及田间路、修筑梯田等方面。

第三个阶段：1998 年土地整治走向正规化。《中华人民共和国土地管理法》第四十一条对土地整理做出了明确规定，土地整理即在一定区域内，根据土地利用总体规划和土地利用专项规划，对"田、水、路、林、村"进行综合整治，使有效耕地面积增加，提高土地质量，改善农村生活生产环境。2001 年对土地开发整理投资的项目正式启动后，现代意义的土地整治工作全面展开。

虽然我国对土地的改造整理已经有 3000 多年的历史，但现代意义上的土地综合整治实践出现较晚。我国土地整理发展最快的阶段是 2006~2010年，随着土地整理工作不断深入广泛开展，建立了全方位的土地整理专门机构，我国初步形成了完整系统的土地整理体系。为了使土地整理工作更加规范程序化，相关部门还制定了土地整理政策法规，编制了土地整理实施的技术规程体系，让我国的土地整理工作走上了一条有法可依的道路。对土地整理工作不断探索总结，成立项目示范区，开启试点过程；确立由政府牵头投资，多方参与的筹资方式。积极与国外土地整理工作开展效果良好的国家建立长期合作交流关系，引进国外先进的做法。全国土地整治研究日趋成熟，逐步形成了投入稳定、目标明确、制度完善的良好格局，在确保粮食高产稳产、调整土地利用结构、改善生态环境等方面发挥了非常重要的作用。

2009 年以来，《中共中央国务院关于 2009 年促进农业稳定发展农民持续增收的若干意见》和《国土资源部关于促进农业稳定发展农民持续增收推动城乡统筹发展的若干意见》中提出大规模推进土地综合整治是今后一个时期的重大任务。国土资源部把开展土地综合整治、实施"万村土地整治"示范工程作为推进土地管理制度改革的重要举措之一。把土地开发整理复垦工作放到社会经济发展的大局中去谋划，与"三项整治"、城乡建设用地增减挂钩、产业集聚区用地、新农村建设和城乡一体化统筹考虑。各地大力推进土地综合整治。

随着社会经济迅猛发展，土地整理的内容做出相应的变化，且日趋现代化。现今的土地综合整治，从传统单一的农用地整治转向"田、水、路、林、村"的综合整治。我国多年的土地整治实践证明，通过土地综合整治，可以增加有效土地面积、提高土地质量、完善地区农业基础设施、优化土地利用结构、改善当地居民的生活生产环境、提高居民收入、缩小城乡差距、促进城乡一体化发展。因此，土地综合整治工作作为农业发展的重点，是确保粮食安全、保障耕地总量动态平衡的重要手段。

2. 国内土地综合整治效益研究动态

我国对土地综合整治效益评价展开了大量的研究分析，但是目前评价方法方面的研究成果较少。虽然效益评价涵盖了经济、社会和生态效益三方面，但是定性分析居多，量化指标偏少。经济效益中的量化指标居多，指标单一地偏向于投入产出分析；社会和生态效益方面偏向于选取一些难以量化的指标进行定性描述。

我国的土地综合整治效益评价注重经济、社会和生态效益三者的统一，但是由于效益评价体系的不完整性及科学发展水平的限制性，关于土地综合整治工作的实施效果和实施土地整治前的可研性分析汇报都把直观的经济效益摆在首位，对社会、生态效益研究得较少。因为，经济效益反映的各项指标比较直观且能量化分析，而目前社会和生态效益方面的量化分析不够，大多为定性指标，难以界定分析。

我国土地综合整治效益是指包括经济、社会和生态效益的三者在内的综合效益。其中经济效益考虑的主要是通过土地综合整治，给区域内带来的经济收入；社会效益的主要内容是土地综合整治实施和启动给区域内带来的社会影响，包括增加就业机会、改善生产条件等方面；生态效益则是指通过土地综合整治对区域内的土壤、生物、水域面积等产生的影响。

目前，中国的专家学者从土地整理的概念、相关理论、规划设计、工程技术和土地开发整理标准等方面进行了有益的研究和探索，但对土地整理效益评价的研究较为薄弱。严金明等（2014）借鉴了国外土地整理效益评价的内容和方法对我国土地整理效益定义为经济、社会和生态效益的综合，并初步探索效益评价指标体系；李霞等学者也对土地整理内涵做了同样定义，并在此基础上构建了系统的效益评价指标体系，最后运用模糊法和多目标综合法建立了评价模型。

土地综合整治的经济效益评价一般通过投入—产出的分析手段，考察项目在微观上的盈利能力、清偿能力以及在宏观上对国民经济的净贡献，以此来评价项目在经济上的合理性和对当地社会经济的贡献程度。经济效益评价常用的方法有静态效益分析法、动态效益分析法及敏感性分析法，如陈敏、刁承泰（2004）在《土地开发整理研究中的经济效益分析》中，借助技术经济学的原理，从静态、动态经济效益入手，在时间、价值和效率方面对重庆市涪陵区荒田片区的土地开发整理项目进行较全面的经济效益评价。关涛等（2005）在《土地整理国民经济评价方法研究》中对土地整理项目进行国民经济评价，将项目的间接效益以增量的形式引入项目的国民经济评价中，通过对有项目和无项目情况下各项费用及效益的分析，计算出项目实施情况下增量投资产生的增量经济净现值、增量经济内部收益率等指标，以判断项目在经济上的合理性。

土地综合整治项目的社会效益是衡量社会可持续发展的重要指标，其目的是通过改造旧村面貌，归并农村居民点，节约基础设施建设，改变农村环境"脏、乱、差"的面貌，提高农民居住水平和生活质量。在我国对土地综合整治社会效益的研究较少，社会效益评价理论厚度的积累和实践经验的探索还处于起步阶段。王静等（2005）在《农地利用社会效益评价的指标体系与方法研究》中，提出土地利用的社会效益是指土地利用对社会需求的满足程度以及土地利用产生的政治和社会影响，构建了农业可持续发展、农村社会协调发展和农民发展三方面的评价指标体系，并在此基础上提出定性和定量相结合的综合评价方法。

在土地综合整治的生态效益评价方面，一些学者采用指标法对土地综合整治项目的生态效益进行评价。罗明、张惠远（2002）在《土地整理及其生态环境影响综述》中总结了土地整理项目对生态环境的影响，提出土地整理项目的生态环境与项目区的生活质量、产业结构及投资环境密切相关。王军、罗明等（2003）在《土地整理生态评价的方法与案例》中以陕西省榆林地区为例，分析了生态评价不同综合分值的耕地、林地、牧草地、未利用地等的土地开发整理措施。胡延兰、杨志峰（2004）在《农用土地整理的生态效益评价方法》中通过对土地整理效应特征和边界的辨析，提出以自然环境系统的无偿能值变化量为表征的土地生态效益评价方法。高向军、靳正山（2005）在《中国土地整理与生态环境保护》中从生态系统的原理和思路入手，阐述了土地开发整理项目的生态分析中应关注系统的可持续性和协调性。

在对土地综合整治的综合效益评价上，众多专家学者也做了大量有益的探索。王万茂（1997）将土地整理效益分为综合效益和单项效益；严金明（2013）也将土地整理效益进行了同样的定义。熊广成等（2003）认为土地整理的综合效益是土地整理经济效益、生态效益、社会效益的综合，提出了土地整理项目效益分析指标选取的原则，制定了土地整理项目效益分析的指标框架，并注明项目效益分析中应注意的问题。张正峰、陈百明（2003）认为土地整理具有效益的统一性，土地整理的综合效益为土地整理经济效益、生态效益、社会效益与景观效益的综合。土地整理的经济效益表现为土地整理活动对国民经济和整理区农户的影响；生态效益表现为土地整理活动对自然生态系统结构与功能的影响；社会效益表现为土地整理活动对农村社会环境、社会经济与自然资源合理利用的贡献与影响；景观效益表现为土地整理性活动对农村景观的影响。谭术魁、彭艳丽（2004）采用层次分析法构建了土地整理的效益预测模型，对土地整理的经济效益、社会效益和环境效益做出综合预测，并在这三种效益的基础上分出三个子预测层，构成预测树，根据预测树的结果分析土地整理工作的效益。吴怀静、杨山（2004）采用层次分析法构建了基于可持续发展的土地整理效益评价指标体系，并运用综合评价法进行了实证研究。范金梅（2003）对国内外土地整理效益评价内容、评价方法、评价技术手段等进行了评析，对土地整理经济效益、社会效益和生态效益进行了界定。王炜、杨晓东等（2005）认为土地整理综合效益应包括经济效益、社会效益和生态效益三个方面，并采用专家咨询法和层次分析法确定各评价指标权重，量化各评价指标，求出综合效益评价值。匡文慧（2005）在《土地整理项目效益的多目标分析研究》中应用多目标决策模型对土地开发整理项目效益进行分析研究，并提出模型决策变量及约束条件的选取可针对具体项目中变量的重要程度做适当调整，保证项目的土地开发整理经济效益、社会效益和生态效益协调发展下的综合效益最大化，但是所建立的模型评价指标较少，不能涵盖土地整理评价内容。王媛玲、赵庚星等（2006）在《土地整理项目后综合评价方法》中构建包括技术经济效益、社会效益、景观与生态环境效益指标的土地整理效益项目评价指标体系，采用德尔菲法和层次分析法相互校正的方法综合确定各评价指标权重，并且根据评价指标对项目成功度的效应建立各评价指标的模糊分布函数，最后通过模糊综合评判得到土地整理效益项目成功度的评价结果。付光辉等（2007）认为土地整理综合效益包括经济产出、生态服务价值和社会保障三个方面，提出用传统市场法、土地生态系统服务价值系数法、替代市场法来测算土地整理经济效益、社会效益、生态效益的经济价值。吕晓等（2007）认为土地整理的综合效益是土地整理经济效益、社会效益、生态环境效益和景观效益的有机综合，运用层次分析法构建了评价指标体系，并进行了实证研究。刘向东（2008）在其硕士论文中，从土地可持续利用、社会公平、环境友好、农业生产、经济回报、资源利用六个方面选取 60 个评价指标建立了土地整理项目综合效益评价指标体系，运用层次分析法结合德尔菲法确定土地可持续利用、社会公平、环境友好、农业生产、经济回报、资源利用的权重，确定了各评价指标间的相关联系，最后运用多层次模糊综合评价法得到项目区的综合效益的量化评价结果。

此外，我国台湾地区把土地整理称为土地重划。在进行土地整理效益评价时采用指标形式，经济效益指标主要选取地块整理前后的产出、劳动生产率提高以及地价的变化来分析；社会效益指标主要对农业耕作条件（与道路、沟渠距离）、土地权属改善等方面进行分析；生态效益指标主要采用防洪排涝能力指标进行分析。

综上所述，我国的效益评价方法研究与国外相比，评价方法及内容偏简单。评价内容上，我国的经济效益方面主要考虑投入产出比，国外则从长远考虑土地综合整治后带来的投资回报率等；社会效益方面除分析改善农业条件外还从满足人类精神需求方面分析；生态效益方面除了保护生态环境外还考虑了物种多样性、水域循环等。效益评价方法上，我国的定量分析主要表现在经济效益方面，社会和生态效益方面缺乏量化分析，而国外的土地效益则主要是全面定量分析。

综观我国大陆和台湾地区的土地综合整治效益评价工作，可以发现目前的土地综合整治项目效益评价还没有形成科学统一的评估模式，评价时缺少客观准确的评价指标体系和综合判断模型。存在的问题如下：

第一，土地整理综合效益指标选取不合理。

土地综合整治项目的综合效益评价系统是一个多目标决策过程，我们在评价时往往只考虑了土地综合整治带来的正效益，而很少考虑土地综合整治所带来的负效益。只有充分考虑了正负效益指标，才能真正体现综合效益评价的实质，才能使效益评价更加客观和科学。

第二，缺乏定量的评价指标，可比性差。

对土地综合整治效益进行评价时，选取的某些指标缺乏定量的评价，可比性差。由于在评价指标权重确定中掺杂了过多的个人主观因素，指标权重确定随意，评价结果不能科学、客观地反映项目成果，缺乏说服力和可信度。

第三，评价指标体系不系统、不全面。

土地综合整治项目涉及多方面内容，要求对其效益进行全面评价。评价指标之间有的存在重复性，有的没有体现主要因素对土地综合整治项目的关键性影响。评价体系如果对土地综合整治项目有决定性影响的指标不予考虑，评价结果的准确度就会受到限制。指标的设置上随意性、混乱性、重复性、交叉性、包容性十分普遍，降低了评价结果的合理性、客观性。

第四，过分注重经济分析，而对社会效益和生态评价不够充分。

因为社会效益和生态效益指标不像经济效益指标那样容易选取和量化，所以在土地整理实践中，往往没有对社会和经济效益进行深入分析和论证，一般用几个表征数据（如新增耕地率、农户收入增长率等）或简单模糊的语言（如水土流失情况、改善投资环境等）概括性地进行总结。

四、土地综合整治的理论依据和研究方法

（一）主要理论依据

1. 土地供给理论

土地供给分为自然供给和经济供给两种方式。土地的自然供给，是指土地以其固有的自然特性供给人类使用的数量，土地的自然供给数量是相对固定的，不受任何人为因素或者社会经济因素的影响，因此它是无弹性的；土地的经济供给，是指在土地自然供给的基础上，投入人类劳动、资金等进行土地开发后，成为人类可直接用于生产、生活各种用途的土地供给数量，它是有弹性的。

土地综合整治项目不仅包括对已利用土地进行深度开发，还包括对未利用土地的广度开发，扩大可利用土地面积。通过土地整治，可以直接增加农用地经济供给总量，保护粮食安全。

根据土地供给的价值趋向，建设用地带来的经济效益往往比农用地高出几倍甚至几十倍，因此，容易被建设用地所取代，最终导致农用地数量不断减少。针对这种情况开展土地整理，建设完善的农业生产基础设施，可以提高土地质量和土地产出率。从土地利用的效果上讲，土地产出率的提高，相当于扩大了土地利用面积，因而也间接增加了农用地的经济供给。这有助于从经济上形成对农用地的保护机制，减少建设用地对农用地的占用量。另外，土地综合整治项目与建设用地增减挂钩相结合，也为产业聚集区和城市建设用地预留了空间。

通过土地综合整治可以有效提高土地生态系统的稳定性，提高土地系统的自我调节能力，有效防止因生态脆弱或失衡所造成的土地损毁和土地质量下降，使土地利用的经济效益、生态效益和社会效益得到全面提高，所以说土地经济供给理论是土地综合整治的基础理论之一。

2. 系统理论

系统理论（System Theory）是由美籍奥地利生物学家贝塔朗菲在第二次世界大战前后提出的，他定义系统为"相互联系的诸要素的综合体"，即系统是由若干要素组成的具有一定新功能的有机整体。系统论具有以下几个基本特征：整体性、相关性、结构性、层次性、动态性、目的性和环境适应性。其中，整体性是系统的突出特征，系统的整体性通常表述为"系统的整体不等于它各部分的总和"，即各组成成分孤立的特征和活动的简单加和不能反映系统整体的面貌，正确处理整体和部分之间的关系是系统论的基本出发点。系统论主张从对象的整体性和全局进行考察，反对孤立地研究其中任何部分及仅从个别方面思考和解决问题。

土地综合整治系统，就是在特定的时间范围内，使土地综合整治活动与一定区域内的土地相互作用和相互依赖，结合在一起形成具有特定功能的有机整体。土地综合整治实现的效益也是一种综合效益，包括经济效益、社会效益与生态效益三个部分，三者是有机整体、密不可分，影响三者效益的因素也是相互依存、紧密联系的。例如，灌排设施的修建不仅能够使项目区洪、旱、渍等灾害得到有效控制，提高土地的产出率，同时也能防止水土流失，促进水土资源的可持续利用。因此，评价土地综合整治项目，应综合考虑经济效益、社会效益和生态效益三者的整体效果，而不能单就某一效益的大小评判土地综合整治项目的成功与否，三者兼顾，不能偏颇。

3. 成本—收益理论

成本—收益理论的产生和发展，同福利经济学、效用理论、资源分配理论、工程经济学、系统分析等理论和学科的发展是相联系的。成本—收益分析的基本原理是对项目或方案所需要的社会成本（直接的和间接的）同可得到的收益（直接的和间接的）尽可能用同一的计量单位——货币分别进行计量，以便从量上进行分析对比，权衡得失。为此，必须把项目或方案的指标体系划分为两大类：一类是消耗成本，是指投入的全部资源，还有为社会付出的代价（即机会成本），并且几乎绝大部分投入资源都可以转化为货币单位；另一类是收益价值，因为往往有相当一部分收益价值不能转换为货币单位，所以收益指标通常要分为可计量和不可计量两种。

土地综合整治过程中的成本主要包括直接成本、社会成本、时间成本与替代成本。其中，直接成本是指为了达到一定的土地综合整治目的而投入使用的资金、劳动力、技术、设备等生产要素的总称；社会成本是相对于私人成本而言的，也是一种机会成本，即把社会资源用于某种用途而放弃了其他获利的机会所造成的成本；土地综合整治项目从决策到实施完成，在能够用于生产或消费、产生效益之前，需要一定的时间，这种由于资金被束缚在项目上随时间的流逝而带来的成本可被看作时间成本；替代成本指的是因改变土地利用类型或进行土地再开发整理时注销当前已投入在土地上的资产效用而产生的成本。

土地综合整治的效益可分为经济效益、社会效益和生态效益。其中，经济效益是指土地综合整治过程中对土地的投入与综合整治后所取得的有效产品（或服务）之间的比较；社会效益是指土地综合整治对社会需求的满足程度及其相应产生的政治与社会影响；生态效益是指土地综合整治的活动过程与结果应符合生态平衡规律。

成本—收益分析现已被广泛应用于项目或方案的社会经济及生态效益评估中，为管理者制定科学决策提供有效建议。成本—收益分析方法在土地综合整治中的作用主要体现在项目规划方案择优（同一项目不同方案之间的成本—收益比较）和项目评估（不同项目之间的成本—收益比较）等方面。

4. 可持续发展理论

自从 1980 年制定的《世界自然资源保护大纲》中首次提出"可持续发展"概念以来，人们分别从生态、经济、社会、技术、空间、人地协调、世代伦理等不同角度探讨了可持续发展的内涵。其中受到各界普遍认可的是1987 年世界环境与发展委员会在《我们共同的未来》中的定义："可持续发展是既能满足当代人需要而又不对满足后代人需要之能力构成危害的发展。"

土地可持续利用是可持续发展理论在土地科学领域的具体运用，1993年 FAO 颁布《可持续土地利用评价纲要》，提出土地可持续利用的基本思想是本着社会、经济发展需求和环境问题相统一的宗旨，按照经济上可行和社会可接受的原则，综合运用技术、政策或其他活动手段，同时实现保持或提高土地的生产服务功能，降低生产的风险水平，保护自然资源潜力，防止土壤和水质退化。

土地可持续利用既是土地综合整治的基本依据之一，也是进行土地综合整治的根本目的。因此，开展土地综合整治首要考虑的因素就是其是否具有可持续发展的意义和条件，这也是对土地综合整治项目进行综合效益评价的重要评价因子。土地综合整治作为保持土地资源数量平衡和质量永续的重要措施，必须坚持可持续发展理论的要求，使土地资源得到科学合理的利用、开发、整治、保护乃至永续利用，不断满足社会经济长期发展的需要，从而实现社会经济的可持续发展。可持续发展理念下的土地综合整治效益评价是一项综合性很强的工作，涉及自然、经济、社会、生态等诸多方面，是依据土地综合整治的目标和内涵，选取一定的评价指标，将土地综合整治项目所取得的经济效益、社会效益、生态效益与土地可持续利用联系起来，以反映可持续发展思想下土地综合整治的效益。

5. 环境资源价值理论

环境资源具有很强的外部性和公共产品的特征，因此对于环境资源的配置存在市场失灵，市场机制并不能自动形成一个可以达到环境资源供求平等的均衡价格。要抑制或消除外部不经济对环境所造成的消极影响，一个基本思路就是使人们在生产和消费中产生的外部成本内部化，为此环境经济学家提出了环境资源价值的概念。

环境资源价值的内涵包括两个方面，一方面是环境资源的使用价值，即环境资源被人们使用时，因为能满足人们的需要或偏好而体现出的价值，使用价值又分为直接使用价值、间接使用价值和选择价值，目前人们接触最多的是环境资源的直接使用价值和间接使用价值；另一方面是其非使用价值，即人们对于一种环境资源没有使用意图，但却承认它有价值，存在价值是非使用价值的主要形式。环境资源价值因为可持续思想的提出而越来越被人们所重视，从可持续发展的角度来看，环境资源的存在价值要比它的使用价值更加重要。土地整治规划不仅会改变现有土地资源的数量与质量，同时有可能会对现有土地资源的布局做出较大调整，因此环境资源价值理论可以作为土地整治环境影响评价的一个重要的理论指导。

6. 外部性理论

外部性源于英国经济学家马歇尔 1890 年发表的《经济学原理》中提出的"外部经济"。外部性这一概念是由英国福利经济学家庇古首先提出，并由美国新制度经济学家科斯加以丰富和完善的。目前，外部性一词在经济世界里已被广泛地使用。道格拉斯·诺斯认为："个人收益或成本与社会收益或成本之间的差异，意味着有第三方或者更多方在没有他们许可的情况下获得或者承担一些收益或者成本，这就是外部性。"通常情况下，按照不同的标准和角度，可将外部性分为两种类型：正外部性与负外部性。

土地综合整治是为了满足"社会—经济—自然"这一复合生态系统对农业的要求而实施的，它兼顾人类对农产品需求及资源环境的改善，使整个农业建立在环境、生态、能源及资源都处于良性循环的基础之上。土地综合整治的实施，可以促使农地生产充分利用自然和生态资源，可以促进区域农业内部结构优化和农地经营制度的创新，最终促进社会公平，保证社会经济和农业的可持续发展。因此，外部性理论也是土地综合整治环境影响评价的重要理论指导之一。

（二）土地综合整治效益评价研究方法

1. 定性评价法

定性评价法也称经验法或文字评述法，是一种传统的评价方法。它是根据评价目标及所考虑的土地利用类型，通过有关资料的调查和测试，对各个评价单元具有的属性进行分析，参照评价应对分级表，进行评定、归类与定级。定性法常常参照当地土地使用者的意见，结合评价者的专业能力和经验，确定出各类土地的适宜性、生产潜力和等级高低等，也可以绘制出评价图。

归类法是定性法的主要方法，它是以一定利用方式的土地质量优劣为依据，判断其生产力大小（或适宜性与适宜程度等）的方法，即根据各类土地在生产实践上的相似性与差别，对土地类型组合、分类和排队，并做出相应的解释或结论的方法。它在目前对土地的各种属性、作物的生态特性及两者之间相互关系的研究不深入的情况下，是比较实用的方法。

定性的土地综合整治效益评价只把社会经济技术条件作为背景，用定性的语言描述土地的质量特征，确定土地适宜性的高低（如最适宜、中等适宜、勉强适宜等)，属于概略性土地评价，主要通过土地组成要素定性特征来确定土地的质量特征。

定性法的优点是文字叙述较全面、详尽，假如评价者的知识和经验丰富，可以对各类土地做出比较准确的评价，那么定性法适用于评价地区的前期工作。缺点是它属于一种经验的评价，缺少定量化指标，比较容易产生片面论断。如果能与指标化、数量化评价相结合，将会使评价效果更好。

2. 定量评价法

定量评价法也称为数值法或参数量化法，是运用各参评项目所提供的数量指标，与特定的土地利用类型对土地性状要求的比较，直观地反映土地利用选择的可等性，按照一定的数学模型进行计算，获得评价单元数量化等级数值，并把计算结果作为定级的依据。

土地综合整治效益定量评价是在定性评价的基础上，对评价指标进行定量化，再根据评价指标与结果之间的关系，用数学方法如回归分析法、层次分析法、聚类分析法、判别分析法、模糊数学方法等计算出某块土地能够反映土地质量高低的综合指标值和对研究土地进行分划等级。其优点是"量"的概念非常明确，便于将评价出的土地综合整理效益进行对比，评价的结果更科学、更切合实际。缺点是土地组成要素的质量指标与土地质量等级的对应关系在确定上难免带有主观性，而且也难以考虑各个因素共同作用而产生的综合效应。

第三章 省内外土地综合整治的经验启示和政策借鉴

土地综合整治在推进城乡统筹、城乡一体化建设以及生态文明建设等方面都有非常重要的作用。国外的土地整治已经有几百年的历史了，国内一些地区在土地综合整治方面也有许多好的做法和经验，总结德国、荷兰、成都、天津等地的土地整治经验，可以为河南土地综合整治工作提供借鉴与启示。

一、国外典型地区土地综合整治的案例分析

土地综合整治最早出现在中世纪的欧洲，其中德国、荷兰是欧洲开展土地综合整治较早的国家，他们在推进土地综合整治过程中形成了一套系统的制度、理论、技术和方法，具有一定的代表性。

（一）德国土地综合整治：立法推进村庄更新

德国土地综合整治历史悠久，在促进农村发展、实现城乡一体化过程中发挥了重要作用。德国的土地综合整治工作由农业、环境与消费者保护部负责。下设农业环境和土地管理局，分管农业发展、环境水利、农村发展和大型公益项目审批等工作。

德国土地综合整治大致经历了三个阶段：一是中世纪至1900年，社会生产力比较落后，土地整理的目的主要是小块并大块，以改善农业生产条件；二是从1930年起，工业化快速推进，社会经济高速发展，土地整理主

要用来储备土地，以供高速公路的修建及公共建设事业的发展，同时通过土地整理使被基础设施建设打乱的地块重新规则化；三是 20 世纪 70 年代起，社会经济高水平平稳发展，回归自然成了人类关注的焦点，促使土地整理增加了自然保护和景观保护的内容，通过土地整理来改善居住条件、保护环境和景观成为主题，提高农业产量已不是土地整理的主要目的。2001 年以来，德国各州都进行了大规模的土地综合整治工作，包括很多村庄革新，以及因水利、能源、交通等大型基础设施建设而进行的建设用地整理。

德国的村庄更新是土地综合整治的重要内容。早在 1954 年，联邦德国政府颁布《土地整理法》就提出了村庄更新的概念。根据该项法律，村庄更新的主要任务就是保证农村地区农业和林业的稳定发展，为土地归并整理创造条件，减少城乡差距。德国巴伐利亚州在土地整理中，其村庄更新取得了独特的成功经验。巴伐利亚州的农村曾经也面临着不少问题，如农村人口老龄化和随之而来的对公共服务的特殊要求、公共基础设施建设滞后、农业结构转型后富余人员无法消化、乡镇财政赤字严重等问题。在这种形势下，巴伐利亚州着手调整甚至在一定程度上重新规划土地发展政策，其政策目标是在不同的农村地区和中心地区周围的居民区，即为数众多的村庄、小村落及单个农庄提供等值的生活条件，从而实现各个地区生活条件的等值。

巴伐利亚州的国土发展纲要明确提出了农村地区发展的主要原则：确定不同阶段的中心地点，使之尽量为居民获得统一的商品和服务提供保障。州政府的资金支持应尽可能为城市和乡村带来相等的利益。农村发展主要是对农业、村民和村庄进行帮助，如加快农业结构调整、创造就近就业的机会、充分利用居住和交通用地、解决村镇的资金难题等。解决现存的农村结构方面的问题，主要是对农村发展的项目提供一些支持。农业主管部门的农村发展项目主要是相辅相成的两个方面，即土地整理和乡村革新。二者的法律基础都是《联邦土地整理法》。项目的强度取决于土地整治和农业管理所具备的各种条件。除建设项目之外，还包括村内地产和耕地的等值交换和整合。

为了在农村创造与城市等值的生活和工作条件，巴伐利亚州采取"开发"和"保护"相结合的方式，开展乡村革新。所谓开发，即各地根据未来发展和改善生活的需要，修建地区和乡村的基础设施，如乡村公路、供电供水及排污等系统；兴建中小学校、体育场馆及影剧院等文体设施。所谓保护，是指有效保护农村传统的社会生活环境和良好的自然生态环境。各地方政府在土地整理和乡村革新过程中，注意保护古老的村庄文化，开展丰富多彩的农村文化生活；组织村民参与设计自己家乡的建设，强化人们的乡土观念；保护当地的历史文化遗产，发扬健康的地方风俗民情。

此外，巴伐利亚州政府还动员大公司到农村开办企业，给一部分富余农民提供新的劳动岗位。政府实行积极的产业引导政策，鼓励各地区根据自身的条件和优势发展多种经营，通过职业培训让农民改行从事其他职业，帮助农民开办小饭店、小旅社、供暖站、原料加工厂等各类中小企业。为了扶助农民转产，政府还设立了专项资金，加大对农副业、农产品加工业及农业科研的资助，并免费为农民提供技术支持。政府派出大批技术人员向农民提供免费咨询服务，动员农民保住自己的房舍和地产，以此作为信誉抵押，到银行申请贷款，开辟新的致富途径。目前，巴伐利亚州 60%的人口生活在乡村，农村的生活与城市已没有明显差异，甚至由于农村地区风景秀丽，空气新鲜，越来越多的人愿意生活在这里。

德国的土地综合整治通过一整套的法律制度来推进。德国与土地整治密切关联的法律有《空间规划法》、《土地整治法》和《建筑法》。《空间规划法》规定土地用途管制和土地利用方式的规则，《建筑法》规定各项建设活动的行为准则，《土地整治法》是关于土地整治的专项法律，规定了土地整治的主体、程序、各方的责任等。德国联邦土地整治法明确规定了土地整治的目的、任务和方法、组织机构及其职能、参加者的权利与义务、土地整治费用、土地估价、权属调整及成果验收等内容。《土地整治法》还规定，每个州的最高行政法院要设立土地整治法庭，负责审议和处理相关的诉讼案件和纠纷。在州一级土地整治局（农村发展局）内部还设有一个独立的争议仲裁机构，专门负责解决土地整治过程中出现的争议。德国与土地综合整治有关的各项法律都随着社会经济的发展及时进行修订，以保证法律的实用性和有效性。

（二）荷兰土地综合整治：注重生态保护和景观建设

荷兰是世界上开展土地整理较早的国家之一。荷兰位于欧洲西北部，国土总面积为 41526 平方公里。荷兰是一个典型的人多地少的国家，人均耕地只有 0.9 亩，人口密度高达每平方公里 435 人，堪称世界之最。20 世纪初，为缓解土地资源匮乏的压力，荷兰开始了较大规模的土地整理，土地整理贯穿了 20 世纪荷兰农业的发展历史。

第二次世界大战以后，特别是 20 世纪 60 年代和 70 年代早期，荷兰的土地整理作为农业结构调整和扩大农用地面积的一种手段，被政府所重视和推广。"二战"刚结束时，土地整理作为一项劳动密集型的活动为失业者提供了许多的就业机会，但是，由于失业问题在 20 世纪 50 年代中期基本得到解决，国家对土地整理的投入开始持谨慎的态度，逐渐把其对国家经济的回报率作为是否投资的一个标准。对 1958 年以来进行的土地整理项目以及相关工作计划的分析表明，国家逐步开始以经济回报率作为一个主要的衡量标准，对一个地区优先开展的项目进行排序，政府首先实施经济回报率较高的项目。尽管这一时期土地整理在提高农业生产效率上显示了它的成功，但是由于其实施目标的单一性，美丽的乡村景色在土地整理后不复存在，人们对土地整理目标的单一性提出了质疑。在其后的土地整理中，荷兰开始寻求土地整理项目新的发展方向，开始关注在土地整理项目以及农村发展项目中如何处理农业、土地景观、自然资源保护以及户外休闲娱乐区域之间的关系。

此后，荷兰颁布《土地整理法》，明确规定了景观规划必须作为土地整治规划的一个组成部分，乡村景观规划在荷兰获得合法地位，由林业部门负责。荷兰的土地整治也逐渐从为农业生产等经济因素服务，发展为注重有效的土地利用与景观品质、生态进程的保护和发展相结合，促进乡村地区经济效益、社会效益和环境效益的统一。在荷兰土地整治的乡村景观规划中，风景园林设计师充当着重要的角色。从 1940 年开始，荷兰风景园林设计师逐渐参与到乡村工程、土地改善和水管理的项目中；1950 年之后，国家林业部门，尤其是园林部门鼓励风景园林设计师和园林咨询人员参与到乡村区域的改造中。荷兰风景园林设计师的主要任务是提供广阔的农业空间，兼顾生态、游憩和居住的发展，同时延续场地的历史信息。风景园林设计师不仅与其他专业人员一起参与规划设计，还通过种植规划、基础设施选线、延续历史特征以及确定自然保护区和生态网络来支撑经济发展，提升乡村地区的自然价值和景观价值。

二、国内典型地区土地综合整治的案例分析

国内一些地区，在农村土地综合整治方面做出了卓有成效的实践探索，取得了良好的社会、经济、生态效益，它们在土地综合整治方面的一些做法和创新理念为其他地区进行城镇化建设提供了经验和借鉴。

（一）成都市土地综合整治：还权赋能

成都市的土地整治工作起步较早，2004 年以来，成都市已实施土地整理和城乡建设用地挂钩项目 135 个，投入资金 88.3 亿元，整理面积 125 万亩，新增耕地 19 万亩，建成农民集中居住区和聚居点 351 个，改善了 47.7 万农民的居住条件。成都市农村土地综合整治的经验和做法得到国土资源部和国内相关专家的肯定，并在全国范围内推广。

成都市把农村土地综合整治作为重要抓手，一方面，通过田、水、路、林、村的综合整治，改善农业生产条件，为农业产业化发展、农民增收创造条件，奠定基础；另一方面，通过农村建设用地整理，改善村落面貌和农民居住生活环境，让农民共享社会公共服务，为推进统筹城乡发展发挥作用。成都市利用城乡建设用地增减挂钩政策，对旧有"散、多、乱"的农村居民点进行拆、并，对田块小、多且不规整的耕地进行规模整理，将土地整理出的耕地指标作为"占补指标"，将居民点整理出的指标作为建设用地挂钩指标，实行市场化运作，利用级差土地收入规律，将一部分城市土地增值收益返还于农村，用于农村土地综合整治，建设农民集中居住区、农业发展和基础设施建设，形成城乡资源互惠共享的局面。

成都市农村土地综合整治中的建设用地挂钩指标可以在整个成都市内周转，在县内可以异地挂钩到所有乡镇。全市建立统一、城乡一体的有形建设用地交易市场，市场化配置挂钩指标，建设用地指标由出价高者取得。同时

建立保底收购价，暂时未成交的由土地收储中心按一定价格收购。鼓励农民打破区域界限，跨区域向城镇集中。但凡向城镇转移的农民，可选择跨乡镇，向市域范围内任何一个城镇迁移。进入城镇新型社区集中居住的农民，可依据宅基地及房屋置换城镇住房，自愿放弃原宅基地，给予一次性货币补偿。全面开展农村土地、林业、房屋等确权、登记，以此作为农村产权制度改革的基础，并在此基础上进行专项调查，切实查清土地利用现状、权属，分析农用地整理及农村建设用地整理措施，合理选择项目区。探索以集体建设用地为主的多种农村产权资本化运作模式，建立农村产权交易平台，对农用地和集体建设用地使用权流转行为予以规范，取得房屋所有权、集体建设用地使用权、林权等证后，可以按照规定流转；同时创新金融担保抵押制度，可以据此担保抵押，有效盘活农村存量资产。

成都市土地综合整治在资金筹措上整合社会各方力量：一是用项目实施预计新增的耕地占补平衡指标、建设用地挂钩指标和土地储备地块捆绑抵押向金融部门融资；二是以土地综合整治为平台，将国土、水务、农业、林业、交通、环保、卫生、文化等所有涉农专项资金"打捆"使用；三是指标有偿使用获得的收益；四是积极引进社会资金参与；五是争取上级财政予以支持。通过多种渠道，确保了资金到位。在耕地保护上，设立耕地保护基金，按照"统一政策，分级筹集"的原则，由成都市和区（市）县共同筹集，主要从新增建设用地有偿使用费、土地出让收益中归集，用于耕地流转担保资金和农业保险补贴、承担耕地保护责任农户的养老保险补贴、承担未承包到户耕地保护责任的村组集体经济组织的现金补贴。在农民权益保障上，以人为本，妥善处置农民权益，实现富民增收和惠民安居。本着让利于民的原则，制定了统一的补偿标准，以住房换住宅、以宅基地换社保。对向集中居住区集中居住的农户除按照 8000 元/人的基础设施标准配套以外，还给予 8000 元/人的住房补贴，节余的集体建设用地给予现金补偿。房屋交付后，由政府统一办理产权证，住户只支付工本费。同时项目一经立项先行在村庄规划点指定的范围内将被拆迁农户的安置房建好，然后再进行房屋拆迁；整理出的耕地进行流转的，按每亩每年不少于 400 公斤粮食予以补助，效益高的还可以参与分红，并就近就业，解决了农户的后顾之忧。

成都市土地综合整治取得巨大成就离不开土地制度的改革，即成都市推行的"还权赋能"。"还权"，是把法律法规赋予农民的土地、房屋等要素的权益还给农民，恢复农民应有的财产权利；"赋能"，是让农民作为市场主体拥有发挥和处置财产权利的自主能力。"还权赋能"主要内容可以用三句话概括：确权是基础，流转是关键，配套是保障。

一是全面确权。成都市要求对农村全部的土地、房屋等财产"确实权"颁"铁证"，即以实测面积为基础，做到产权实有面积、台账面积、产权证上的面积、耕保合同上的面积与耕保金发放面积"五个一致"。二是推进产权交易。依托确权颁证成果，成都市积极探索构建在全域规划和用途管制前提下承包经营权、集体林权与集体建设用地使用权的流转机制。为了规范流转行为，成都市于 2008 年 10 月成立了农村产权交易所，建立了全国首个农村产权综合交易平台，并在区县、乡镇分别建立农村产权交易分所、农村产权流转服务站，形成了市县乡三级农村产权流转服务体系。依托产权交易平台，成都市探索实践了多种形式的农村产权流转模式。三是创新农村金融体制。成都市在农村产权制度改革的基础上，创新农村金融体制，发展新型农村金融服务机构，引导更多的信贷资金和社会资金投向农村。同时推进成都市农村信用社改制，组建成都市农村商业银行。成都市出台农村产权抵押担保办法等文件，成立市（县）两级政策性农村产权融资担保公司，探索扩大农村有效担保物范围，在现有法律和政策框架内使农民的农村承包经营权和宅基地使用权成为银行可接受的抵押品。这一系列农村产权制度的重大变革，使农民真正成为了市场主体，进一步坚持和稳定了农村基本经营制度，为土地综合整治提供了良好的条件。

（二）天津市东丽区华明示范镇土地综合整治：以宅基地换房

天津市东丽区华明示范镇地处市中心区和天津滨海新区之间，总面积 150.6 平方公里，约占东丽区总面积的 1/3。2005 年 9 月，天津市结合本地实际，围绕破解农村小城镇建设中普遍存在的土地和体制制约等难题，经过反复调查研究，探索以"宅基地换房"形式建设小城镇，推进城市近郊区社会主义新农村建设的新路子，选定了该镇作为首例示范镇。

所谓以宅基地换房，就是在国家现行政策框架内，坚持承包责任制不变、可耕种土地不减、尊重农民自愿的原则，高水平规划、设计和建设有特色、适于产业聚集和生态宜居的新型小城镇。农民以其宅基地按照规定的置换标准换取小城镇中的一套住宅，迁入小城镇居住。农民原有的宅基地统一组织整理复耕，实现耕地占补平衡。新的小城镇除了农民住宅区外，还规划出一块可供市场开发出让的土地，用土地出让收入平衡小城镇建设资金。该镇原来 12 个村共有宅基地 12071 亩，建设新城镇只需要新占用耕地 8427亩，通过对农民宅基地复耕后，完全可以实现耕地的占补平衡。小城镇建设规划中，农民住宅占地 3476 亩，住宅基地可剩余 8589 亩，建设资金需要37 亿元，另外的 4951 亩规划为经营开发用地，通过"招、拍、挂"方式出让后，预期收益在 38 亿元左右，实现小城镇建设的资金平衡。以宅基地换房的思路提出后，得到了国家有关部门的大力支持，国土资源部将天津市列为全国城镇建设用地增加与农村建设用地减少挂钩试点城市，并下达了第一批土地周转指标。

宅基地换房，具体分为八个步骤：一是区政府编制总体规划报市政府审批；二是组建投融资机构——滨丽公司，负责项目建设、资金管理和债务偿还，实现政府主导下的市场化运作；三是市政府国土管理部门下达土地挂钩周转指标；四是村民提出宅基地换房申请并与村民委员会签订换房协议；五是村民委员会与镇政府签订换房协议；六是镇政府与小城镇投融资机构签订总体换房协议；七是小城镇农民住宅建成后由村民委员会按照全体村民通过的分房办法进行分配；八是农民搬迁后对原宅基地整理复耕，复耕出的土地用于归还小城镇建设占用的土地挂钩周转指标。

宅基地换房后，还要保障农民搬进楼房后能够住得起，对此当地政府从四个方面着手解决群众的后顾之忧。一是保障劳动就业。多渠道解决入住村民的就业问题，其中包括四个居住区的物业保安、市政、保洁、绿化等就业岗位，商业区底商、市场等就业岗位，通过就业安置增加入住村民的"薪金"收入。同时，广泛开展劳动技能培训，提高村民综合素质，掌握劳动技能。二是扩大养老保险。结合土地整合，大力推进参保比例，由政府出资实行养老保险补贴，既解决了群众的后顾之忧，又通过侧面补贴，增加了农民的"养老金"收入。同步推行农村新型合作医疗，除政府补贴外，鼓励村集体负责交纳新型合作医疗中个人缴费部分，解决农民看病难和因病返贫的问题。三是广开增收渠道。包括借滨海新区发展之势，坚持让利群众，协调开发商通过解决本地村民就业，建设营业房等解决群众的"租金"收入；探索一条政府牵头，社会各方携手解决农民生活保障的机制，让农民享受产业升级的成果。借势促进农村经济体制改革，积极探索新型集体经济组织形式，实现农民变居民，农民变股民的转变，切实增加农民"股金"收入。四是推进土地经营承包权流转。采取个人流转经营、集体承包经营、全镇统一流转经营等方式，解决搬迁村民的土地耕种问题，发展规模经营。

该镇通过以宅基地换房，取得了很好的社会经济效益。一是节约土地。华明模式将原来分散的建设用地集中起来，规模利用规模开发，有效地节约了土地资源。二是节约能源。面对 21 世纪的能源及水资源需求的挑战，新市镇以节能环保的新技术来节约能源。三是增加就业岗位。预计未来全镇域范围内会生成 28 万个就业岗位，而按全镇总人口 41063 人的 70% 推算，只需就业人口 2.87 万人，即未来只要有 10% 的就业机会就可满足农民的就业需求。四是增加农民收入。通过以宅基地换房，使农民的土地资源资本化。如以农民原宅基地平均 0.5 亩计算，估价只有 3 万~5 万元，而换置一套小城镇 80 平方米的住宅，其价值超过 20 万元，农民家庭财产大幅增加。同时，农民就业更多地向第二、第三产业转移，收入将明显提高。五是城乡差别缩小。以宅基地换房推进小城镇建设，进而推进农村城市化进程，将会从根本上缩小城乡差别，促进城乡二元结构矛盾的解决，最终实现城乡统筹发展。六是农民与市民共享生活方式。农民进城变为市民，不仅居住条件得到改善，而且生活环境、文化品位、社会服务等方面都将发生根本性改观。

三、省内典型地区土地综合整治的案例分析

河南省内也有一些地方在土地综合整治方面做出了卓有成效的实践探索，创新整治理念、转变整治方式、破解整治难题，实现了政府得土地、农

民得实惠、城乡得发展的多赢局面。

（一）舞钢市土地综合整治

舞钢市是河南省城乡一体化试点市，舞钢市以农村土地整治、土地增减挂钩政策为"抓手"开展新型农村社区建设，将全市 190 个行政村、834 个自然村整合规划为 4 个中心镇、17 个新型农村社区，取得了很好的成效。

舞钢市在城乡建设用地增减挂钩工作中，主要采取"建立一个组织、做到两个符合、坚持三个原则、完善四项保障机制"的做法。

建立一个组织：成立以市长为组长的领导小组，加强对土地挂钩试点工作的组织领导，并建立联席会议制度，每周召开一次碰头会，协调解决工作中遇到的困难和问题。前期的三个挂钩试点项目分别由书记、市长、副书记三人分包落实，既确保了推进的速度，又确保了推进的质量。

做到两个符合：一是中心镇、中心社区建设必须符合土地利用总体规划。舞钢市抓住新一轮土地利用总体规划修编的机遇，把市乡经济社会发展规划、城乡建设规划、产业集聚区规划等全部叠加到土地利用总体规划上来，实现了土地规划与中心镇、中心社区规划的有机衔接。二是中心镇、中心社区建设必须符合村镇规划。为了使规划更具有操作性，舞钢市聘请清华大学规划设计院等单位，高起点、高标准编制中心镇、中心社区建设规划。目前，4 个中心镇、17 个中心社区的详规已基本完成编制工作，部分已通过评审，正在拟订分步实施计划。

坚持三个原则：一是坚持群众自愿的原则。严格按照《河南省城乡建设用地增减挂钩试点暂行办法》，把维护农民权益放在首位，坚持"规划先行、就业为本、群众自愿、量力而行"的原则，尊重农民意愿，结合"4+2"工作法，充分听取群众意见，严格按照农民意愿，不搞强迫命令。二是坚持"搬新"必须"拆旧"的原则。一手抓"建新"，一手抓"拆旧"。在中心镇、中心社区规划完成后，群众自愿报名，乡镇政府与村民签订搬迁补偿安置协议，村民入住新建住房前，把原宅基地交还村集体，并限期拆除旧房后兑现市乡奖补资金。三是坚持建新区占地面积必须小于拆旧区面积的原则。要求新建社区户均占用集体建设用地由原来的 1.1 亩降低到不超过 0.4 亩，并积极对腾出的土地实施复耕，达到耕地总量有增加，质量有提高。

完善四项保障机制：一是出台了资金扶持政策。按照"政府引导、财政奖补、群众自愿、多元投入"的原则，出台了《中共舞钢市委、舞钢市人民政府关于加快中心镇、中心社区建设促进农民向城镇集中的优惠扶持办法》，用优惠扶持办法鼓励、引导农民向城镇集中。2009年以来，舞钢市政府从土地出让金中划拨出用于中心镇、中心社区建设资金共5050万元。二是制定了涉农资金"捆绑"使用制度。对投资用于扶贫开发、危房改造、土地复垦、农村道路建设、安全饮水、村容村貌整治、广电网络、卫生院室等基本建设及基础设施配套建设等方面的项目进行整合，发挥财政资金的引导作用和规模效益。三是建立了社会保障体系。不断完善统筹城乡的社会保障机制。全市推行了全覆盖无缝隙全民医保，并制定了农民养老保险办法，凡是到中心镇、中心社区居住的农民，且交出宅基地的，全部纳入养老保险。四是培育支柱产业，拓宽就业渠道，增加农民收入。一方面以土地流转为载体，大力发展现代农业。瑞祥社区1800亩耕地全部实行流转，利用瑞祥牧业公司的优质农家肥资源，发展无公害蔬菜大棚及优质林果，建成集观光、休闲、餐饮、娱乐于一体的现代化农业示范园。入住居民除有固定租金收入外，可以一年四季到示范园内务工增加收入。另一方面培育壮大现代非农产业。积极引导第二、第三产业向中心镇、中心社区集中，引导分散的企业向园区集中。

（二）新乡市土地综合整治

新乡市的土地综合整治，从项目选址、规划设计、建设质量、资金管理到后期管护等各个环节动员、整合各方力量，总结出一套行之有效的工作方法。

在土地综合整治项目实施前，采用"三下三上"、"四个结合"的工作方法，采纳民意，聚集合力。纵向采用"三下三上"法，即规划设计单位要下到土地整治项目区，认真听取当地干部群众意见，规划设计初级方案；市局对初级方案审核后，再下发征求县、乡、村干部和群众意见，进行修改完善，形成定案上报评审；规划设计方案经审查批准后，最后下发县、乡、村三级公示并逐级签字上报。"三下三上"法充分了解群众诉求，调动广大群众的积极性，同时将科学的、现行的规划理念灌输到群众中去。规划既符合总体规划要求，又充分兼顾了群众意见。这样的规划，得到群众的真心拥护，项目建设也能够顺利进行。横向采用"四个结合"法，则是在土地综合整治大局中，指导各区县政府成立项目建设指挥部，统筹谋划，落实项目建设政府负责制，力争做到多规划统筹、多目标设计，发挥水利、农业、财政等部门及有关乡镇政府的作用，形成共同推进的工作格局，改变国土资源部门单打独斗的被动局面，即土地整治与农业规模化、产业化经营相结合，促进农业增效、农民增收；与交通、农田水利基本建设等专项相结合，避免重复投资；与新型农村社区建设相结合，项目区基础设施与社区基础设施尽可能统一，减少资金和土地浪费；与生态退耕和治黄治沙相结合，促进黄河滩区生态环境改善。

如果说"三下三上"是土地综合整治项目的通行证，"四个结合"则是让项目充分发挥综合效益的法宝。"四个结合"不但发挥了土地综合整治在增加耕地数量、提高耕地质量和粮食产能等方面的基本作用，而且在促进城乡统筹发展、新型社区建设等方面发挥了积极作用，为国土资源系统服务地方经济社会发展和落实共同责任机制开辟了新的重要途径。

在土地综合整治项目实施中，尊重党员、基层组织、群众的主体地位。土地整治重大项目点多、面广、线长，往往穿村过镇，仅靠人生地不熟的施工单位作业人员及当地国土资源部门，难以保证工作进度。熟悉乡情的乡政府、村集体就成为最好的联系桥梁，因此要发挥基层组织的能动性，构建上通下达的桥梁。新乡市在项目实施过程中，注重发挥个人的能动性、创造性，充分尊重党员干部、基层组织、群众的主体地位。在项目建设的监督和管理上，实施"三铁管理方式"。一是"铁腕抓管理"。新乡市对项目区的参建者进行大规模培训，给项目的每个标段配备2名管理员、1名监理、3名施工管理人员，建立了组织协调、施工环境治理和监督、部门责任分工、资金监管与拨付等10大工作机制，重点抓好人员上岗、施工工序、资金使用与拨付三个环节。二是"铁拳治环境"。重点在宣传教育、监督检查、打击违法上下功夫，对干扰施工的违法案件，发现一起，查处一起，决不姑息。三是"铁心抓质量"。重点把好施工质量、材料购置、工期进度三关，凡在督导和验收中发现质量问题都要立即纠正。特别是对在重大工程第一年度工程建设中出现问题的从业单位进行严厉处罚，约谈、通报或列入黑名单，质量管理实现"零容忍"。

在土地综合整治项目实施后，加强后期管护保长久。新乡市在土地综合整治实践中总结出了三条项目后期管护办法，即有人管、有钱管、有章管。明确乡镇政府为项目后期管护主体责任单位，对项目区所有设施的管护负全责。项目竣工验收后，各相关乡镇要与县指挥部及时签订接管协议，落实监管经费；出台监管制度，明确农业部门为项目后期管护牵头监管单位，水利部门为中小农田水利设施管护主体，严格履行项目建成后的监管职责。

然而，由于种地成本高、收益低，普遍存在种粮积极性较低的现象，农村青壮年外出打工，老弱妇孺留守在家务农。"候鸟式"的农村生态自然让他们对维护农业设施的积极性不高。这个问题在获嘉县徐营镇东浮庄得到了解决。他们在土地整治工作中，与新农村建设和生态村建设相结合，通过明晰项目设施产权，落实了管护主体；通过发包经营权，落实了直接管护责任人和管护经费，提高了村民参与管护的积极性。项目区内林木成活率达98%以上，现有树木8万棵，每年就可收益160余万元，树木成材后可带来直接经济效益2000余万元，彻底改变了"年年栽树不见树"的情况。

四、省内外土地综合整治典型案例的经验和启示

以上国内外地区在土地综合整治方面的实践经验，对河南当前的土地综合整治工作具有一定的启示作用，也为今后的土地综合整治工作提供借鉴。

（一）将土地综合整治与统筹城乡发展相结合

土地整治发展到现阶段，已经从单纯的农地整治，走向了农地整治、村庄整治、城镇工矿废弃地整治以及未利用地开发等多种类型融合的综合整治，目标更加"多元化"，呈现出了区域性、整合性、包容性、综合性、操

作性、多功能性、高效益性等特点，所以，要以土地综合整治为平台，统筹城乡发展，加快城乡一体化进程。土地综合整治要与新农村建设相结合，按照新农村建设的要求，加强土地整理，集中连片推进土地平整和农田水利、田间道路、防护林网等建设，提高农业综合生产能力；推进村庄整治，改善人居环境；发展现代农业，提高农业产业化水平，促进农业增效、农民增收。土地综合整治要与城乡建设用地增减挂钩相结合，在整治区全面实行城乡建设用地增减挂钩，整理出的建设用地指标优先保证农民宅基地、农村基础设施和公共服务设施建设，并为当地农村集体经济发展留足空间。土地综合整治要与承包经营权流转相结合，按照依法、自愿、有偿的原则，在不改变土地性质、不改变土地用途、不损害农民权益的前提下，鼓励城乡各类经营主体以转包、出租、互换、转让、股份合作等形式，引导土地向规模经营集中。

（二）加强规划引领，坚持政府主导

土地综合整治是一项系统工程，必须坚持规划引领，保证土地综合整治的科学性、系统性。土地综合整治规划既是开展土地综合整治必不可少的一项基础工作，又是一个非常关键的环节。土地综合整治规划搭建了一个统筹"田、水、路、林、村、房"整治的平台，各项任务都在这个平台上实施，因此，土地综合整治规划突出了土地整治区域综合性、多功能性、多效益性的特点，土地综合整治要协调和衔接好基本农田保护、产业发展、村镇建设及交通、水利和生态环境保护等各项规划，全面促进农村建设和发展。土地综合整治还要坚持政府主导，部门配合，共同参与。农村土地综合整治资金投入规模大，而且涉及很多部门，影响到千家万户，需要在政府主导下整体谋划、统筹推进，才能获得"政府得土地、农民得实惠、城乡得发展"的多赢效应。土地综合整治要坚持以各级党委、政府为主导，以土地整治为平台，由党委、政府强力整合各部门资源，统筹项目、资金和规划，建立健全工作组织协调机制，落实共同责任机制，真正做到优化配置资源，"捆绑"使用资金，灵活运用政策，实现土地整治的综合效益。

（三）尊重农民意愿，维护群众权益

农民是农村土地综合整治的实施主体和利益主体，土地综合整治与他们息息相关。土地综合整治会对农村经济结构产生深远影响，不尊重农民权益，将会剥夺大量农民自我改变境遇的机会，激化乡村社会矛盾，影响社会和谐稳定。因此，土地综合整治要遵循客观规律，尊重农民意愿。在推进土地综合整治工作中，始终要把维护农民权益放在首位，切实保障农民的知情权、参与权，依法保护农民的财产收益权与处置权。土地综合整治要通过公告、听证、公示等方式，广泛征求村民组织和农民个人对土地综合整治方案的意见，充分调动群众的积极性和创造性。土地综合整治必须坚持维护群众权益，关注农民长远生计。要将维护农民利益作为农村土地整治的出发点，问计于民、问需于民、问惠于民，维护百姓合法权益。土地综合整治中凡是村民组织和农民不同意的项目，不能够强行立项实施。要真正做到"群众不同意的不干，不乐意的不办，不满意的不算完"，真正体现群众自愿、群众参与、群众受益的原则和目标。土地综合整治获得的收益，也应及时足额返还农村。

（四）因地制宜，创新土地综合整治模式

不同地区其经济社会发展状况、农业生产水平、农民生活条件和资金保障能力等情况千差万别，土地综合整治工作要根据当地实际情况，因地制宜，采用不同的整治模式，分类推进。对于山区丘陵区来说，土地综合整治主要通过改造坡耕地、修建梯田、加强生态建设，促进当地规模化农业生产的方式进行。将原来小块的土地通过优化连接成片，将坡度较大的山地改造成梯田，铺垫肥沃的耕植土，并修筑田埂防止水土流失，同时配套相应的道路、渠系等基础设施，从而提高土地综合生产能力，优化土地景观布局。对平原地区基本农田的整治，主要采取综合治理的办法，通过实施土地平整、修建灌溉与排水设施、修建田间道路、建设农田防护林等工程，将耕地整理为"田成方、树成行、渠相连、林成网、旱能浇、涝能排"的高产稳产基本农田。对"空心村"的治理要根据其形成原因和村容村貌现状，因地制宜，

一村一策。对砖瓦窑、工矿废弃地的整治，要根据经济可行、合理利用的原则，对整治地块进行适宜性评价，确定土地用途，或整理为耕地复垦，或整理为建设用地，与新增建设用地相挂钩，或整理为休闲娱乐用地，加以景观设计，使其成为城市的休闲空间。

（五）以项目为依托，实现融资渠道多元化

土地综合整治项目资金投入大，仅仅依靠政府财政投入，资金缺口大，不能满足实际需要。另外，土地整治项目建设周期长，土地整治的前期投入，由地方政府先行垫付，再以置换建设用地出让金方式进行周转，往往造成地方政府垫付资金不能及时回笼，导致地方政府资金筹措压力大。因此，土地综合整治项目必须要积极探索以市场运作模式开拓多元化融资渠道，引导和规范民间资本参与土地整治。多元化的融资渠道除了整合各项涉农资金外，要重点向银行融资，将土地整治项目作为农业发展银行等政策性银行拓展支农功能的有效载体，鼓励和支持其开展融资服务，并允许以土地经营权、集体建设用地使用权等为质押，开展商业信贷。另外，要引导和规范社会资本加入。制定优惠政策，鼓励村企共建，引导社会资本特别是农业企业规范投入土地整治整村推进，使项目实施与发展现代农业相结合。同时，鼓励乡村集体和农民个人增加投入或投工投劳，进一步发挥农民群众的主体作用。

（六）加强体制机制创新，破解制度障碍

当前，在土地综合整治中面临的许多难题，都与现有的管理体制机制的束缚有关。要破解这些发展难题，就要选准突破口，以改革的勇气和魄力，突破制度障碍。如土地综合整治的部门协调问题，土地综合整治工作把土地管理部门的耕地保护、规划，地籍管理、利用等几乎所有业务都贯穿起来，而且它涉及多个其他政府部门，包括农林局、规划局、建设局、环境保护局、国土资源管理局等部门。每个部门都有自己的规划和职能。在土地综合整治推进中，需要各个部门的协调和配合，如果没有建立一个高效的协调合作机制，就会大大影响土地综合整治工作的进度。为此应建立土地综合整治

组织结构，加强统一领导与协调，明确分工，责任到人，推行管理目标责任制，建立一个"政府主导、国土搭台、各方唱戏、群众参与"的运行机制。土地综合整治也应建立激励机制。全省各级政府对土地综合整治实行目标管理，纳入政府目标考核序列，将土地综合整治的工程质量、进度、效果、群众满意度作为考核的指标，对成绩突出的单位和个人进行表彰和奖励；对检查、验收中发现建设质量差、资金管理使用问题大、弄虚作假以及其他严重违规违纪的，要进行查处。土地综合整治还要建立公众决策机制，接受公众监督，使项目建设更具可行性，项目设计更加科学。

五、河南土地综合整治可参照的政策

土地综合整治关系到耕地保护、粮食安全等基本国策，同时也涉及多方面的利益，必须在国家和省有关政策法规约束下进行。当前国家和省内出台的有关政策、文件主要有以下方面：

（一）国家层面可参照的政策

土地综合整理涉及利益主体复杂，必须要有明确具体的法律依据作为依托。10 多年来，国家先后出台了一系列政策，规范了土地整治程序，使土地整治走上了有法可依、有章可循的法制化、制度化道路。1997 年，中共中央、国务院颁布《关于进一步加强土地管理切实保护耕地的通知》（中发〔1997〕11 号），要求"积极推进土地整理，搞好土地建设"。这是"土地整理"的概念第一次正式写入中央文件。

1999 年，新修订的《中华人民共和国土地管理法》明确指出"国家鼓励土地整理"，并规定开征新增建设用地土地有偿使用费、耕地开垦费、土地复垦费等，从法律上解决了土地整治资金来源。土地整治逐步从自发、无序、无稳定投入转变到有组织、有秩序、有比较稳定的投入。

2000 年，为加强国家投资土地开发整理项目的管理，出台了《国家投资土地开发整理项目管理暂行办法》和《土地开发整理项目资金管理暂行办法》，

2003 年又出台了《国家投资土地开发整理项目竣工验收暂行办法》。

2004 年，国务院下发《关于深化改革严格土地管理的决定》（国发〔2004〕28 号）指出，"鼓励农村建设用地整理，城镇建设用地增加要与农村建设用地减少相挂钩"，为城乡建设用地的布局调整提供了政策依据。2005 年起，国土资源部开始部署"城乡建设用地增减挂钩"试点工作。

2005 年，出台《关于加强和改进土地开发整理工作的通知》，进一步明确了土地开发整理工作方向和土地开发整理重点。

2008 年，中央层面首次正式提出"土地整治"。中共十七届三中全会决定："大规模实施土地整治，搞好规划、统筹安排、连片推进。"这个决定开启了土地整治事业发展新纪元。此后相继出台了《城乡建设用地增减挂钩试点管理办法》、《中央分成新增建设用地土地有偿使用费稽查暂行办法》和《中央分成新增建设用地土地有偿使用费资金使用管理办法》，形成了完整的挂钩政策，并开始在全国进行试点。

2010 年，出台了《国务院关于严格规范城乡建设用地增减挂钩试点切实做好农村土地整治工作的通知》（国发〔2010〕47 号），这个文件针对一些地方出现的片面追求增加城镇建设用地指标、擅自开展增减挂钩试点和扩大试点范围、突破周转指标、违背农民意愿强拆强建等一些亟须规范的问题，制定措施，予以纠正。

2011 年，为全面贯彻落实国发〔2010〕47 号文件精神，国土资源部又出台《国土资源部关于严格规范城乡建设用地增减挂钩试点工作的通知》（国土资发〔2011〕224 号），完善城乡建设用地增减挂钩（以下简称增减挂钩）制度政策，正确引导、严格规范增减挂钩试点工作，统筹促进城乡发展和新农村建设。

2012 年 3 月，国务院批复实施《全国土地整治规划（2011~2015 年)》，该规划是全国土地整治的纲领性文件，是规范有序推进土地综合整治工作的基本依据。

（二）省内已经出台的政策

河南在执行国家的有关政策、文件基础上，根据本省实际情况，先后出台了相应配套实施管理文件，引导规范土地综合整治工作科学推进。

2009 年，出台了《河南省土地综合整治实施方案》，确定了河南土地综合整治工作的总体要求、目标任务、实施步骤和政策保障，这是关于土地综合整治的综合性指导文件。接着又出台了《河南省千村土地整治（试点）项目管理暂行办法》，制定了土地综合整治试点项目的选址、项目规划编制、申报、项目实施统筹协调、验收等具体操作规范。

2011 年，出台了《河南省人民政府关于进一步加强土地开发利用管理的若干意见》（豫政〔2011〕27 号），文件提出要健全农村土地整治机制，大力推进农用地整治，稳妥开展村庄整治和城乡建设用地增减挂钩，统筹城乡土地利用。

2012 年，河南国土资源厅出台《河南省土地整治项目管理办法》（豫国土资发〔2012〕141 号），文件制定了各地土地管理部门对土地整治项目的管理职责和项目库管理办法。

2013 年，出台了《河南省人地挂钩试点工作管理办法》（豫国土资发〔2013〕8 号），制定了人地挂钩试点选择的条件、人地挂钩试点专项规划的编制以及节余建设用地指标的使用要求。

2013 年，出台了《关于规范全省土地综合整治试点工作的实施意见》（豫土综治办发〔2013〕126 号），对各地在土地综合整治试点工作中存在的项目选择不合理、规划不科学、建设资金无保障等问题提出了处理意见，进行规范。

第四章 河南土地综合整治的历史回顾和现状分析

一、国家土地综合整治的发展历程

30 年来，我国土地开发整理工作经历了从社会自发到政府自觉、从分散到集中、从小范围到大规模、从目标单一到具有综合目标的发展历程。

（一）发育阶段（1949~1996 年）

我国现代意义的土地整理是从新中国成立初期开始的，在不同时期，土地整理的任务和重点存在着不同。20 世纪 50 年代初期，我国土地改革的任务是实现"耕者有其田"的目标，土地整理则是将农村的土地无偿分给农民耕作。20 世纪 50 年代后期，我国进入社会主义改造时期，农村的土地通过人民公社化运动收归集体所有，并由公社成员集体耕种。20 世纪 60 年代因受自然灾害和"文化大革命"的影响，土地整理事业处于停滞阶段。20 世纪 70 年代"全国农业学大寨"，土地整理转向大搞农田基本建设，以平整土地、合并田块，建设新村、整理沟渠道路为主要内容。从 1978 年至 20 世纪 80 年代中期，我国开始了以推行家庭联产承包责任制为主要形式的土地改革，土地整理表现为调整农村集体和农民之间的产权关系。20 世纪 90 年代初，我国经济建设迅猛发展，建设用地的激增导致耕地锐减，土地整理开始转向以挖掘土地利用潜力，增加耕地面积、提高耕地质量、提高土地利用率和产出率、改善农业生产条件和生态环境为主。上海、江苏、浙江、湖北、河北、安徽及天津等地出现了一批土地整理好的典型。从各地实践经验看，通过对"田、水、路、林、村"等实行综合整治，增加了耕地面积，并加强了土地建设，提高了耕地质量。

（二）发展壮大阶段（1997~2007 年）

改革开放后，尤其是进入 20 世纪 90 年代以来，随着耕地总量动态平衡目标的提出，土地整理已成为节地挖潜、增加耕地面积的有效途径。1997 年，国务院下发了《关于进一步加强土地管理切实保护耕地的通知》，要求"积极推进土地整理，搞好土地建设"。

1998 年 8 月 29 日通过的《中华人民共和国土地管理法》第一次将土地整理以法律形式明确提出，充分体现了土地整理的重要性，是我国土地整理工作的巨大进步。

2000 年，国土资源部制定了《土地开发整理行业标准》，对土地整理开发规划的编制、土地整理开发设计、土地整理开发项目验收提出了具体的要求。

2002 年 3 月和 4 月，又先后颁发了《关于认真做好土地开发整理规划工作的通知》和《土地开发整理规划管理若干意见》，加强和规范了土地开发整理规划，对土地开发整理工作进行更科学的指导。

2003 年，颁布实施了《全国土地开发整理规划》，提出"以提高土地资源尤其是耕地资源可持续利用能力为根本出发点，坚持'在保护中开发，在开发中保护'，实现土地开发整理与生态建设相结合，改善生态环境；坚持内涵挖潜，突出土地整理和复垦，推进土地利用方式由粗放型向集约型转变；坚持耕地占补平衡，补充耕地数量，提高耕地质量。主要包含土地整理、土地复垦和土地开发三项内容"。

2004 年 10 月，《国务院关于深化改革严格土地管理的决定》（国发〔2004〕28 号文）提出要鼓励农村建设用地整理，城镇建设用地增加与农村建设用地减少相挂钩。

从 2005 年开始，国土资源部部署开展城乡建设用地增减挂钩试点工作。2005 年、2007 年、2008 年相继出台了关于规范城乡建设用地增减挂钩试点工作的指导意见、管理办法和规范性的文件，明确了挂钩试点工作要坚持统筹规划、实行项目区管理、严格控制规模、严格实施监管、维护农民权益等五个方面的要求。

（三）综合发展阶段（2008 年至今）

2008 年，出台了《中共中央关于推进农村改革发展若干重大问题的决定》，提出"大规模实施土地整治，搞好规划、统筹安排、连片推进，加快中低产田改造，鼓励农民开展土壤改良，推广测土配方施肥和保护性耕作，提高耕地质量，大幅度增加高产稳产农田比重"。2008 年 12 月 31 日，党中央、国务院在《关于 2009 年促进农业稳定发展农民持续增收的若干意见》（中央 1 号文件）中明确提出，要"大力推进土地整治，搞好规划，统筹安排土地整理复垦开发、农业综合开发等各类建设资金，集中连片推进农村土地整治，实行"田、水、路、林"综合治理，大规模开展中低产田改造，提高高标准农田比重"。两个文件明确提出大规模推进土地综合整治是今后一个时期的重大任务，已经成为国家战略部署。国务院为加强土地宏观调控，决定提高新增建设用地成本，以进一步强化以工补农、以城促乡的措施，用于土地综合整治的专项资金大幅增加。国土资源部《关于进一步加强土地整理复垦开发工作的通知》（国土资发〔2008〕176 号）中强调，使土地整治真正成为实施土地利用规划的基本手段，推进开源节流的重要抓手，统筹城乡发展的基础平台。

2009 年，国土资源部把开展土地综合整治、实施"万村土地整治"示范工程作为推进土地管理制度改革的重要举措之一，《国土资源部关于促进农业稳定发展农民持续增收推动城乡统筹发展的若干意见》（国土资发〔2009〕27 号）提出"积极开展土地整治，促进新农村建设和城乡统筹发展"。搭建促进城乡统筹发展的平台，整合各类土地整治活动和资金，各地要以土地整治为载体，整合协调农用地整理、建设用地整理、废弃地复垦以及未利用地开发等各类活动，发挥土地整治的整体效益，有效增加耕地面积，改善农村生产生活条件和村容村貌，推动新农村建设和城乡统筹发展。创建衔接运行处罚和激励机制，加大对土地整治的支持力度。实施重大工程和"万村整治"示范工程，发挥土地整治示范作用。示范工程以村为单位，按照"农民自愿、权属清晰、改善民生、因地制宜、循序渐进"的总要求，开展土地整治活动，实行"全域规划、全域设计、全域整治"，促进城乡统筹发展。

2010年，《加大统筹城乡发展力度进一步夯实农业农村发展基础》（中发〔2010〕1号）将土地整理开发与解决"三农"问题紧密地结合起来，提出"有序开展农村土地整治，城乡建设用地增减挂钩要严格限定在试点范围内，周转指标纳入年度土地利用计划统一管理，农村宅基地和村庄整理后节约的土地仍属农民集体所有，确保城乡建设用地总规模不突破，确保复垦耕地质量，确保维护农民利益"。2010年，国务院出台《国务院关于严格规范城乡建设用地增减挂钩试点切实做好农村土地整治工作的通知》（国发〔2010〕47号）对严格规范开展城乡建设用地增减挂钩试点（以下简称增减挂钩试点）、切实做好土地整治工作提出了明确要求和具体措施，是开展增减挂钩试点和土地整治工作的重要依据。"要按照'统筹规划、整合资源、整体推进'的原则，以耕地面积增加、建设用地总量减少、农村生产生活条件和生态环境明显改善为目标，规范推进以'田、水、路、林、村'综合整治为内容的农村土地整治示范建设。"

2012年3月，《全国土地整治规划（2011~2015年)》经国务院批准正式颁布实施，明确了"十二五"期间土地整治的五项主要任务：一是统筹推进土地整治；二是大力推进农用地整治；三是规范推进农村建设用地整治；四是有序开展城镇工矿建设用地整治；五是加快土地复垦。

土地综合整治是土地整理的继承和发展，从土地整理到土地整合整治，不仅是概念上的变更，其内涵和外延也发生了深刻的变化。在范围上，已由相对孤立的、分散的土地整理项目向集中连片的综合整治转变，从农村延伸到城镇；在内涵上，已由增加耕地数量为主向增加耕地数量、提高耕地质量、改善生态环境并重转变；在目标上，已由单纯的补充耕地向建设性保护耕地与推进新农村建设和城乡统筹发展相结合转变；在手段上，已由以项目为载体向以项目、工程为载体结合城乡建设用地增减挂钩、工矿废弃地复垦调整利用等政策的运用转变；从内容上，已由以农用地整理为主，转向农用地、农村建设用地、城镇工矿建设用地、未利用地开发与土地复垦等综合整治活动。

二、河南土地综合整治的阶段考察

河南土地综合整治经历了从被动整理到主动整治、从单一功能到复合功能、从数量要求到综合要求、从城乡区域分离到城乡区域统筹四个转变。

(一) 以"三项整治"为主的土地整理阶段

从 2001 年开始,河南一直在持续推进土地整理复垦开发工作,为严格保护耕地和节约集约用地发挥了重要作用,也为开展土地整理积累了丰富的实践经验。

从 2004 年开始,河南在全国率先实施针对"空心村"、砖瓦窑厂和工矿废弃地的"三项整治"工作。

2004 年,编制了比较切实可行的《土地置换规划》,建立了土地整治潜力台账,对拟整治项目逐一进行了分析论证,并绘制出图集将每个项目落实到地块、图斑,规划全省 2004~2010 年"三项整治"项目总规模为 223.4 万亩,可复垦耕地 183.3 万亩。其中"空心村"项目总规模 112.9 万亩,可复垦耕地 92.1 万亩;砖瓦窑项目总规模 39.8 万亩,可复垦耕地 32.1 万亩;工矿废弃地项目总规模 16.3 万亩,可复垦耕地 13.6 万亩。

截至 2009 年 7 月底,全省共整治农村集体建设用地 159.4 万亩,新增耕地 86.5 万亩,在保护耕地、保障发展、促进节约集约用地、优化城乡建设用地布局等方面都发挥了十分重要的作用。为推动"三项整治"工作开展,加快"三项整治"整治出来的耕地指标的转化利用,河南规定"三项整治"指标可以作为土地规划调整指标使用,并实行了"三项整治"指标流转制度。据不完全统计,近年来全省共流转指标 3193 公顷,每公顷价格为 6 万元,涉及金额 1.9 亿元。

专栏 4-1 "三项整治"的主要内容

第一，"空心村"整治。所谓的"空心村"就是村庄在建设过程中，新建住宅"摊大饼"式不断向四周扩张，而村庄中的老村区则保留了大量的破旧建筑，且许多已经无人居住，有大量的空闲宅基地和闲置土地。据统计，2004 年全省"空心村"浪费土地约 133.4 万亩。对于"空心村"整治，主要采取了四种办法：一是填实插建。即制定村庄发展规划，划定村发展界线，将村庄内的空闲宅基地进行重新规划，逐步将"空心村"填实。这样既减少了投资，又促进了土地资源的集约利用，老百姓也比较拥护。目前，全省大部分都是这种模式。二是部分搬迁。即依托旧村庄布局比较合理的部分，重点划定村庄发展区域，征得村民同意后，将分散的宅基地向划定区域进行搬迁，如周口市郸城县白马镇韩庄村，将西半部零散宅基地全部拆除重新规划后，使整个村庄占地由原来的 134.2 亩缩小到目前的 57 亩，整理后净增耕地 77.2 亩。三是整体搬迁。主要是将村庄所占耕地腾出，在未利用地上建设新村。如郸城县丁村乡刘庄行政村自然村，土地总面积 220 亩，其中耕地 120 亩，总人口 115 人，人均耕地只有 1.04 亩，但宅基地每户却高达 2.85 亩。经过广泛征求村民意见后，新村规划占用土地仅 10 亩，比旧村节约耕地 100 余亩。又如汝州市王寨乡温庄村，将村庄从耕地中迁往"虎狼爬岭"的未利用地，腾出耕地 257 亩，人均增加耕地 0.3 亩。四是小村并大村。如郸城县李楼乡高楼村，占地 115 亩，户均占地高达 2.5 亩，村民在耕地中建房现象比较严重。经多方论证后，该村与相邻的史闫崔村进行合并，利用邻村空闲宅基地及小片荒地进行统一规划。目前，该村址全部整理复垦，共整理出可利用耕地 115 亩，人均增加耕地 0.47 亩。

第二，砖瓦窑整治。主要是针对废弃的砖瓦窑进行复垦，据调查，全省截至 2004 年 3 月共有废弃砖瓦窑 53.1 万亩。2005 年，结合全省实心砖瓦窑厂治理整顿工作，将关闭复垦实心黏土砖瓦窑厂纳入砖瓦窑场整治工作范围。

第三，工矿废弃地整治。据调查，全省各种形式的工矿企业因倒闭或破产及其他原因不能使用而闲置的土地高达 23.2 万亩。为加速这些用地的转化使用，推进土地的节约集约利用，采取多种形式进行了综合整治。对于适宜耕种的，坚决进行复耕；对于不宜耕种的，可通过建设用地流转等多种方式重新进行利用。

同时，河南开展"三项整治"还与土地开发整理和基本农田整治进行了很好的结合，要求市、县土地开发整理项目要与"三项整治"活动相结合，为"三项整治"补充资金来源。要通过基本农田整治把"三项整治"新增的耕地整理面积扩大，使之成为基本农田数量增加的一个重要来源。

（二）从"千村整治"到"人地挂钩"试点的土地综合整治阶段

1. "千村整治"

2009 年，为落实《河南省土地利用总体规划（2006~2020 年)》确定的土地整治重大工程，结合国土资源部关于开展"万村整治"示范工程的要求，河南在全省范围内展开了"千村整治"示范工程。将城乡建设用地增减挂钩项目和土地整理复垦开发项目整合为土地综合整治项目，以行政村为单位，实行"全域规划、全域设计、全域整治"，以"整村推进"的方式开展"田、水、路、林、村、房"综合整治。

2009 年 9 月，省政府下发了《关于成立河南省土地综合整治工作领导小组的通知》（豫政文〔2009〕183 号），正式成立了由张大卫副省长任组长、省政府副秘书长张庆义和省国土资源厅厅长张启生任副组长，省发展改革委、省财政厅、省国土资源厅、省环境保护厅、省住房和城乡建设厅、省交通运输厅、省水利厅、省农业厅、省林业厅等九家单位负责同志为成员的省土地综合整治领导小组，办公室设在省国土资源厅。

2009 年，相继出台了《河南省"千村整治"试点项目管理暂行办法》、《河南省土地综合整治实施方案》、《县级土地综合整治规划编制指导意见》和《试点村土地综合整治规划编制指导意见》，起草了《关于统筹土地综合整治农村住房建设推进城乡协调发展的意见》，明确了土地综合整治工作的总体要求、目标任务、实施步骤、各级政府及部门责任分工、政策保障和相关技术要求，拓宽了土地综合整治的资金渠道，确保了土地综合整治工作的有序、有效进行。根据全省实际情况，确定 25 个县（市、区）、100 个行政村为第一批土地综合整治试点，整治村庄建设用地 6 万亩，通过城乡建设用地增减挂钩的方式，为新农村建设提供 4 万亩的用地空间，为产业集聚区建设用地提供 2 万亩的用地空间。计划到 2011 年，启动整治的行政村达到 1000 个，完成全省"千村整治"任务，整治村庄建设用地面积 60 万亩，为新农村建设、产业集聚区等县域经济发展分别提供 40 万亩和 20 万亩的用地空间；完成农田整理 600 万亩，开发、复垦用于占补平衡的新增耕地 60 万亩。截至 2020 年，整治集体建设用地 186 万亩，整理农田 2400 万亩，开发、复垦补充耕地 240 万亩。

2009 年，省委八届十次全会将土地开发整理任务列入下半年全省八大提速工程之一，作为"保增长、保民生、保稳定"的重要措施。为贯彻落实省委八届十次全会会议精神，河南省国土资源厅下发了《土地开发整理提速工程实施方案》，明确了下半年工作的任务目标及采取的工作措施。

为贯彻落实《河南省人民政府关于严格保护耕地保障科学发展实现土地高效利用的若干意见》（豫政〔2008〕44 号）精神，推动河南粮食核心区建设，根据河南土地资源状况等情况，确定实施河南土地整理复垦开发重大项目，建设总规模为 348 万亩，投资总预算为 52 亿元，建设期为 5 年。

2. "人地挂钩"

2011 年，《国务院关于支持河南省加快建设中原经济区的指导意见》（国发〔2011〕32 号）要求加快土地管理制度改革，探索开展城乡之间和地区之间"人地挂钩"政策试点，建立耕地保护补偿激励机制和土地节约集约新模式，有效破解土地"瓶颈"制约，解决河南工业化、城镇化、农业现代化协调发展问题。

2012 年 6 月，国土资源部和河南签订了《国土资源部 河南省人民政府共同推进土地管理制度改革促进中原经济区建设合作协议》，提出：积极稳妥地开展农村土地整治。河南加快编制和实施土地整治规划，统筹农用地、建设用地和未利用地整治，统筹新型农村社区建设与旧村庄改造，确定土地整治重大布局、重大工程和重点项目。国土资源部指导河南积极稳妥推进农村土地整治，按照"局部试点、结果可控"的原则，支持河南探索新型农村社区建设用地动态管理新模式。探索开展"人地挂钩"政策试点。河南在国土资源部指导和支持下，探索开展城乡之间、地区之间"人地挂钩"政策试点，在省域范围内实行城镇建设用地增加规模与吸纳进入城市定居的人口规模相挂钩，推进人口城镇化与土地城镇化协调发展，有效破解"三化"协调发展用地矛盾。

2013 年，河南国土资源厅、发展改革委、财政厅、人力资源和社会保障厅、住房和城乡建设厅、农业厅等单位共同制定了《河南省"人地挂钩"试点工作管理办法》（豫国土资发〔2013〕8 号），提出"'人地挂钩'是指按照'四化同步'发展需求，依据国民经济和社会发展规划、土地利用总体规划与城乡规划，开展土地综合整治，实行城镇建设用地增加规模与吸纳农村人口进入城市定居规模相挂钩、城市化地区建设用地增加规模与吸纳外来人口进入城市定居规模相挂钩，有序推进城乡之间、地区之间的土地和资金等要素流转，优化市场配置，有效破解城镇化过程中的'人、地、钱'矛盾，促进城乡一体化发展的社会经济活动"。国土资源厅出台了《河南省"人地挂钩"试点工作指标交易管理办法》、《河南省县级"人地挂钩"试点专项规划编制指导意见》（豫土综治办发〔2013〕55 号）、《县级"人地挂钩"试点年度实施方案编制指导意见》、《关于规范全省土地综合整治试点工作的实施意见》（豫土综治办发〔2013〕126 号）等文件，对党委政府、人民群众及社会各界非常关心的新型农村社区和新农村建设用地动态管理、农民权益保护、节余建设用地指标有偿使用最低保护价制定及公开交易机制建立、指标使用、指标价款管理等都做了明确而严格的规定。此外，各试点单位也结合当地实际正在研究制定各个环节的具体实施细则。

3. 两次改革

河南先后两次对土地整治工作进行改革创新，使这项工作在经济社会发展大局中的地位得到两次提升，其成效也得到了更好的发挥。第一次提升是国家新增费使用分配方式改革后，为解决资金"撒胡椒面"式的分配方式带来的项目太小、资金太散、土地整治规模效益难以显现的问题，研究提出了"统一规划、集中布局、规模整理、分步实施"的总体思路，2008 年，通过省政府发文布置各地以县为单位，编制土地整治"五年实施方案"，要求基本农田示范县（市）规模在 15 万亩以上，其他县（市）规模在 10 万亩以上，整治的集中度要高，原则上片区数不得超过两个。2008 年以后的每年项目安排，都是在各县编制的五年实施方案确定的区域内选址建设的，项目集中连片程度明显提高。第二次提升是 2010 年 12 月底，省国土资源厅与省财政厅联合发文，建立省、市两级土地整治项目库，要求市级入库项目规模要在 10 万亩以上，省级入库项目规模要在 100 万亩以上，保证资金向有资源、有业绩、有积极性的地方投放，做到资金集中投入，土地规模整治，效果集中体现，更大程度地发挥土地整治的综合成效。2011 年，新增费只对项目库的项目安排使用，确保短期内能够推动全省大规模整治，尽快发挥资金使用成效，彰显土地整治品牌。

第一次改革，是基于当时土地整治项目小、资金散、效果差的实际情况所采取的措施，既是被逼出来的，也是河南国土资源部门积极主动应对的结果。通过编制土地整治五年实施方案，使每个县（市）每年的分配资金都能集中投放，经过 3~5 年全省能建成一大批 10 万亩以上的项目区，充分展示土地整治的魅力和国土资源部门的形象。

第二次改革，是基于一些地方不愿干、项目建设进度慢、业绩差、资金长期滞留、不能及时发挥作用的现状，基于各级党委政府对土地整治在社会经济发展中发挥更大作用的迫切需求，既是形势所迫，当然也是国土资源部门学习实践科学发展观，自身统筹谋划的意识和能力有了很大提高的结果。2009 年上半年，河南开始筹划建设河南历史上最大的土地整治重大工程，即 348 万亩的南水北调渠首及沿线土地整治重大工程。随着该项目成效的逐步显现，2011 年启动了省级 500 万亩的豫东平原基本农田整治重大工程。

三、河南土地综合整治的试点实践

（一）"人地挂钩"试点

"人地挂钩"是《指导意见》支持河南建设中原经济区的最重要政策之一，省政府高度重视，对此项政策寄予厚望。河南在2009年起国土资源部部署的"万村整治"暨河南开展的"千村整治"工作基础上，着力研究推进"人地挂钩"试点工作。截至目前，基本搭建了"人地挂钩"试点工作制度框架，新乡等三个试点单位也已开始先行探索实践。

1. 试点工作总体设计

试点工作基本思路：按照国土资源部对开展"人地挂钩"试点的总体要求，河南确定了如下基本思路。以土地综合整治为基础，以节余建设用地指标流转为突破口，以落实耕地保护任务和节约集约用地为基本要求，通过开展农村土地综合整治并依据"人地挂钩"政策使用整治成果，科学保障新农村建设和新型工业化、新型城镇化发展对建设用地的需求，破解用地难题；建立节余建设用地指标流通平台，促进土地、资金等要素合理流转和优化配置，通过有偿使用指标为农村发展筹集一定数量的资金，改善农民生产生活条件，增加农民市民化资本，推进新型城镇化，促进城乡统筹发展；同时，扭转农村土地利用粗放、浪费的局面，落实政府耕地保护和节约集约用地任务，提高用地效益，促进耕地规模经营和新型农业现代化发展。

按照设定，"人地挂钩"试点工作包括三项主要内容：一是以"田、水、路、林、村"为主要对象开展农村土地综合整治，整村推进，重点是集体建设用地的整治，包括复垦旧村庄和支持新农村建设；二是以人口城镇化规模为依据，科学确定试点单位用地规模，将整治后节余的建设用地指标有偿流转到城镇使用；三是建立节余建设用地指标流动平台和指标交易收益返还制度，争取农村土地收益最大化和农民收益最大化，加快推进新型城镇化和城乡统筹发展。

试点主要工作及实施程序：第一步，编制专项规划和年度实施方案。专项规划与年度实施方案需按照人口城镇化发展进度合理安排节余建设用地指标使用规模，确保土地城镇化与人口城镇化协调推进。第二步，实施土地综合整治。各县（市、区）政府依据年度实施方案确定条件成熟的村庄开展土地综合整治，以行政村为基本单位组织实施。农村集体建设用地复垦为耕地后形成建设用地指标，扣除当地农村各项建设新占土地的面积，节约部分为节余建设用地指标，即"人地挂钩"指标。第三步，"人地挂钩"指标使用和交易。"人地挂钩"指标实行有偿使用。用于本地县域经济发展的，按不低于省辖市政府制定的最低保护价支付指标使用费；少量指标可用于跨市、县，但要公开交易，以筹集尽可能多的资金用于支持农村建设。第四步，指标收益返还和使用。建立严格的"人地挂钩"指标收益返还制度，返还的资金用于拆旧区土地复垦、建新区基础设施建设以及农民拆旧补偿和建新补贴等。这是"人地挂钩"试点工作能否持续健康推进的关键环节，也是逐步形成城市反哺农村、工业支持农业、发达地区带动欠发达地区良性机制的有效途径。

2. 主要试点工作推进情况

"人地挂钩"制度框架基本搭建：为指导和规范推进"人地挂钩"试点工作，河南高度重视相关制度设计，到目前为止，已陆续出台一些文件，这些文件基本搭建了"人地挂钩"试点工作制度框架，对"人地挂钩"试点工作中的新型农村社区或新农村建设用地实施动态管理、强化农民权益保护、建立节余建设用地指标有偿使用机制、制定最低保护价、加强指标收益管理使用等都有明确而严格的规定。

土地综合整治稳步开展：为应对新形势、适应新要求，根据国土资源部"万村整治"工作部署，河南按照"多规划统筹、多目标设计、多资金整合、多部门联动、多成果使用"的思路，选择农民自愿、乡村重视、资金问题能够解决的地方，开展了农村"田、水、路、林、村"综合整治暨"千村整治"工作，积极跟进服务新农村建设。土地综合整治试点项目的实施已经在缓解城乡建设用地压力、改善农村生产生活条件和生态环境、促进农村发展和耕地保护等方面发挥了重要作用，并为"人地挂钩"试点工作打下了坚实的基础。

基础工作扎实推进：开发建设的"人地挂钩"动态监测监管系统已投入使用，实现了对全省土地综合整治试点项目的申报、备案、实施、拆旧复垦验收以及节余建设用地指标的产生、交易、使用、核销等环节进行在线实时监控。建立了省级节余建设用地指标交易机构，出台了指标交易的相关文件，制定了节余建设用地指标交易机构建设和运行方案，为在全省范围内开展指标交易做好了准备。

"人地挂钩"试点工作相继启动：遵照国土资源部的要求，经省政府同意，2012 年选择了新乡、洛阳和信阳三个市作为"人地挂钩"试点。其中，新乡试点批复较早，进展较快，已于 2012 年 8 月 15 日成功举行了全省第一例节余建设用地指标拍卖会，交易建设用地指标 587.34 亩，拍得总价款 8948.44 万元。购买指标的有关县（市、区）人民政府使用这些拍得的指标申报建设用地已获得省政府批准。各试点单位已建立"政府引导、部门联动、乡村实施、群众主体"的工作机制，正在加快完善规章制度，努力推进此项工作。

（二）土地综合整治试点

河南自 2009 年 5 月起，开始启动土地综合整治试点工作以来，总体进展顺利，各地在实践中形成了一些典型做法和经验。

1. 规范运作，稳妥启动

一是制定了政策和工作方案。在土地综合整治工作开始之时，河南土地综合整治领导小组就设定了推进工作的体制机制，搭建了较为完善的政策框架，建立健全了领导机制，逐步理顺资金投入渠道。专门下发了《河南省"千村整治"试点项目管理暂行办法》，《河南省土地综合整治实施方案》、《县级土地综合整治规划编制指导意见》和《试点村土地综合整治规划编制指导意见》等文件，各地按照省土地综合整治领导小组文件的精神，建立了政府主导、相关部门配合的工作机制。结合当地实际出台了相应的文件，明确了土地综合整治工作的总体要求、目标任务、实施步骤、各级政府及部门责任分工、政策保障和相关技术要求。二是拓宽了土地综合整治的资金渠道。河南土地综合整治资金主要有土地专项资金、地方政府财政投入、各项涉农资金、农民自筹资金等。各项资金"打捆"使用,集中投入,发挥"集聚效应"。土地专项资金主要用于农地整理、农村建设用地复垦,涉农资金主要是用于配套基础设施建设;农户搬迁建房资金多是农民自筹,充分发挥了资金使用效益。省级给每个试点村下拨 50 万元的补助资金,并要求各试点县将今年的新增费用重点安排到土地综合整治项目。三是健全了领导机制。各地都成立了土地综合整治工作领导小组,一般由政府主要领导或分管领导任组长,国土、住建、农业、财政等相关部门主要负责人为成员,规格高,协调落实力度大。通过以上措施,保证了土地综合整治工作程序合法、规范、稳妥地推进,实现了耕地面积不减少、建设用地面积不增加的整治目标,避免了侵农害农情况的发生。

2. 因地制宜,探索试点

河南总体上具有农村人口多、人均耕地少、经济发展相对落后的特点,但全省各地客观情况差别很大,因此,各试点县紧密结合当地实际,分别采取多村合并、单村搬迁或整体搬迁等方式,加快推进新农村建设,以点带面,强力突破,取得了明显成效。一是多村合并型。这种类型是将土地综合整治、农业规模经营和产业化发展、城乡一体化发展等一起规划、一起建设、一起更新。这种类型政府重视,工作力度大,规模较大,推进较快。如舞钢市大力实施"两集中"(即农民向城镇集中、土地向经营大户集中)战略,计划把全市除城区外的 182 个村整合为 18 个中心社区,2014 年已经在尹集镇张庄村和庙街乡人头村开展了试点。又如滑县新区前景庄等 18 个行政村土地综合整治项目区,涉及城关镇的三里庄、苏庄等 18 个行政村、4737 户、17968 人,项目区规模达 1198.70 公顷,现状耕地面积 738.57 公顷;预计拆除农村居民点面积 283 公顷,村庄合并后,建设新村占地面积111 公顷,节约建设用地 172 公顷,目前部分旧村拆除工作已完成。又如荥阳市洞林湖"五村联建",通过引进商业资本,将原分散居住的 5 个行政村村民集中安置,耕地集体流转发展高效农业,旧宅基地整理节约出的 585 亩土地由企业开发为休闲观光生态旅游项目。二是单村搬迁型。这种类型一般以复垦"空心村"为基础,当地群众建房原动力强烈。如陕县土地综合整治试点项目,充分考虑试点村的经济发展水平、地形地貌和农民意愿,采取边拆旧、边复垦、边建新的方式，量力而行，分步实施，在符合农民意愿的前提下搞好旧村整理工作以及新村建设工作，让土地综合整治成为群众自发、自觉、自愿、自主实施、衷心拥护的发展工程、民生工程。三是煤炭塌陷区治理型。这一类型由于煤矿补助拆迁资金和支付农田损失，农民得到的实惠较多，实施相对顺利。如辉县市焦煤集团赵固二矿塌陷区土地综合整治项目与新村建设相结合，根据"谁破坏，谁复垦"的原则，将搬迁补偿、土地复垦、新区建设三项费用列入生产成本，主要由赵固二矿负责，通过旧村搬迁合并，预计项目区内居民点用地由 94.07 公顷减少为 57.51 公顷，节约建设用地 36.56 公顷。项目实施后，可实现项目区内耕作条件提高，耕地质量不降低，群众收入不减少。

3. 尊重民意，坚持依靠群众

各地在土地综合整治工作过程中，始终坚持群众自愿的原则，规定必须有 90% 以上的群众同意才能开展试点，有一户不同意，就不能强拆。必须在广泛听取和征求群众意见的基础上，确定土地综合整治项目及内容，最大限度地调动农民群众主动参与的积极性。如嵩县土地综合整治试点项目区连续 4 次召开郭凹组、王家岭组、和尚元组、杨家岭组 4 个村民组 156 户群众会议，讨论整体搬迁事宜，经过充分酝酿、入户调查、征求群众意见，90%以上村民同意搬迁并提出申请。经乡政府批准实施整体搬迁，制定搬迁方案，签订拆迁协议书、承诺书，实施搬迁，镇村干部做到"指导到位不越位，全程参与不包办"；滑县项目区通过深入动员、全民讨论、算账对比、政策优惠等方法，让群众充分认识到土地综合整治对改善自身居住环境和生活质量的积极意义，引导群众自愿搬迁。对主动拆迁的农户和企业，还在宅基地、子女就业、医疗保险、养老保险等社会保障方面给予一定的优惠政策；睢县土地综合整治试点项目，为把好事办好，实事办实，切实采用"4+2"工作法，做到党支部提议、村两委商议、党员大会审议、村民代表大会决议，并实行决议内容公告。

4. 规划先行，体现特色

科学规划、合理布局是确保土地综合整治成效的关键。各地在实施土地综合整治项目之前，都委托技术单位编制规划。在实施的过程中，始终坚持牢牢把握土地综合整治的特色。一是整村推进，因地制宜。对农地整理、旧村复垦、新村建设一起规划、一起建设、一起更新。并按照分类指导思路，坚持从实际出发，因地制宜，一村一策。二是国土资源部门充分发挥自身的优势，积极促进工作开展。主要是从耕地开垦费、新增建设用地土地有偿使用费方面加大投入，从城乡建设用地增减挂钩等政策方面给予倾斜，并通过对综合整治项目的整体审批解决新村建设用地手续问题。

四、河南土地综合整治的现状分析

2009 年以来，河南积极开展了土地综合整治工作，力求探索"双保双赢"的新路子；2011 年，《国务院关于支持河南省加快建设中原经济区的指导意见》下发后，尤其是 2012 年 6 月省部合作协议签订后，借国家支持河南加快建设中原经济区的重大历史机遇，河南紧紧围绕"推进土地管理制度改革，促进中原经济区建设"这一主题，进一步加大了土地综合整治工作力度，推动土地综合整治工作迈上了新台阶，并以此为基础和依托，深入研究探索"人地挂钩"政策，稳步开展"人地挂钩"试点，卓有成效地支持了新农村和新型农村社区建设、拓展了科学发展用地空间、加快了推进新型城镇化、促进了城乡统筹发展。

（一）土地综合整治扎实推进

河南于 2009 年制定了"千村整治"实施方案，统筹部署全省土地综合整治试点工作，重点对城乡接合部、产业集聚区附近亟须搬迁建设的村庄及现状散乱、整治潜力大、生产生活环境亟须改善的村庄作为重点进行整治。为加快推进土地综合整治工作，自 2011 年起，河南安排新增建设用地有偿使用费对部分试点项目进行了补助，2011~2012 年已安排补助资金 30 亿元。2013 年计划安排 15 亿元，其中第一批补助资金已经拨付。

1. 土地综合整治范围逐渐扩大，拓展发展空间

土地综合整治工作开展范围逐渐扩大，试点项目数量迅速增加，有力地

保障了新型农村社区建设和农村其他发展用地。截至 2013 年 4 月底，河南全省共启动土地综合整治试点项目 1067 个，项目全部实施后可为工业化城镇化提供 53 万亩用地空间。不仅有效缓解了用地矛盾，提高了保障发展的能力，而且节约了土地资源，增加了有效耕地面积，促进了耕地保护。

在已完成的新增费土地整治项目中，绝大部分都是在现有耕地特别是基本农田范围内开展的，整治后的农田普遍变成了设施配套、旱涝保收的高产稳产农田。虽然河南全省建设用地持续增长，但耕地面积一直保持稳定，质量也不断提高，较好地完成了国家下达的耕地保护目标任务。

2. 基础设施建设加快，改善农业生产条件

已完成的土地整治项目，使项目区的生产能力一般都提高了 10%~20%。通过对农用地、旧村庄和工矿废弃地进行整治，不仅使原有贫瘠的土地变成了高标准农田，而且使农村废弃的建设用地和零星分散的边角地都得到了重新利用，田块规模化程度得到了极大的提高，项目区内各行业用地结构更趋合理，为实现机械化耕作和农业的规模化、产业化经营创造了良好条件，为加快土地承包经营权流转奠定了坚实基础。同时，进一步促进了农村土地的节约集约利用，增强了可持续发展能力。

3. 以土地综合整治项目为依托，推进新农村建设

土地综合整治在促进新农村和新型农村社区建设、促进农村土地流转和农村产业发展、增加农民收入等方面也发挥了重要作用。新村规划建设整洁有序，基础设施和公共服务设施配套完善，农民居住条件和生活环境明显改善，农村经济发展焕发出了新活力。各地在项目实施中，按照河南国土资源厅的统一要求，特别注重项目区道路的质量和标准，方便群众出行，很受欢迎。一些项目通过归并零星散乱村庄的做法，改变了村容村貌，实现了农民居住环境和生活条件的整体改善。如正阳县兰青乡杨楼村依托土地整理项目的带动，将 21 个自然村归并为 2 个居民点，配套建设各项基础设施，使原来"脏、乱、差"的村庄一跃成为贫困地区一颗耀眼的明珠。被河南省政府授予"省级生态文明村"称号。光山县上官岗村在实施土地综合整治试点项目时将村庄拆旧建新、土地流转与商贸物流、乡村旅游、花卉苗木等产业发展紧密结合起来，实现了村民集中居住、土地集中耕种、农业规模经营，发

展壮大了集体产业，增加了农民收入，增强了农村经济活力。

（二）土地综合整治试点项目管理日渐规范

1. 加强了土地综合整治试点项目规划方案编制指导

对试点项目规划方案编制的原则、主要内容和成果等做了明确的规定，对提高各试点项目规划方案编制的科学性和规范性起到了指导作用。

2. 建立了土地综合整治试点项目规划方案备案管理工作制度

建立了土地综合整治试点项目规划方案受理、审核、送达等备案程序，以及备案管理限时办结制、分工负责制和责任追究制，规范了土地综合整治试点项目备案工作，提高了工作效率和质量。截至 2012 年 10 月 31 日，河南全省共接收和审查项目备案申请 620 个，实际备案项目 481 个。

3. 建立了土地综合整治试点项目资金补助审查制度

制定了 2012 年试点项目资金补助办法，明确了资金补助范围、条件及补助资金用途等，做到资金补助有据可依；建立了资金补助项目选择联合审查制度，由河南省国土资源厅财务处、省财政厅综合处、省土地综合整治办和省纪检监察部门及相关专家共同参与，提高省补资金项目选取的透明度和公正性。

（三）搭建"人地挂钩"政策基本制度框架

自《指导意见》下发后，河南紧扣文件精神，积极对"人地挂钩"政策的内涵、要求及操作实施等进行了专项研究，并结合土地综合整治工作实践，拟定了"人地挂钩"政策制度设计思路与主体框架。省部合作协议签订后，河南又根据协议新精神和经济社会发展新要求，进行了补充、完善，建立了土地综合整治试点项目规划方案编制、报批与备案、项目实施与复垦验收、"人地挂钩"试点专项规划和年度实施方案编制、节余建设用地指标交易与使用、指标交易价款管理等实施管理制度，搭建了"人地挂钩"试点工作基本政策体系。试点单位的实践证明，这一套实施管理制度具有较强的实用性和可操作性。

（四）逐步推进省、市两级"人地挂钩"试点工作

河南建立了省级节余建设用地指标交易机构，制定了机构建设和运行方案；开发建设的"人地挂钩"动态监测监管系统已投入使用，实现了对全省土地综合整治试点项目的申报、备案、实施、拆旧复垦验收以及节余建设用地指标的产生、交易、使用、核销等环节的在线监控；各试点单位已建立起"政府引导、国土搭台、部门联动、乡村实施、群众主体"的工作机制，正在完善规章制度、加快推进市级指标交易机构建设。

经过精心筹备，河南 2012 年选择了新乡、洛阳和信阳三个市作为省级"人地挂钩"试点，率先展开探索。其中，新乡试点工作推进较快，截至 2013 年 7 月已举行了两次节余建设用地指标拍卖会，共交易建设用地指标 913.28 亩，拍得总价款 15298.44 万元。购买指标的部分县（市、区）已获得省政府批准按所购指标数量用地。另外，根据经济社会发展对这项政策的实际需要，除省级试点外，河南还安排其余省辖市各选择 2~3 个县（市）作为市级试点，目前已选定市级试点 35 个，正在积极筹备相关工作。

第五章　河南土地综合整治的经济效益分析评价

土地综合整治经济效益明显，从直接经济效益看，能够实现土地价值增值，提高粮食产量，增加农民收入，增强政府财力和集体经济实力；从间接经济效益看，能推动农业现代化发展，促进城乡土地节约集约利用，缩小城乡二元差距，促进新型城镇化进程。

一、实现土地价值增值，实现政府、集体和农民增收

推进土地综合整治，实现土地价值增值。实施土地综合项目，可以从两个途径实现土地的价值增值。首先是土地生产条件改善实现增值。通过土地综合整治，整体推进"田、水、路、林、村"综合整治，加强了基础设施建设和公共服务设施配套，改善了生产生活条件和整体环境，使得原有耕地价值得到提升；通过土地综合整治，统筹安排城乡用地，对原来分散、零乱、土地资源利用效率低下的村落，进行集中改造，挖掘整理出大量发展用地，实现土地及各种公共资源最大限度的整合提升和集约利用，并通过集聚迸发出新的活力和效益，具备成为宅基地、公益性公共设施用地和经营性用地的条件，甚至为集体建设土地进入市场提供可能。其次是用途转变实现增值。通过土地综合整治项目，允许在土地利用总体规划中确定并经批准为建设用地用途的集体建设土地进入市场，其方式可以是出让、出租、转让（含土地使用权作价出资、入股、联营、兼并和置换等）、转租和抵押。由于土地利

用条件、利用类型发生改变，如由农村建设用地转化为国有土地，工业用地转变为商业、金融用地，由住宅用地转变为商业用地等，这种土地用途的转变也将产生土地增值。

以土地基准地价作为测算依据，根据省辖市的经济社会发展，兼顾区域平衡的原则，选择郑州、商丘、驻马店、新乡四个省辖市，按照一定的比例对政府、集体和农民收入进行测算。

表 5-1　郑州市区土地基准地价表

单位:元/平方米

用地类型	一级	二级	三级	四级	五级	六级	七级	八级
商业	4300	3280	2480	1750	1250	820	550	370
住宅	2400	1750	1190	750	500	320		
工业	1040	810	630	460	310			

表 5-2　商丘市区土地基准地价表

单位:元/平方米

用地类型	一级	二级	三级	四级	五级	六级
商业	2050	1550	1050	750	580	450
住宅	1040	780	600	480	380	300
工业	410	330	270	210	170	

表 5-3　驻马店市区土地基准地价表

单位:元/平方米

用地类型	一级	二级	三级	四级	五级
商业	1800	1216	822	650	475
住宅	1200	866	637	472	350
工业	400	320	250	180	—

表 5-4　新乡市区土地基准地价表

单位:元/平方米

用地类型	一级	二级	三级	四级	五级	六级	七级
商业	3000	2100	1580	1250	1050	880	730
住宅	1600	1200	960	820	740	700	
工业	470	370	315	270	230		

从表 5-1 至表 5-4 可以看出，五个城市相比，商业用地基准地价从高到低依次为：郑州、新乡、商丘、驻马店；住宅用地基准地价从高到低依次为：郑州、新乡、驻马店、商丘；工业用地基准地价从高到低依次为：郑州、新乡、驻马店和商丘。同时，商业用地的基准地价高于住宅用地和工业用地，商业用地与住宅用地的比例大约为 1：1.5 至 1：2，商业用地与工业用地的比例大约为 1：4 至 1：5，其中新乡市区一级商业用地与一级工业用地比例高达 1：6.38。

综合分析，以商丘市区三级商业用地 1050 元/平方米为基准，换算为 70 万元/亩，作为全省省辖市市区的商业用地的基准地价，住宅用地基准地价不低于 35 万/亩，工业用地的基准地价不低于 15 万元/亩。截至 2013 年 4 月底，全省共启动土地综合整治试点项目 1067 个，解决了 51 万亩新型农村社区和新农村建设用地问题。同时，新增加的耕地指标用于城市发展建设占用耕地的占补平衡指标，解决城市发展的土地指标问题，为工业化、城镇化提供了 53 万亩用地空间。根据土地综合整治提供的 53 万亩用地空间，按照亩均 70 万元的高方案测算，能够获取土地增值总收益为 3710 亿元；按照亩均 35 万元的中方案测算，能够获取土地增值总收益为 1855 亿元；按照亩均 14 万元的低方案测算，能够获取土地增值总收益为 742 亿元。

土地增值总收益将体现为四个部分，分别为开发商收益、政府收入、集体组织收入和农民个人收入。根据国务院发展研究中心的一份调查：土地增值部分的收益分配，开发商拿走了 40%~50%，政府拿走了 20%~30%，村级组织留下了 25%~30%，农民拿到的补偿款只占整个土地增值收益的 5%~10%。按此测算，政府、集体组织和农民个人收益见表 5-5。

表 5-5　政府、集体组织和农民个人获取收益

单位：亿元

方案	土地增值总收益	政府收入	集体组织收入	农民个人收入
高方案	3710	742~1113	927.5~1113	185.5~271
中方案	1855	371~556.5	463.75~556.5	92.75~185.5
低方案	742	148.4~222.6	185.5~222.6	37.1~74.2

二、大幅提升土地产出效率，提高粮食产量

土地综合整治是推进农业现代化，实现城乡均等化的基础、先导性工程。农业现代化不仅意味着土地生产力、劳动生产率的提高，还意味着农业生产经营结构的深刻变革，意味着农业增效、农村发展、农民持续增收。加快发展我国现代农业一靠制度、二靠科技、三靠投入，而加大农业基础设施投入、改善农业生产基本要素，加快推进土地整治是最重要的基础性、战略性、公益性工作。开展土地综合整治，不仅能够充分挖掘有效耕地潜力，健全耕地登记制度，改善农业生产条件，减灾抗灾，而且能为使用新技术、新装备、新品种打造良好的基础平台。

实施土地综合整治，坚持补充数量和提高质量并举，巩固了粮食安全的耕地资源基础。近年来，农村土地整治以建设高标准基本农田为重点，大力推进土地平整工程，合理确定田块规模，适当规整田块形状，提高田面平整程度；健全完善田间道路和防护林网系统，优化道路林网格局，提高田间道路荷载标准、通达程度，增强林网防护能力；加强农田灌排工程建设，提高耕地灌溉比例和灌溉用水利用系数，增强农田防洪排涝能力。2013 年河南粮食播种总面积为 15122.7 万亩，单位面积产量 377.82 公斤/亩，经整治耕地质量平均提高 1 个等级，按亩产平均提高 10%计算，每年通过农村土地整治增加的粮食产能相当于增加了 4 万亩耕地的产出。例如，2009~2011 年，河南整理农田 600 万亩，按照亩产平均提高 10%测算，增加粮食总产约 22700 万公斤；开发、复垦用于占补平衡的新增耕地 60 万亩，相当于新增粮食总产量约 22600 万公斤。两项合计增加粮食总产量超过 4.5 亿公斤。

实施土地综合整治，带动了农业耕作新技术的推广。土地综合整治的标准农田，适应了机械化耕作的要求，推广了翻耕机、插田机、大型收割机的应用，农田送肥、翻地、播种、拉运基本实现机械化耕作，工效提高了 10 倍。一些大的土地流转区，企业受规模化经营效益的吸引，积极与省内农业

科研机构合作，建立实验基地，探索通过使用农业新技术、新型机械装备种植农业新品种，提高产值。

实施土地综合整治，加快了传统农业生产方式和农民收入结构的转变。土地综合整治后，原来都是农民种小麦、水稻，现在变成了科技农业，包括优质水稻、蔬菜、水果，种植以后提高了农业附加值，在原来的基础上增加了一倍。之后，引进的企业再通过返招工人，让农民"变身"为农业工人，增加了就业和收入。

三、增加房地产开发用地，促进房地产经济健康发展

土地是房地产发展的基础和保障，也是调控房地产市场运行的重要手段。河南是拥有一亿多人口的大省，人多地少、耕地资源匮乏是基本省情，在新型工业化、信息化、城镇化、农业现代化深入发展的背景下，保耕地红线的任务十分艰巨，建设用地的供需矛盾十分突出，土地供给的有限性、区域性和结构性矛盾将长期存在，土地供应也只能从满足最基本的居住需求出发。

从城镇住房发展来分析，2001~2011 年，河南全省人口自然增长率均低于 7‰，但是考虑到"双独"（夫妻双方都是独生子女的）家庭经批准可以生二胎等计划生育政策的实行以及未来生育二胎政策的适当放宽，2016~2020 年河南全省人口自然增长率将按照 7.1‰测算，到 2020 年河南全省人口将达到 11150 万人。根据中原经济区规划，2020 年中原经济区城镇化率将达到 56%，届时河南全省城镇人口将达到 6250 万人，比"十二五"末新增 1080 万人。由于河南人均资源过少、城市土地狭小、居民人均收入相对较低，以及近年来实施的房地产市场宏观调控，市场投机性需求减少，住房刚性需求成为支撑主力等因素影响，从引导性指标的角度考虑，城镇新增人口人均住房建筑面积仍将保持在 35 平方米左右，按此测算，2015~2020 年城镇新增人口住房需求面积为 4.7 亿平方米。即使将此充分考虑在城镇化进

程中，由于城市更新、大型设施建设和规划调整等因素，部分既有城镇住房被拆迁还原的部分更低，但是根据国家有关部门掌握的数据，每年拆迁量占住房存量的 2% 左右，所需土地需求量仍然较大。

推进土地综合整治，能够有效增加房地产开发用地。在土地综合整治的基础上，积极稳妥地分析土地市场动态，科学制订土地供应计划，适时发布土地供应计划等供地信息，控制土地投放规模和节奏，合理确定新增建设用地和存量建设用地供应区域、规模、结构、时序，对土地供求矛盾突出的地区，要适当加大供应，确保有效供给与有效需求之间的相对平衡，从而稳定市场预期，引导开发商理性决策，防止地价大起大落，保持市场有序发展。

推进土地综合整治，能够实现房地产健康可持续发展。土地供应量是影响地价的因素之一，而且是一个重要因素；而房价虽然从理论上会受到地价变化的影响，但在实际操作中，房地产商往往根据某个城市某个地段的房价，来决定出多高的价钱收购土地才划算。要通过土地综合整治，科学确定房地产开发土地供应规模，优先保证中低价位、中小套型普通商品住房和廉租住房的土地供应，才能有效地调整住房供应结构，稳定住房价格。

四、增加工业用地，促进工业结构优化，扩大工业产出

近年来，随着新型城镇化、工业化进程的快速推进，用地需求量持续扩增，土地年度计划远远无法满足全省经济社会发展的用地需求，用地形势十分严峻。从河南全省情况看，2013 年，土地利用状况出现"供需矛盾突出与粗放利用并存"的特点，各项新增建设用地年均需 80 万亩，而国家下达全省的计划指标仅为 30 万亩，供需矛盾突出。与此同时，粗放利用导致土地浪费严重，部分地区建设用地浪费严重。一些市县规模过度扩张，公共设施缺乏，产业支撑较弱，公共服务跟不上，城市新区人口集聚作用不强，人口密度没有增加；政府出让的工业用地价格低、征地程序不规范，未批或批

非所建，借机圈地、搭车用地等违规违法问题时有发生；乡镇居民点和独立工矿区用地偏多、农村居民点占地多、缺规划、布局散、空闲地多。城镇建设用地结构如表5-6所示。

表5-6　城镇建设用地结构表

类别名称	占城镇建设用地的比例（%）
居住用地	25~40
公共管理与公用服务设施用地	5~8
工业用地	15~30
道路与交通设施用地	10~25
绿地与广场用地	10~15

按照土地综合整治提供的53万亩用地空间，工业用地比重达到15%~30%测算，土地综合整治提供工业用地总面积为79500~159000亩。如果按照省国土资源厅2011年3月印发的《河南省创建节约集约利用土地示范产业集聚区实施意见》中"单位土地面积平均产出达到6240万元/公顷"的产出标准，土地综合整治带来的工业用地产出将达到3307亿~6614亿元。

从省辖市情况分析，以商丘为例，全市每年实际用地需求均在4万亩左右，而河南每年下达建设用地指标仅6000亩左右，与城镇建设用地严重不足相对应的是农村集体建设用地的粗放无序利用，商丘全市人均占有集体建设用地271平方米，远远高于国家150平方米和河南120平方米的综合整治人均占地标准。如果按照国家和河南的人均占地标准对全部居民点进行综合整治撤村并点，将为商丘带来120万~150万亩的用地空间，以商丘年均5万亩的用地需求推算，未来20~30年不用占用耕地就可以解决新型城镇化和新型工业化的用地需求。从实践效果看，2009年，商丘被河南批准作为城乡建设用地增减挂钩试点单位以来，涉及建新区面积2.6万亩，拆旧区面积2.66万亩，下达周转指标2.6万亩，不仅大大缓解了建设用地指标不足的压力，推动了工业化进程，也有力地促进了城乡统筹发展。

以济源为例，2012年济源国土总面积为1898.71平方公里，如图5-1所示，按照用途划分，耕地、园林、林地、草地、城镇村及工矿用地、交通运输地、水域及水利设施用地、其他用地的面积分别为417.62平方公里、

39.67 平方公里、892.67 平方公里、53.04 平方公里、180.14 平方公里、45.14 平方公里、125.5 平方公里和 90.66 平方公里，占国土总面积的比重分别为 24.8%、2.1%、47%、2.8%、9.5%、2.4%、6.6%和 4.8%。济源运用城乡建设用地增减挂钩和土地综合整治政策，较好地解决了承留丹桂园、克井盘溪园等 5 个社区建设用地 900 余亩；通过收储中心融资平台先后两次融资 8 亿元，实现土地收储 56 宗 7545 亩；全年供应国有建设用地 65 宗 10.14 万亩（含小浪底 9.62 万亩），土地出让总收入达到 15.59 亿元。这些土地的高效报批、收储与供应，为富士康、中原特钢、高洁净钢等一大批省级重点项目、重大民生项目及产业集聚区建设项目提供了用地保障。

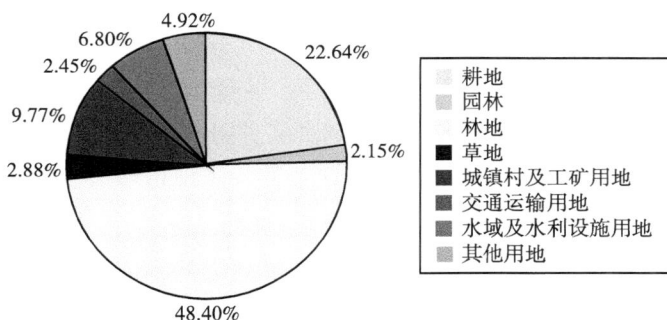

图 5-1　2012 年济源用地结构比例

五、增加服务业用地，促进服务业发展

长期以来，河南和全国其他地区一样，经济发展主要是靠工业经济拉动。在改革开放前，中国的工业企业又基本上是全民所有制企业，为了使投资者不断地扩大投资和新增投资，解决国家当时的短缺经济，同时又要解决就业问题，因此政府部门在许多要素资源政策方面向制造业倾斜，诸如划拨土地无偿使用、低价优先出让土地、较低的公用事业收费等。在传统产业政策的倾斜支持下，许多工业企业或大或小都会拥有一块土地的使用权。在目前城市产业结构调整和土地使用权市场化的背景下，这一土地资源也能成为工业企业转型和进一步发展的必要的空间载体，或者经土地变形出让开发后可得到一笔可观的货币资本，成为其进一步拓展企业和甩掉历史包袱的基础。然而，在需要大力发展服务业的今天，这种产业政策和土地政策已经发生了很大的变化，但对于历史形成的情况，尤其是土地政策方面的情况，与制造业企业相比，服务业企业就没有这么幸运，在拥有土地资源方面，服务业先天不足，至少从总体上看没有工业企业那么大的优势；而对于一些新兴服务业企业来说，它们基本上一无所有，要取得土地资源完全依靠后天自己的努力。现在的工业开发区发展，为了吸引工业投资项目，往往给予入驻企业过度充裕的土地资源，企业超低密度建设厂房，往往用不了甚至闲置，造成土地资源极大的浪费。即使到了近些年有偿使用国有土地之后，土地政策规定的工业用地价格也低于商业和办公用地（当然工业和商业的产出是不一样的），或者一些地方政府为了吸引投资，以超低价甚至零地价出让国有土地，依然形成工业企业过度占用土地的现实。由此造成的结果是，工业企业过多占用土地资源，在目前城市化步伐加快、土地资源需求猛增的情况下，一方面加剧土地资源的紧张程度，造成土地价格的过快上升，置服务业发展于更加艰难的境地；另一方面，从总体上必然会挤占服务业发展用地需要。最终，当我们要大力发展服务业时，服务业不但面临土地紧张，还面临土地高价。

根据国土资源部公布的数据，2011年国有建设用地供应结构为：工矿仓储用地占32.7%，商业服务业用地仅占7.2%，住宅占21.3%，其他占38.8%。相比较而言，2011年全年国内生产总值为471564亿元，其中，第一产业增加值47712亿元，第二产业增加值220592亿元，第三产业增加值203260亿元；第一产业增加值占国内生产总值的比重为10.1%，第二产业增加值比重为46.8%，第三产业增加值比重为43.1%。第三产业单位面积实现的增加值是第二产业的4.9倍。按照全国平均水平测算，河南5年来土地综合整治中，每增加1公顷的服务业发展用地，创造的增加值将是工业的5倍左右。

因此，推进土地综合整治，有利于各地区、各城市在制定城市总体规划、城镇体系规划和土地利用规划时，充分考虑服务业发展的需要，适当增加年度土地供应中服务业发展的用地比重，加强对服务业用地出让合同或划拨决定书的履约管理，积极支持以划拨方式取得土地的单位利用工业厂房、仓储用房、传统商业街等存量房产，土地资源兴办信息服务、研发设计、创意产业等现代服务业，保证政府供应的土地能够及时转化为服务业项目供地。

六、推进农业转移人口进城落户，拉动投资、消费增长

推进土地综合整治，实际上是打通了城乡土地转换渠道，鼓励农业转移人口进城后用农村承包土地换城镇户口、社会保障、社会福利和公共服务，用宅基地和房屋换城镇住房。在农业转移人口市民化之后，鼓励和支持落户到城镇的居民退出其在农村的宅基地和房屋，开展土地承包经营权和其他集体经济权益有偿流转和让渡，来支付迁移到城镇定居的农民进城居住、生活的成本，不仅使现在进入城镇的2亿多农业转移人口能够顺利地转化为城市居民，也使未来近4亿农民获得转移到城市居住生活的资本。

推进农业转移人口进城落户，拉动了投资增长。分析表明，城镇化率每提高1个百分点，就能拉动GDP增长1.5个百分点；每增加1个城镇人口，可带动10万元以上固定资产投资，带动3倍于农民的消费支出。2013年，河南城镇化率达到43.8%，按照《河南新型城镇化规划》确定的"到2020年，常住人口城镇化率达到56%左右，争取新增1100万左右农村转移人口"的目标，可以拉动固定资产投资达到1.1万亿元；同时，按照2012年河南全省城镇人均消费支出13732.96元测算，新增的1100万农村转移人口将带动消费达到1510.6亿元。如果按照河南全省城镇化率达到70%测算，那将为扩大消费和投资需求提供更强大、更持久的动力。

从农村自身来看，政府每投入和整合1万元综合整治资金，就可以撬动8万元的社会投资。

七、增加非农产业就业岗位，促进农业转移人口增收

农民收入增长缓慢的深层次原因，主要有三个：第一，现有农业组织结构不合理。这种组织结构的特点是：以分散的农户家庭经营为主体；经营规模小，无法实现规模化经营，农产品生产成本难以降低；农户的同步调整行为极易产生对市场波动的放大效应，导致市场的同步震荡、大起大落，由此浪费农业资源；农户分散进入市场，既造成交易成本高，也难以协调农户与市场的矛盾，市场风险增大；农户众多且分散，难以有效地组织起来，与其他产业相比，处于竞争的不利地位。第二，农产品供求关系的改变制约了农民增收。农村改革初期，农产品短缺，农民增产的农产品都能卖出去，并且市场价格也没有因产量增加而下降，所以增产就能增收。但农业发展进入新阶段后，农产品供求格局从长期短缺转变为总量基本平衡，丰年有余。这样，农业生产的发展越来越受市场需求的制约，增产不一定增收。据测算，在目前市场供求状况下，农产品产量每增长 1%，所能带动的农民收入增速要远远小于 1%，增产对增收的效应只相当于 20 世纪 80 年代初期的 1/3。第三，农村的城镇化进程严重滞后也对农民增收不利。河南城市化水平滞后于工业化，这种格局带来的不良后果是：随着工业化进程加快，包括土地和资金在内的各种农村资源和要素源源不断地流向城市和工业，而大量农村人口特别是劳动力却依然滞留在农村、滞留在农业中。同时，尽管农村劳动力总量不断增加，但由于农业生产技术不断进步，农业生产出现不断减少劳动用工量的趋势，这就使得农业的人地矛盾更加突出。大量剩余劳动力滞留在农业部门，农业劳动生产率提高就很难，农业劳动力创造的价值仅为非农业劳动力的 1/5。农业劳动力剩余太多，占有资源太少，大部分可用于创造价值和财富的劳动时间由于人均占有资源太少而白白浪费，这正是农民收入低的根本原因。换句话说，正是由于城镇化的滞后，才导致农业和农村的落后、农民收入增长的艰难。

推行土地综合整理，不仅为了新增耕地，更重要的是探索以土地整理为抓手，建设新农村，加大土地流转力度，破解农民增收难题。将整理后的土地在尊重农民意愿的基础上，按照"农民自愿、依法有偿、政府引导、市场调节"的原则，积极探索农村土地承包经营权流转的新机制和新模式，加快农业产业结构调整，培育主导产业，推广应用先进农业技术，建设优质、高产、高效、生态、环保、安全的农产品基地。扶持发展龙头企业和专业合作组织，推行生产、加工、销售一体化经营，提高农业产业化水平。加快发展园区工业、现代物流、休闲农业等农村第二、第三产业，促进农村富余劳动力转移，确保农民群众持续增收。在此基础上，不断拓宽农民非农收入渠道，进一步完善劳务经济服务体系，在加大农民向域外输出的同时，更加注重内转，引导农村劳动力逐步向组团和城镇第二、第三产业转移，实现离开土地而不失去土地的新型生活方式，就地就近变为市民、工人，以及当地投资者、创业者和经商者。特别是重点发展以农家乐旅游为重点的服务产业，充分利用现有景区资源，完善配套服务措施，通过休闲产业的发展增加农民收入。

八、促进农业规模经营，提高农业产业化水平

改革开放初期，我国在农村实施了家庭联产承包责任制，这项制度设计的目的，主要是从让利于民的角度让农民拥有更多的生产与经营的自主权，这在很大程度上激发了农民生产的积极性，解放了劳动生产力。农药、化肥、良种的大量使用，大大提升了农业的单位产出量。但由此而来的问题也在不断显现，随着原来计划经济时代被抑制的农村劳动力潜能的释放，家庭联产承包责任制下的农业产出逐步达到了它的极限，"统分结合"中过于偏重"分"的经营模式，越来越不适应现代农业的低成本、高效率、重生态的要求。20世纪90年代就有学者指出："虽然（家庭联产承包责任制）改革过程比较简单、见效快，但其能量的释放是很有限的，不利于大型农业、水利基本设施的配套建设，不利于高科技农业的推广和社会化分工的进行，也

不利于生产、加工、销售、储藏的综合管理和平均生产成本的降低。"农业规模化经营就是将分散的土地集中起来，首先形成规模效应，然后在此基础上进行科技与管理上的创新，以科学的方式进行生产，最大限度地提高土地的单位经济效益。从这个意义上来说，农业规模化经营是发展现代农业、提高农业比较收益的必然选择。

土地整治是促进现代农业发展的有效载体。土地整治能够通过改善基础设施、有效聚集要素、优化产业体系等为现代农业发展提供基础性支撑。首先，土地整治新增耕地的再配置有助于为促进农地流转、提升规模经营、建设永久性基本良田开辟新途径。通过规划建设产业园区、农村社区以及重新利用农村废弃闲置的土地，不仅可以防止村庄建设的无序扩展，促进农村土地资本化和增加农户资产性收益，还能促进土地流转和大面积经营，从根本上改变目前农村土地细碎化经营的现状。其次，土地整治与现代农业建设相结合，能够发挥其生产功能。在整治过程中通过土地的平整、田块规模的扩大、田块外形的规整、田间基础设施的完善等耕作限制因素的消除为现代农业的发展提供基础条件；同时，整治后的土地由于质量提高、设施完备，要多引入新技术、新设备与新品种；此外，整治后的土地要与用地规模经营结合起来，通过组建专业合作社或引进农业龙头企业实施规模经营，推动传统农业向现代农业转变。最后，土地整治与产业的优化升级结合，能够发挥其产业功能。通过产业用地的整治、复垦、挂钩等，实现产业用地布局的调整，从而优化产业体系，推动产业的优化升级改造。发展休闲农业、观光农业、设施农业是城乡一体化的必然要求，应通过土地整治，形成现代农业产业集群和产业园区，使现代农业成为涉及第一、第二、第三产业的大农业，就地吸纳从传统农业中转移出来的劳动力。

九、优化建设用地结构，促进经济结构调整

土地供给对产业结构具有显著的调节作用。不同产业必然形成对不同土地的需要，而且对土地的选择性很强，对包括气候、环境、数量、质量、区

位等在内的条件要求非常严格。由于土地的不可移动性和稀缺性，城市和企业对土地的选择与土地对城市和企业的选择具有同等重要的意义。一般来说，一个城市经济发展和产业结构所需要的土地，不能用另一个城市的土地来满足，反之亦然，因此形成土地对产业发展的约束和限制作用。这种约束主要来自于土地对产业发展的供给。

当前河南土地供给中存在诸多问题，主要有以下几个方面：一是用地结构变化迅速，且工业用地比重仍然偏高。由于经济建设突飞猛进和经济增长迅速，全国各地尤其是城市，用地结构变化迅速。改革开放以来，由于工业化迅速发展，城市化不断推进，城市人口大幅度增加，用地结构发生剧烈变化，表现出城市工矿用地绝对量和比重的扩大和提高，城市用地结构发生急剧变化，城市居民住宅用地和公共用地的数量和比例普遍提高，而生产性用地相对减少和降低。尤其值得关注的是近年来城镇新增建设用地中工业用地比重居高不下，这种状况进一步加剧了城镇建设用地结构的不合理性。二是城市空间布局混乱，导致土地资源浪费。由于规划本身或规划执行中的种种问题，城市土地不能有效使用，甚至形成土地资源浪费和空间布局杂乱无章。比如，城市的布局和土地利用以行政为中心，大量行政办公和工业用地占用最繁华的城市中心区；工业用地与住宅、办公、商业服务业用地混杂交错，相互包围；道路交通设计不合理，广场过大，并且远离居民区。这些问题使土地的区位效益得不到充分发挥，导致城市整体效益和环境质量低下。近年来又兴起了城市新区建设热，一些城市在城市功能分区和土地利用上过分夸大区位效益，导致某些城市中心区的商务化和非居住化，大量工厂企业和城市居民向城郊迁徙。城市中心区未能集聚起高密度、高强度的金融、商贸等功能区，其结果不仅达不到调整用地布局结构、提高土地利用效益的目的，反而造成城市土地资源和空间资源利用上的更大浪费。三是用地扩张速度大于结构调整速度，产业结构不合理与用地结构不合理并行存在。城市空间规模和土地数量的增长远远高于经济规模和人口规模的增长速度，而且后者往往先行增长。所以，"规划—圈地—征地—用地"成为增加城市用地的经典模式，并得到多种力量的支持。与此同时，城市发展对周边地区的农村土地特别是城乡接合部的农村土地、农用地的蚕食和侵吞，也造成了城市土地的不合理利用和浪费。总而言之，城市产业结构不合理、滞后的情况已经非常突出和严重，亟须进行调整和优化；同时土地利用结构不合理的情况同样非常突出，也需要进行调整和再配置。

推进土地综合整治，有助于优化用地结构的同时优化经济结构。主要包括两方面：一方面是切实保障新兴产业，特别是战略性新兴产业的用地，增加其用地比例，即新增产业用地；另一方面是调整现有的建设用地结构。前者主要依靠国家的用地政策特别是国家的供地政策，对需要优先发展的产业用地予以保证和倾斜。依据城市产业发展的优先系数，对不同地区和城市确定建设用地的供应顺序；采取有保有压的方针；在重大项目规划审批和立项过程中，提高土地的地位和优先度。该政策包含了以下主要原则：在实施国家的供地政策中，总量的平衡和满足与结构的调整和优化两者是并行不悖、相辅相成的。必须严格控制总量，积极调整结构，以调整结构促进总量的平衡。国务院、国土资源部及相关部门所制定的政策和措施，都体现了要加速城市土地使用结构的适时调整和优化，包括房地产业用地结构的调整，以促进国家经济发展方式的转变和经济结构的优化。对于淘汰的产业和企业，不仅需要通过市场竞争和价格杠杆，或国家的供地政策和措施减少其供地，而且需要通过市场机制将其已经占用的土地转移出来，供应给需要发展和增长的产业和企业。

第六章　河南土地综合整治的
社会效益分析评价

土地综合整治的社会效益主要是指土地综合整治活动对社会环境系统所产生的影响。针对土地综合整治，社会效益就是为实现农村经济发展、农村文明建设、缩小城乡差别等所做出的贡献与影响的程度。通过土地综合整治，可以促进耕地保护，推动节约集约用地，支持新农村建设，促进经济发展，推进农村土地管理制度改革。实践证明，土地综合整治确实可以帮助各地解决耕地保护"缺动力"、工业化城镇化"缺土地"、农民增收"缺渠道"、新农村建设"缺资金"、城乡统筹"缺抓手"、深化农村土地管理制度改革"缺平台"等一系列问题。

一、进一步强化以城带乡、以工促农机制，推进
城乡统筹、城乡一体化发展

土地综合整治，既解决了城市发展"地从哪里来"的问题，又解决了农村发展"钱从哪里来"的问题。可引导财政和社会资金投入农村，有利于城乡土地资源、资本有序流动，互补互助，为工业反哺农业、城市支持农村、逐步消除城乡二元结构开辟新渠道。

（一）推进资金、土地等要素在城乡有序流动

开展土地综合整治可以为新农村建设、城乡统筹发展搭建一个良好的平台，使大量的资金投向农村，有效地拉动农村需求，提高公共设施用地比

率，美化农村环境，促进新农村建设。开展土地综合整治，不仅能促进农村土地利用结构和布局的调整优化，还可通过减少居民点面积，运用城乡建设用地增减挂钩政策，为县域经济社会发展提供用地空间，促进县域城镇化和工业化，实现城乡之间互补、互助和互动，并实现城乡统筹发展。

（二）促进城乡统筹发展

农村土地综合整治节余的建设用地指标以及补充耕地指标在省域范围内实行有偿调剂和市场化配置，来自土地的收益最大化，实现远距离、大范围的城乡间土地挂钩置换，提升偏远农村的土地价值，促进城乡互动补偿，指标收益返还农村和农民，加大城市支持农村、工业反哺农业的力度。土地整理复垦开发与增减挂钩合二为一，整合新增建设用地土地有偿使用费和增减挂钩土地级差收益，可以发挥资金集约投入功效。围绕增减挂钩项目区集中布局，对"田、水、路、林、村"实行综合整治，能够实现保护耕地、村庄改造与新型农村社区建设同步推进、节约集约用地与促进城乡统筹发展相互支持的格局，从而推动农民居住向城镇和社区集中，工业向园区集中，土地向规模经营集中，基础设施向农村延伸，公共服务向农村覆盖，城市文明向农村辐射，加快城乡一体化发展进程。

（三）推动新型城镇化带动农村工业化

农村城镇化和居住社区化对生产要素的聚集、农村第二、第三产业的发展和消费水平的提高以及农村公共服务均等化都会产生积极的推动作用。土地作为最基本的生产要素，在推进城镇化进程中发挥着举足轻重的作用。随着沿海发达地区和大中城市生产要素成本的提高，一大批劳动密集型产业正在寻求转移重组的新出路。土地综合整治使小城镇和农村承接这些产业的转移，能够提升全省工业化整体水平和促进农民就近就地转移。承接产业转移需要小城镇和新型农村社区的基础设施、公共服务、生活环境有一个大的改善和提高。通过土地综合整治，利用节余的土地为接替产业留足空间，通过集约投入完善基础设施、改善小城镇和新型农村社区的生产生活环境，从而为吸纳产业转移和农村劳动力就近就业创造条件，并带动农地流转和农业规模经营，走出一条新型城镇化带动农村工业化的新路子。

（四）促进城乡共同进步，缩小城乡差距

在一些传统农作区，由于一些最迫切的公共需要得不到解决，如农田水利、交通道路等，严重制约了这些地区的发展。据此开展土地综合治理，不仅可以扩大耕地面积，改善生产条件，旱涝保收，也满足了这些地区农村、农民的一些迫切的公共需要。而在一些基础条件较好、农业生产力较高的地区，则可以以土地开发整理项目为支撑，改善传统农业生产格局，建设高标准农田，发展现代农业，引导农民面向市场组织生产经营活动。这样，在开展土地综合整治的地区，农业生产条件得到改善，农业生产效率得以提高，也就为农村经济发展注入了活力，为农民增收创造了条件，同时也缩小了城乡差距。

二、推动农村基础设施和公共服务设施完善，改善农民生活环境

土地综合整治是新农村建设的重要内涵，它将农村住房建设与中心村、中心镇建设结合起来，推动农村基础设施和公共服务设施逐步完善，推进农民转移和新村面貌的改善，对新农村建设具有全局牵动性和广泛适用性。

（一）优化村庄布局

在土地综合整治过程中，通过改造旧村庄、归并农村居民点等措施，初步改变了村庄建设"零、乱、散、差"的局面，促进了农民居住水平和生活质量的提高。有的地方划定了"封村线"，将村内的空闲宅基地重新规划，逐步将"空心村"填实，改变了新建住宅"摊大饼"的模式；有的村庄进行了部分搬迁，依托旧村庄布局比较合理的部分，划定村庄发展区域，统一规划布局，将分散的宅基地向划定区搬迁，有效地改进了村庄的布局和面貌；有的地方实行了小村并大村，加快了中心村建设。

（二）改善农民生活环境

农村的现代化要求新农村必须具备比较好的生活条件，而通过土地整理，落后的农村面貌得以改变，沟渠水塘等的规划整治，墓地、垃圾堆放点的搬迁等，使得农户一改过去的局面，道路变得通畅，农田变得整齐，水利灌溉设施得以修复，树林成行，村容村貌大大改变，塑造新的农村景观，为农村提供良好的生态景观环境，改善了农村生活和居住环境。农村土地整理通过对农民新村的村容村貌进行统一规划，重视环境的建设，最终改善农村生产和居住环境，吸引农民向聚集区居住。

（三）提高农民生活质量

土地综合整治推进了公共服务向农村延伸，促进了农民生产生活方式的转变。积极完善农村配套公共服务设施，修建乡村公路、供电供水及排污等系统，兴建学校、体育场馆等文教体育设施，实现了道路硬化、厨厕净化、自来水普及、电视入户、通信全覆盖，配备了篮球场、农民文化书屋、卫生室、学校、商店等公共服务配套设施，改变了农民传统生活习惯，提升了居住水平和生活质量。使农民享受到基础配套健全、公共设施完善、自然环境优美、公共服务到位的现代生活条件。一是提供便利的交通条件。土地综合整治通过修建生产路和田间路，整修路况差、较窄的农村道路，不仅完善了交通网络，形成四通八达的道路网，而且改善了当地农民群众的生产、生活环境，为当地居民提供了便利的交通。二是改善农地景观环境。土地综合整治前农村景观格局比较混乱，景观美感和农民的生产生活环境比较差，通过土地综合整治使田成方、树成行、渠相通、路相连，增加了农地景观的舒适度，也提高了农地景观的美感。三是提高农民生产生活积极性，通过土地综合整治，不仅改善了农地生产力和当地农民的生产生活环境，而且提高了当地农民群众的经济收入和生活水平，最终提高了农民对农业生产的积极性和对农地的满意度。

三、改善农业生产条件，提高农业现代化水平

土地综合整治采取的是整村推进的方式，不仅对农用地进行整理，还对建设用地进行复垦，可以实现耕地集中连片，基础设施配套，促进了农业传统种植方式的改变。而且开展土地综合整治的地方通常都有产业集聚区等工业的建设，当地农民进入企业工作，土地通过流转集中到种粮大户或农业公司，为规模经营和现代农业发展提供了良好条件。

（一）改善农民生产条件

原有的生产和交通运输条件既不能满足农民生活需要，又不能满足农业机械和生产发展的需求，落后的生产条件与方式制约了农业生产和农村经济的发展。通过土地综合整治，改善农村机耕条件，新建或改造生产道路、田间道路，使得土地综合整治项目区内通达率提高、耕作机械能够直接进入农田作业代替人畜劳作；同时完善项目区的引输水网络以及蓄水、提灌设施，使得农业生产的保障程度大大提高；随着项目区农业生产条件的改善和农民收入的增加，不少农户添置了农业机械和运输工具，翻耕机、播种机、收割机等数量快速增长；同时农村交通运输畅通，城镇公交车在农村设站，农用物资运得进，农产品运得出，加快农村物流发展。土地综合整治项目的实施在很大程度上改善了当地农民的农业生产条件，特别是出行条件和耕地条件，提高了农民规模化经营和机械作业水平。

（二）提高土地产出率

河南土地综合整治部分项目区原有水利基础设施薄弱，地块大小不一，田间道路狭窄且互不相通的区域。通过土地综合整治，将形状不规则、地块零碎、坡度差距比较大的土地进行整理，使土地形状规则化、面积规模化、坡度平缓化。将原来利用率低的农田开发起来，将原来零散、不规则的土地开发整理成规则的标准化农田，将原来基础设施不完善的土地变成能抗御各

种自然灾害的高产稳产田，从而为现代农业发展奠定了良好条件。土地综合整治后随着农业生产条件的改善，耕作机械直接进入农田作业，代替了人畜劳作，同时完善的引输水网络以及蓄水塘、提灌设施，改变了落后的生产方式，使农民的劳动生产率得到大大提高。土地开发整理后还有利于优良品种的种植和农业新技术的应用。

（三）促进区域农业结构调整

针对每个土地开发整理项目，河南要求各区县科学规划、规范实施，并坚持与农业产业化布局及结构调整的方向相结合，力求通过土地开发整理发展农村生产，为新农村建设构建产业支撑。通过土地综合整治，农业内部结构正在发生变化，农民开始思考脱贫致富的办法和路子，改变原来广种薄收的耕作方式，种植附加值较高的经济作物，或在农闲时间搞养殖、运输、乡村旅游等产业。虽然目前河南土地开发整理项目与农业产业化项目结合的案例还不多，但随着土地开发整理的效果进一步发挥和农业招商政策大力倾斜，将有更多农业招商项目落户土地综合整治后的项目区，促进农业产业结构调整，延长项目区整个农业产业化链。

四、加快农业人口集聚集中，推动农村
社会全面进步

（一）加快农业人口集聚集中

通过农村宅基地整理，可以实现农业人口的适度集聚，引导农民向中心村、中心镇建房集聚，为产业集聚区预留发展空间，为统筹城乡发展创造有利条件。

（二）促进农村精神文明建设

通过土地综合整治，平整土地，修筑田坎，兴修农田水利，完善交通道路体系，项目区的落后面貌得以改观，生产条件显著改善，生活环境趋于优化，农村呈现出新的气象，由此就会使农村居民的环境观、生活观、审美观、生产观等观念发生积极变化，进而促进农村居民的生产生活方式良性转变，精神文化生活也会更加丰富。土地综合整治的实施还激发了农民学习科技知识的欲望和热情，农户参加的各类技能培训增多。在土地综合整治中，农民通过学习科学技术知识，文化科技素质、农村精神文明建设水平得以提高。

（三）提高农民社会活动参与意识

土地综合整治把一部分零散的耕地归并为大块耕地，再通过土地产权调整，使土地向少数农业生产能手、经营大户或产业化企业的手中集中，实行农业生产的规模化和专业化生产经营，减少了农民对土地的依赖程度，促使农民重新思考和认识各种社会现象和问题。可以说，这是一场由制度或政策激励引发的农民思想观念变革。随着土地综合整治的不断深入，农民的思想观念、生活方式、习俗等也在逐步发生变化，对土地综合整治的态度由开始的拒绝到观望，由观望到积极参与，再由积极参与到积极要求政府实行土地综合整治。土地综合整治自始至终置于农民的参与和监督之下，不仅对传统的"见物不见人"的工作方法提出了挑战，同时也提高了农民的参与意识，提高了乡村凝聚力。在这一过程中，农户所考虑的问题也由关心自己的事到关心村内、市域及国家的大事转变。在土地综合整治工程的实施中，由于政策宣传到位、公示制度落实较好，增强了人们的公众参与意识，提高了人们的民主法制观念，加强了人们的生态环保意识。这些对加强农村的法制建设和建设社会主义新农村、促进城乡统筹发展具有积极的促进作用。

（四）推动农村民主制度建设

通过土地综合整治，不仅使一些"硬性"的公共物品得到满足，相应地，一些"软性"的公共物品也得以体现和强化。因为土地开发整理项目的整个运作过程都需要主管单位、乡镇政府、村委会、个体经济组织的广泛参与，尤其是要多方征求群众的意见，建立村民需求表达机制，把村民的需求通过民主程序变成集体选择，而这实质上就是农村民主制度建设的过程。总之，从农村基础设施到项目区居民的生活观念，从政府主导、牵头到民主决策，使农民民主权利得到实现，提高农民民主参与意识，推进农村民主管理进程，在农村社会全面发展方面发挥重要作用。

（五） 促进农村社会和谐

土地是广大农民最基本的生产生活资料，调查显示，农村很大比例的农民纠纷、上访事件多是由土地问题引起的，解决农村土地问题是提高农村文明程度、管理民主和社会和谐的关键所在。土地综合整治不仅整理土地，增加可利用土地面积，解决农民生存发展最基础的生产资料问题，进而通过收入增加、生活改善，为文化素质提高奠定基础；调整土地关系、人地关系，解决历史遗留的集体与个人、个人与个人之间的矛盾和问题，融洽农村集体与个人、村民之间的关系，促进社会和谐。

五、加快搬迁扶贫开发步伐，推进农村贫困人口尽快脱贫

（一） 加快搬迁扶贫开发步伐

自土地综合整治工作开展以来，河南将土地综合整治与扶贫开发及城乡一体化建设紧密结合，重点给予支持。注重与新农村建设统筹考虑，与村庄搬迁规划相协调，促使农村边远贫困地区分散居民点向中心村适度集中，整治村内闲散地、废弃地，废旧宅基地还耕。在实施中，将改造农村道路、绿化村庄环境、改善农村安全饮水等工程与项目结合起来，为扶贫开发及移民生产生活创造了有利条件。

（二） 提高农民收入

土地综合整治改善了农业生产条件，提高了农业综合生产能力和生产效

益，使农民的收入明显提高。一是通过扩大耕地面积和提高耕地质量，可提高土地生产能力，降低生产成本，优化农民对土地投入与产出结构，进而增加当地农民收入，农民种地的积极性得到提高，有助于促进规划区基本农田的保护和建设。二是土地整治也为当地居民提供了很好的就业机会，可有效减少当地农村的过剩劳动力。整合过的土地适合集约化、规模化、机械化、产业化经营，可以将土地经营权流转，农民从土地耕种中解放出来进入当地的企业上班，既可以获得工资收入，又可以获得土地收益，所以总体上收入大幅度增加。三是农田水利设施及农村交通设施的配置完善，为农业规模化、集约化、机械化提供了良好的发展平台，便于现代化农业技术的推广与应用，提高农业科技含量，进而增加农业的利润空间。四是土地综合整治项目的实施促进了当地建材、运输等行业的发展，增加了农民的就业机会，促进了农民收入多元化。

（三）改善劳动条件，降低劳动强度

土地综合整治将整个项目区的土地加以重划，改变了地貌，重新规划地块和合并零碎的耕地，重新兴建或整治标准农路、沟渠、防风、防冷、排水、灌溉等设施，改变可以改变的农业生产基本条件，以降低农耕成本和减轻耕种操作。因此，通过土地综合整治，农业生产风险进一步降低，也减少了耕地上的劳动力和劳动时间投入，把部分农民从世代耕耘的土地上解放出来，农民有了更多的可支配时间，用以改善自己的精神文化生活和提高生活质量，同时劳动力的解放为产业结构调整和发展后续产业提供了客观条件。

（四）提高农民素质

由于科技开发与推广的影响，土地综合整治后，农村基础条件得以改善，为农业生产机械化、专业化、集约化、规模化、产业化经营提供了条件。而为了适应这种变化，农民就需要更新观念、提高科学文化素质、引进新的生产工具、提高管理能力和市场经营意识。这些对于促进农村生产力发展具有重要意义。土地综合整治项目的实施有助于提高农业生产力水平，大部分农户也想改变目前的家庭经营方式，对实行专业化和机械化生产产生了比较浓厚的兴趣。可见，土地开发整理能够激发农民学习农业科技的愿望，也为农业生产专业化和机械化创造了条件，为农民增产增收打下了基础。

六、明晰土地产权，加快形成城乡统一土地市场

（一）加强土地权属管理，保护农民利益

土地整治权属调整是为了促进土地合理利用与节约集约利用，针对土地整治项目实施中的地块、地类、面积、位置、耕地质量等变化，对项目区内土地所有权或使用权等权属关系进行调整的行为。权属调整是土地整治不可逾越的环节，这也是土地整治区别于其他农田水利设施工程建设的重要标志。经过多年的发展，河南土地整治已从单纯的农用地和分散的土地整理，逐步转向农用地、农村建设用地、国有土地综合整治，以及实施土地整治重大工程和农村土地整治示范项目建设阶段，逐步走向统筹规划、集中连片或整村推进，着力优化农村土地利用结构。随着项目整治规模的逐步扩大，项目区内土地权属主体、权属关系和权益类型将越来越复杂，权属调整直接关系到群众的切身利益。河南土地综合整治将土地权属管理放在了土地整治工作的首位，整治立项阶段的权属调查、土地权利人确定和征求意见，整治实施中的权属调整、新增土地分配、地价评估、纠纷处理，整治后的权属登记等都通过立法做出了明确规定，切实保护农民合法土地权益。

（二）明晰土地产权，减少利益冲突

土地综合整治中按照经济和生态原则，以改善利用条件、降低经营成本和提高管理效率为目标的土地结构和布局的变动，势必会引起土地权利的变动和调整，影响到农民的切身利益。实际中部分土地整治项目，只注重给农民经济补偿、实物补偿的数量，或对农民给予预期利益的承诺，没有从明晰土地产权、规范权属调整的角度和前提下，进行利益调整和平衡。只满足了农民当前经济利益或带来短期实惠，保证了项目上马。河南在土地综合整治

中，重视权属管理，确保整治前后土地产权明晰，避免农村土地整治中的利益冲突。

（三）为建设城乡统一的土地市场打下基础

河南推进"人地挂钩"试点工作，对新增土地指标的分配进行了尝试，引入新增人口变量，即哪里吸纳人口多，获得的土地指标就多，用地指标可向工业化和城镇化速度更快的城市聚集，从而提高土地的利用效率，解决重点城市和重点项目的发展难题。河南正在探索宅基地退出机制、地随人走的标准，农村土地确权、农民在土地增值中的收益权等关键环节，为建立起城乡统一的建设用地市场打下基础。

七、稳定粮食生产土地面积，保障国家粮食安全

多年来，河南以农田整治为重点，大力开展农村土地整治，在稳定提升耕地粮食综合产能、保障国家粮食安全、巩固农业现代化基础等方面发挥了不可替代的作用。

（一）不断加强建设性保护耕地，增加有效耕地面积

河南每年投入数十亿元资金开展以基本农田为主的土地整治工作，配套建设了大量灌排、交通设施，提高了耕地综合生产能力。"十一五"期间，河南共投入新增费用 72.44 亿元，安排土地整治项目 491 个，建设规模 670万亩。通过实施土地整治项目，共增加耕地 166.2 万亩，实施了 659 个耕地"占补平衡"项目，补充耕地 127 万亩。在经济高速发展、建设用地不断扩张的同时，实现了三个"不减少"，即耕地面积不减少、基本农田面积不减少和粮食播种面积不减少，为粮食产量屡创新高提供了基础支撑。通过土地综合整治，河南的基本农田数量持续稳定在 1.034 亿亩以上，耕地数量长期保持稳定在上一轮规划确定的保有量之上，为种粮面积的稳定和粮食总量的稳定奠定了基础，为国家粮食安全做出了重大贡献。

（二）提高耕地质量，增强粮食生产能力

河南以土地综合整治为载体和主要平台，有效整合和使用土地整治专项资金以及其他部门涉农资金，实现土地整治与农田水利、农村道路建设体系的有机衔接。"十一五"期间，河南完成的土地整治项目共新建和改建田间道路 1.01 万公里，新建灌溉渠和管道 1.51 万公里、新打机井 3.64 万眼，改善了项目区灌排、农机具通行等农业生产条件，使项目区的生产能力普遍都提高了 10%~20%。即使按增产 10% 计算，耕地质量提高所增加的粮食产能，也相当于增加了 50 多万亩耕地。土地整治项目建设的水利设施在河南 2008 年、2010 年发生的罕见旱灾中，发挥了抗旱主力军的作用。通过土地综合整治和高标准基本农田建设，增加了耕地面积，提高了耕地质量，促进了田间工程配套建设完善，改善了农业生产基础条件，为发展高效现代农业提供了基础支撑，通过土地集中提高规模经营和产业化水平，提高了劳动生产率，从根本上保障了粮食生产能力的提高，为国家粮食安全做出了重要贡献。

（三）优化了用地结构，提高了可持续发展的能力

1999~2013 年，河南连续投入资金约 284.9 亿元，整治土地 2063.7 万亩，新增耕地约 341.07 万亩。通过土地整治，不仅使贫瘠的土地变成了高标准基本农田，而且使农村废弃的建设用地和零星分散的边角地得到了重新利用，田块规模化程度得到了极大提高，项目区内各行业用地结构更趋合理，为实现机械化耕作和农业规模化、产业化经营创造了条件。同时，进一步促进了农村土地的节约集约利用，增强了可持续发展能力。

（四）发挥了农田的生态功能，提高了抵御自然灾害的能力

由于农村土地大多奇零不整，田间道路窄，地块规模小，农田水利配套设施建设不完善，通过土地综合整治，可以调整土地利用结构，完善农田水利设施建设、生产道路建设、防护林建设、盐碱地治理等，增强农业抵御自然灾害的能力，通过土地综合整治，各项水利工程建设任务完成后，排灌渠

网相连，设施配套齐全，蓄水量增加，防洪能力增强，基本农田旱能灌、涝能排，提高了粮食综合生产能力。河南已实施的土地整治项目区林木覆盖率普遍比整治前提高 5 个百分点。开封、新乡、安阳等风沙较大的地方通过建设田间林网，增加了植被覆盖率；洛阳、南阳等地通过开展缓坡地综合治理，增加了田间蓄水量；还有一些地方通过小流域治理，种植了大量的护坡植被。这些工程措施减少了项目区风沙、水土流失、泥石流等自然灾害的发生，改善了农田生态环境，增强了农作物的抗逆能力。

（五）实施土地整治重大工程，大规模集中建设高标准基本农田

2009 年，河南启动了 348 万亩的南水北调渠首及沿线土地整治重大工程，分为 148 万亩、200 万亩两个大片区，大规模集中建设高标准基本农田。目前，该项目第一年度工程全部竣工并完成验收工作，第二年度工程已基本完工，第三年度工程进展顺利，第四年度工程全面启动，第五年度子项目正加紧筹划。2012 年，河南又启动了南水北调中线工程丹江口库区（淅川县）移土培肥工程，计划建设工期 2 年，规划建设面积 52.57 万亩，计划投资 19.94 亿元。目前，该项目第一年度工程已基本完成，修建临时运土道路 87.67 公里，完成取土工程 1759.33 万立方米，完成土地整治工程覆土面积 1330.30 公顷，正在进行其他配套工程的建设。两大工程建成后，河南将完成高标准基本农田建设任务约 380 万亩，新增耕地面积 21.38 万亩，总投资达 72.03 亿元，新增粮食产能总计约 11.5 亿斤。

（六）提高保护耕地的动力

以前，有些地方政府过分关注财政收入和经济产值的增长，由于种粮效益相对较低，农民种粮收益不高，因此，政府和农民都缺乏保护耕地的积极性和动力。土地综合整治改变了这种状况，通过实施土地综合整治项目，不仅能够实现耕地保护的目标，而且可以促进当地经济发展，增加农民收入。土地综合整理与社会主义新农村建设以及城乡统筹相结合，通过整合其他支农资金、运用城乡建设用地增减挂钩等政策，解决了城市发展用地指标不足

的问题，同时，促进了土地承包经营权流转和规模经营，改善农村生产生活条件，增加了农民收入，为耕地保护增添了新的动力。

八、有效增加建设用地，促进城镇化可持续发展

在积极探索不以牺牲农业和粮食、生态和环境为代价的"三化"协调发展的过程中，新型城镇化是引领，而用地成了城镇化发展的制约因素。通过实施农村土地综合整治，既可以增加耕地面积，提升耕地质量，促进粮食生产，又可腾出大量建设用地，为农村各项发展以及工业化、城镇化发展提供用地空间，有效破解用地刚性需求与保护耕地硬性约束难题。

（一）缓解城市建设用地压力

城市的发展和扩大必然要占用一定的土地，而社会的进步又必将推动城市的发展。因此，如何处理好城市发展与耕地保护的关系就显得尤为重要。一方面，必须较快地促进城市发展，以适应国家经济社会发展的需要；另一方面，需要切实保护耕地，在城市建设中尽可能地少占耕地。因此，必须找出一条既减少耕地占用，又能及时为城乡各项建设提供必需的建设用地，保持社会经济的可持续发展道路。土地综合整治与城乡建设用地增减挂钩政策相结合，农村的建设用地复垦为耕地，除当地使用外，节余部分可以有偿流转到城镇使用，打通了统筹城乡建设用地通道，开辟了工业发展空间；促使分散工业向集聚区集中，拉长了产业链；解决了城市发展用地问题，支持了城镇化进程。实践表明，大部分村庄通过整治，建设用地能够节约50%~60%，可以流转到城镇使用。

（二）加快新型城镇化进程

在全国土地开发强度、城镇发展竞争力接近临界点的情况下，河南没有寄希望于国家拨付更多的用地和资金来推进城镇化建设，而是通过土地综合整治，腾挪用地、回笼资金。通过健全城乡统一的土地市场和资本市场，让

土地资源要素在城乡之间流转，让现金生产要素向农村流动，从根本上改变农村要素短缺但资源要素价值又不断流失的状况。通过多方筹资反哺农村，加大土地整治项目投入，扩大基本农田整治规模，对整治出来的新增地，一部分用于耕地占补平衡，另一部分可流转为建设用地，提升农村土地的资源价值。通过创新土地整治实施模式，充分发挥集体和农民的主体作用，通过"以补代投、以补促建"，让农民"用国家的钱、整自己的地"，调动农民建设和保护高标准基本农田的积极性。通过整合有关涉农资金与土地整治项目资金挂钩制度，对积极参与的单位及时安排项目资金，使各地把土地综合整治与提升农业现代化水平和城镇化率有机统一起来，跳出"就土地整治土地"的圈子，实现"一台同唱、一举多得"。

第七章 河南土地综合整治的生态效益分析评价

土地综合整治的生态效益就是土地综合整治的措施实施行为和过程影响了自然生态系统的结构与功能，从而使得自然生态系统对人类的生产、生活条件产生直接和间接的生态效应。

一、提高耕地质量，增强耕地可持续发展能力

（一）有利于提高耕地质量，增加粮食产量

通过土地综合整治，既可以增加有效耕地面积，又可以提高耕地质量，增加粮食产量。农田经过综合整治后，土地得到了平整；土层薄的区域加厚了土层，并常伴有土壤质地的改善；易涝地通过排水得到治理；改善灌溉设施，提高了灌溉保证率；土壤的酸、碱、盐、贫瘠等影响耕地地力的因素都可能得到不同程度的改良。农田综合整治实际上增加了两种耕地面积，一是有效耕地面积，二是提高的耕地地力折抵的耕地面积。

据测算，整治后的耕地质量平均提升 1~2 个等级，粮食产能普遍提高10%~20%。2013 年，在 1100 亿斤的高起点上，河南粮食生产再次实现历史性突破，全年总产量达到 1142.74 亿斤，比上年增产 15.02 亿斤。正所谓"中原熟，天下足"，这"熟"的背后土地综合整治功不可没。土地整治是建设高标准基本农田的重要抓手，高标准基本农田是建设美好乡村的重要平台。河南是农业大省，耕地是全省最重要的农用土地资源。大力推进农村土

地整治工作，可增加耕地面积，一方面，实现了"田成方、路相通、林成网、渠相连、涝能排、旱能浇、村成片"，农业配套设施逐步完善，实现粮食旱涝保收，农业抵御自然灾害的能力不断增强，切实改善了农民的生产条件；另一方面，通过对"田、水、路、林、村"的综合整治，解决了农地分割细碎、水利设施短缺等问题，提高了耕地质量，增加了耕地面积，改善了农业生态条件和农业环境，促进了土地利用的有序化和集约化，是建设高标准基本农田的重要途径。

（二）有利于改善耕地环境，增强耕地可持续发展能力

土地综合整治可以改善耕地环境状况，增加土地资源可持续利用能力。通过防护林网等农田基础设施建设，提高区域景观价值，改善农田小气候和农田周围大气环境质量；通过对中低产田的改造，抑制水土流失、沙化、盐碱化进度，既保护了耕地，又改善了生态环境。土地综合整治过程中，一方面通过对地块零碎、沟壑交错、地面高低不平、地类交叉的土地进行平整，开发利用闲置土地和废弃坑塘，以及渠道改窄或截弯取直，都能增加有效耕地，是现阶段增加耕地的有效途径；另一方面，通过土地整理建成形状规则的标准农田、交通便捷的交通道路网络、排灌及时的灌溉系统、可有力抵御灾害的防护工程，使整理后的土地"田成方、林成行、路相通、渠相连"，农田生产和生态环境得到很大改善，解决了农业水利化、机械化问题。实施土地综合整治，保持耕地面积的稳定，提高耕地质量，促进农业生产条件的改善，维持农业生态系统的稳定并提高城镇周边的生态质量。

（三）有利于协调人地关系，实现土地资源可持续利用

土地资源作为人类生存和发展的首要资源，土地资源的可持续利用是社会可持续发展的基础。土地综合整治是实现土地资源可持续利用的有效手段，通过对土地的综合整治，可以更好地协调人地关系实现土地资源的优化配置，为国民经济持续健康发展提供强有力的保证。第一，加快了土地制度创新，积极探索农村土地综合制度改革。严格执行耕地保护政策，落实国家关于土地管理方面的法律法规，提高土地执法人员的素质，做到有法可依、

有法必依、执法必严、违法必究。开展对土地资源的数量、权属、用途等基本情况的调查工作，加强政府对农村土地整理的监督和管理。第二，土地综合整治过程中经常伴随着土地产权转移，也就是土地产权不断流动以实现资源配置得以合理化的过程。产权关系明晰才能提高主体的积极性，只有产权关系明确、产权界定合法，才能使农村土地资源都得到有效配置。第三，土地综合整治作为系统性工程，实施中涉及"田、水、路、林、村"的综合改造，会涉及土地、农林、水利、交通、城建等诸多部门，各部门必须密切配合才能搞好。土地综合整治不再是仅仅为了提高农业产量，而是更注重改善人民的生存环境。通过土地综合整治，追求经济、社会、环境效益的和谐统一。应当树立生态观点，不能以破坏生态环境来换取土地综合整治效益，要做到开发中保护，保护中开发。要正确处理耕地数量与质量的关系，要把改善生态环境放在突出的位置。

二、加快土地利用方式转变，实现土地节约集约利用

毫无疑问，通过实施土地综合整治，调整用地结构，可以促使区域土地利用转型阶段的转变，从而为区域社会经济的发展提供空间。近年来，通过土地综合整治，河南不断加强各类用地结构和布局规划设计，满足了现代农业生产的多功能用地要求，优化了农田分布格局。整治后的农田分布更为集中连片，村庄环境和居住条件显著改善。农村土地整治促进了城乡统筹发展新机制的建立。许多地方按照以城带乡、以工补农的要求，通过城乡土地资源优化配置缓解了城镇化用地压力，通过土地级差收益返还增加了新农村建设资金。城乡土地要素有序流动，促进了农民居住向中心村镇集中，耕地向种粮大户和专业合作组织集中，产业发展向工业园区集中。

（一）有助于促进城镇节约集约用地

当前，河南处于工业化、城镇化加速发展阶段，城镇人口迅速膨胀、用

地快速扩张，另外，农村建设用地呈现"人减地增"逆向发展趋势，土地供需矛盾十分突出。在这样的背景下，对处于保护资源与保障发展两难境地的土地综合整治来说，节约集约用地成为缓解土地供需矛盾、保障新时期社会经济发展的必然选择。土地整治后，土地利用结构改变，新的土地以更集约的方式加以利用，通过发展现代化农业，优化配置土地利用结构和空间布局，促进土地节约集约利用。通过土地综合整治，可以增加建设用地的总量，缓减城市建设用地的压力。优化建设用地结构，提升建设用地利用率；相比于城镇用地来讲，农村用地呈现粗放型的利用特点。通过对农村土地的整理，将一些分散、废弃、闲置的农村居民点进行重新整理，加之统一的布局和规划，大大降低了土地占用面积，实现了建设用地利用率的提高。

（二）有助于农业用地方式的转变

河南作为"中原粮仓"，担负着保障国家粮食安全的重任，耕地保护与城市发展、生态文明建设都需要我们十分珍惜土地资源，节约集约利用好有限的土地资源。目前，农村土地大多奇零不整，田间道路窄，地块规模小，农田水利配套设施建设不完善，通过土地整理，可以调整土地利用结构，完善农田水利设施建设、生产道路建设、防护林建设、盐碱地治理等，从而优化土地结构，改善土地的基础设施条件，为土地的规模经营奠定基础，加快农业现代化的发展步伐。

促进耕地占补平衡，有效缓解人地矛盾，通过优化项目，合理地进行规划选址，可以大量地增加农用耕地，通常采用农田整理、退园还耕、村庄整理、未利用土地开发等形式，来增加农耕土地面积，从而扭转耕地面积日渐减少的缺失。

（三）有助于优化土地用途的分区布局

将通过综合整治的耕地新增面积纳入农田基本保护区内，提升了基本农田的质量，实现了基本农田的动态性管理。通过土地整理，农业用地成片相连，形成规模，在一定程度上规范了建设用地的发展。

优化农业用地结构，促进农业用地质量提升；通过整理后的土地质量，都会有一定程度的提升。依据建设标准农田这一目标，将建设用地整理成为可耕状态。通过对建设用地的整理，对田埂、沟渠进行重新布局规划，并在整理中增加田间道路，从而为农业机械作业提供有利条件，这样不仅提升了土地质量标准，也使得土地利用率得到大大的提升。

优化产业集聚区用地，产业集聚区成为节约集约用地的"主阵地"。河南将产业集聚区作为节约集约利用资源的"主阵地"，引导工业项目、招商引资项目集中落户，改变了过去项目"散、乱、小"，甚至"乡乡建厂、村村冒烟"的粗放发展模式，促成了产业集聚区规划与土地规划、城市规划"三规合一"，实现了企业项目集中布局、产业集群发展、资源集约利用、功能集合构建。

三、增加城镇生态用地，改善人居环境

随着人民生活水平的提高，对居住环境的要求越来越高。通过土地综合整治，能为城镇提供生态用地和生态容量，为城镇居民提供适宜的生活和工作空间。

（一）有助于为城镇提供生态用地

土地资源利用及其管理问题已成为制约城市可持续发展的"瓶颈"之一，城市生态用地能够提供重要的生态系统服务，对于改善城市环境，保障城市生态安全和城市健康起着重要的作用。但无论是在城市与村镇周边，还是交通沿线等区域的农用地开发整理，都可以通过设置构筑物的方式避免有污染的各类废水进入耕地区域；可以安排专门的区域接纳城镇、工矿企业的固体废弃物，包括有污染性的各类生活垃圾和一些污泥；也可以清除开发整理区内已有的各类有污染性的固体废弃物，包括已污染的土壤。通过这样的土地开发整理方式，可以改善耕地的生态环境状况。

妥善解决构建生态水系和城市用地的矛盾。在城镇化建设实践中，应尽可能把所使用的生态用地、生态空间多功能化，兼顾绿化、娱乐、体育、自然、教育、休闲、生态系统维持等功能，以期达到城市土地功能的最大化。

（二）有助于为居民提供宜居生活环境

通过对城镇和郊区土地进行综合整治，能够为城镇居民提供宜居宜业的生活和工作空间。生态城镇化建设要注意保留村庄原始风貌，慎砍树、不填湖、少拆房，尽可能在原有村庄形态上改善居民生活条件。城镇内部的水、土壤、大气、植被、森林、河流、湿地等各种自然要素、自然景观以及生物多样性都可以用来进行生态城镇建设，发挥其生态服务功能。近年来，各地加快土地综合整治工作，强化规划引导和调控作用；要建立小城镇建设市场化运作模式，提高城镇化率；要完善小城镇配套设施建设，营造良好的城镇形象和人居环境；要大力推进节约用地，加强执法力度。同时，要做好城郊危房改造工作，把危房改造工作与撤乡并镇工作紧密结合，加快小城镇建设步伐，改善农民居住条件。各地紧紧围绕实施可持续发展战略，创建生态园林城市，实现经济与环境、人与自然的和谐发展为努力的目标，开展了引水、植绿、营造城市生态圈等一系列美化、绿化、亮化工程，围绕"普遍撒绿、重点栽绿、见缝插绿"的思路，大建公园绿地，努力营造出"路在绿中、人在景中"的城市美景。

四、促进乡村空间重构，美化田园景色

在农村地区进行土地综合整治，通过优化农村地区用地结构、运用景观生态学、美学进行科学规划和布局，促进了河南乡村空间重构，美化了田园景色。景观生态学是一门对地域气候、地理形貌、土壤成分以及物种分布等综合学科的研究，其研究内容类似于生态系统，是将生态系统进行土地单元景观化。由于景观生态学中的研究内容对于整个土地的调整和管理有着重要的参考价值，因此可以将其作为土地综合整治的理论基础。对于土地的划分，就可以按照景观生态学中的斑块（耕作田块）进行，对于耕地中地形、面积、地理状况等因素进行调整时，就有了合理的科学依据，也更利于理论的应用。

（一）有助于形成田园景观

土地整理中斑块的大小直接影响农田生产效率，制约着农田能量、物质循环和整个景观的功能。通常大型斑块由高等级廊道分割，具有更高的物种丰富度，有利于保持生物多样性及生境的提高；小型景观斑块则由低级廊道相隔，可提高整体景观格局多样性，起到丰富斑块功能数目的作用。农田景观格局的设计应该以大斑块为主要内容，并在大斑块附近设计一些辅助共用的小斑块，形成一个和谐的整体架构。为保证规划耕地区域的规模化、集约化生产，提高土地生产率，达到"田成方"的要求，并且使项目区农田生产力提高，农田平整工程必须与道路工程、灌排水工程综合考虑。

（二）有助于形成道路景观

进行土地综合整治，对农村田间道路进行景观生态学基础上的建设和布局，在原有基础上对项目区道路进行整修。原有柏油路面的田间路保持现状，土基路面的田间路根据土地整理后田块的布置进行整修、平整、调直。道路工程必须满足生态循环和农业规模经营的要求，对农村地区交通网络进行重新规划，尽量和项目区内原有道路相连接，同时为方便生产，考虑与附近村庄的道路相连接，以及满足交通运输、农机行驶和田间生产及管理的要求。

（三）有助于形成农田防护林景观

农田防护林网既是改善局地小气候、涵养水土及防风固沙的重要手段，也是增加土地利用空间多样性、减少农作物病虫害发生的有效途径。在公路、田间道、生产路和排水沟两侧规划农田防护林工程，沟渠路旁边的防护林可以提供阴影，避免阳光直射，缓和水温变化；同时在林带保护下，可防止路面、沟道的风蚀，林带根系可吸收沟道渗漏水分、降低地下水位、减轻附近土壤盐渍化，还可以吸收有毒有害气体、净化环境、美化乡村的景观，使村落与自然融为一体。

乡村生态空间重构进程中，不管是农用地整治，还是"空心村"整治和工矿用地整治，均需遵循自然生态规律和景观生态学原理，在大尺度上重视生态网络和绿色基础设施建设，在小尺度上提高生境质量和景观多样性，提高土地整治生产力、生态景观服务能力和碳汇能力，从不同尺度维护和修复自然生态过程和生物链，构建良好的乡村生态空间格局，提高乡村生态系统的弹性和生态服务功能，使乡村作为城乡发展重要的绿色空间和生态屏障，成为保障食物安全、保护生物多样性、发展低碳经济、应对气候变化的重要战略空间。具体操作过程中，应基于农村生态系统自身特点，严格控制农业生产化肥、农药施用量，逐步实现清洁化、绿色化、无公害生产；建立生态拦截系统，吸纳净化面源污染物，结合工矿用地整治强化污染物综合治理工程，确保农村生态环境质量安全，即形成减源、截流、治理体系；着力完善农村生态系统廊道，保护物种栖息环境，保持生物资源的多样性。通过开展土地综合整治，强化农村生态系统的建设与保护，为农村产业发展提供清洁的生产空间，为农村居民提供健康优美的生活空间，优化重构山清水秀的乡村生态空间。

五、增强土地综合承载能力，促进国土空间优化开发

随着我国工业化、城镇化进程加快，城镇建设和农业生产对国土空间需求不断扩大，城市与农村、生活与生产、农业与建设之间的空间需求矛盾日渐突出。不合理的国土开发强化了各类空间利用之间的不良影响，造成了国土空间利用的效率损耗，加剧了国土开发利用的生态化矛盾。

（一）有助于增强土地综合承载能力

目前，我国土地整治正处于转型发展阶段，尚未全面进入以提高生活环境品质和农地生产质量为主要目的的景观生态保护型土地整治阶段。在"保发展、保红线"方针的指导下，为了实现耕地总量动态平衡，我国当前土地整治仍以增加耕地数量为首要任务。

国土开发不能逾越资源环境承载力，必须尊重自然规律，把资源禀赋和环境容量作为国土空间开发的基础条件。根据区域资源环境中的"短板"要素确定人口集聚和产业发展的限制性要求，明确国土空间开发的规模、结构、布局和时序，引导产业和人口向资源环境承载能力较高的区域合理集聚，确保国土开发在生态环境安全、资源保障安全、粮食供给安全等前提下进行。

（二）有助于促进国土空间优化开发

改革开放以来，河南现代化建设全面展开，国土空间发生了深刻变化，既有力支撑了经济快速发展和社会进步，也出现了一些必须高度重视和需要着力解决的突出问题。主要是：耕地减少过多、过快，生态系统功能退化，资源开发强度大，环境问题凸显，空间结构不合理，绿色生态空间减少过多等。

加快实施主体功能区战略，构建科学合理的城市化格局、农业发展格局、生态安全格局。城镇化地区要把增强综合经济实力作为首要任务，同时要保护好耕地和生态环境；农产品主产区要把增强农业综合生产能力作为首要任务，同时要保护好生态环境，在不影响主体功能的前提下适度发展非农产业；重点生态功能区要把增强提供生态产品能力作为首要任务，同时可适度发展不影响主体功能的适宜产业。实行分类管理的区域政策和各有侧重的绩效评价。按主体功能区安排的投资主要用于支持重点生态功能区和农产品主产区的发展，按领域安排的投资要符合各区域的主体功能定位和发展方向。明确不同主体功能区的鼓励、限制和禁止类产业，科学确定各类用地规模。总之，优化国土空间开发格局，必须珍惜每一寸国土，按照人口资源环境相均衡，生产空间、生活空间、生态空间三类空间科学布局，经济效益、社会效益、生态效益三个效益有机统一的原则，控制开发强度，调整空间结构，促进生产空间集约高效、生活空间宜居适度、生态空间山清水秀，给自然留下更多修复空间，给农业留下更多良田，给子孙后代留下天蓝、地绿、水净的美好家园。

六、大幅度降低农村污染，改善农村生态环境

通过土地综合整治，不仅可以降低农村生活污染，而且可以降低农业生产过程中的污染，有效改善农村生态环境。现在农村污染治理的难点是：人口居住分散、产业布局不合理、土地分块经营、生产科技含量低，从而造成资源浪费、污染源分散。虽然污染强度不大但分布广，分散治理成本高，收效不大且造成大量浪费。因此在农村，要推进土地综合整治，使农民集中居住，农村工业、养殖业、种植业合理规划分片经营，加大科技投入力度，形成产业链条，使污染源集中，随后再对其统一治理。对土地要实行集中经营，形成规模经济，降低成本，增强产品竞争力。

（一）有利于降低农村生活污染

通过对农村地区散乱、废弃、闲置和低效利用的村庄建设用地（主要是农村宅基地）进行整治，完善农村基础设施和公共服务设施，改善农村生产生活条件，提高农村建设用地的节约集约利用水平，推进新农村建设和实现城乡用地统筹配置的活动。"空心村"整治的对象主要是空废农村宅基地以及其他村庄废弃、闲置地，通过推进"空心村"整治，加强农村基础设施与公共服务设施配套建设。

（二）有利于降低农业生产污染

通过土地综合整治，可以加快现代农业生产方式的推广，大范围降低农业面源污染。当今农业生产过程中存在巨大的土地污染问题，化肥、农药、农膜等的大量使用致使重金属、硝态氮在土壤中累积，土壤板结、肥力下降等问题日渐突出。农业面源污染是当前河南水环境污染的最大污染源，化肥的大量施用是中国农业面源污染的主要诱因之一。农业化肥面源污染治理对于降低农业面源污染、保持河南农业的可持续发展、建设社会主义新农村具有重要的现实意义。

（三）有利于解决农村地区工业污染

由于各地在加快经济社会发展的同时，也加大了对城区主要污染物的治理力度，严格准入制度，在一定程度上遏制和消除了城区的污染问题。然而有些投资商、业主和政府官员，将一些高污染、高能耗的企业转向农村，群众戏称为"非转农"。由此，各类开发区中小企业基地纷纷被规划、安排、落户在广阔的农村大地，量大面广地形成农村面源污染。近年来，工业"三废"和城镇垃圾污染已引起政府的高度重视，通过对乡镇企业等工业用地及采矿、采石与采砂（沙）场、盐田和砖瓦窑等采矿用地进行整治，完善配套设施，加强节地建设，拓展城镇发展空间，提升土地价值，改善人居环境，提高节约集约用地水平。工矿用地整治的对象主要是乡镇企业用地和砖瓦窑场，通过推进工矿用地整治，引导工业生产向园区集中，整治农村污染损毁土地，提高用地效率，改善农村生产、生活和生态环境。

在现有的技术经济条件下，严格控制过度开发宜耕后备土地资源，减少开发在补充耕地中的比重，对生态环境的保护和建设十分重要。而河南待整理复垦资源具有分布广、自然条件好、便于普遍开展等优势，也是一项促进生态环境改善的手段和措施。特别是重点工矿区的废弃地复垦工作，更是矿区生态环境恢复和治理的重要基础措施。因此，在土地开发整理中坚持大力推进土地综合整治，积极开展土地复垦，适度开发宜耕后备土地资源的基本原则，对于改善和保护生态环境具有十分重要的现实意义。

七、扩大有机农产品的生产和供给，
丰富城乡居民生活

传统农业所带来的环境破坏影响越来越被人们所认识，有机农业作为一种新型的农业发展模式，以保持农业可持续发展和环境影响最小化为其基本原则，已经成为实施农业可持续发展的重要举措。与传统农业相比，有机农业以利用农业本身内部的资源为最大特征，力求保持社会环境的良性发展。

有机农业在保护和优化生态环境的同时，增加了农民的收入，也在一定程度上增强了农民生产的积极性。就农村小规模经营的现状来说，村域有机农业的发展，有助于取得良好的生态效益和经济效益。

（一）有助于为有机农业发展提供土地支撑

土地流转为有机农业的发展拓展空间，流转后的土地适合大面积种植，对有机农业的发展十分有利。河南发展有机农业具有地理优势、气候优势、地貌特征和地质土壤优势、水资源优势、农业优势、农产品出口优势、雄厚的技术优势等。有机农业的生产是劳动力密集型产业，河南农村劳动力众多，这有利于有机食品发展，同时也可以解决农村大批剩余劳动力的就业问题。

（二）有助于为有机农业发展提供资金支撑

通过土地综合整治，整合项目资金，支持重点有机农业项目的发展。河南是一个农业大省，自然条件优越，自然资源丰富，交通发达，发展有机农业具有得天独厚的基础和条件。尤其是黄河滩区、豫南大别山区和豫西山区，是天然的青山绿水大公园。有条件的市、县（市、区）要对扩大用于家庭农场等新型主体的贷款给予贴息。各级财政应积极支持各类政策性农业担保公司把家庭农场纳入服务范围，及时为符合条件的家庭农场提供融资性担保服务，省财政对符合条件的农业担保机构给予一定的风险补偿。

例如，信阳市大力推进土地流转工作，放大规模流转效应，重点发展千亩土地流转示范园，土地流转规模化、规范化水平进一步提高。目前，全市共流转土地 942 万亩，其中耕地 425 万亩，林地 447 万亩，水面及其他 70 万亩。各县区新启动建设 5 个千亩土地流转示范园进展顺利、初具规模。目前，全市已经建立 52 个示范园，形成了政府引导型、招商引资型、民间投入型三种类型。浉河区一次性流转土地 1000 亩以上的有 12 宗，其中信阳五云茶叶集团对董家河镇清塘、石畈、河口、驼店等村茶园、山林实行整村流转，流转面积 2.2 万亩；华祥苑茶业有限公司一次性流转董家河镇天云寨林茶场 3800 亩，用于发展生态有机茶叶种植及茶叶精深加工；固始县张广乡九龙村将土地流转扩大到 4 个村近 9000 亩，将流转土地进行整理，宜粮则粮，宜养则养，林、渠、路、塘等配套设施完善，高标准的示范园初具规模。

八、减少烟尘污染，改善大气质量

气候变化将会对生态系统和人类社会造成重大影响，特别是热量和降水分布不均导致的极端气候影响更大，如极端气温、暴雨、洪水灾害。根据景观格局与洪水灾害过程的研究，通过土地整理，优化乡村土地利用和景观格局，提高乡村生态系统弹性，已成为土地整治的重要任务。

土地综合整治活动对大气及相关生态过程的影响主要是通过改变地表植被覆盖状况、土壤结构与质地，以及改变水文结构、地形地貌等间接方式表现出来。主要反映在造成大气污染、影响局地小气候过程及区域大气质量状况等方面。同时可以结合生态重建对一些区域进行统一规划，综合整治，通过退耕还林、还湖、还草，以提高和改善区域生态环境。

通过土地综合整治，加大产业集聚区的发展，能够有效降低能源消耗和环境污染。通过产业集聚和人口集聚促进原材料的集中利用，集聚地区的知识，使技术外部性通过学习效应提高，因此能提高城市原材料的利用效率，使得污染排放物减少，同时，产业集聚也使得关联企业成为共生体，综合利用原料、能源和"三废"资源，减少污染排放。

通过土地综合整治，可以改善区域生态环境，使农田生态界面平坦，水系通畅，护林防风，降低水、气污染；同时，广泛推行先进的农业新技术，使无公害基地面积扩大，有益生物种群数量增加，使用化学制剂频次减少，农田的各种污染随之降低。土地综合整治始终以生态环境的保护和改善为重要任务之一，以有效防止水土流失和耕地退化，建设一批土地优质、生态良好的农业区为目的；通过对工矿废弃地的复垦，可以有效促进矿区生态环境的恢复和治理。土地整理也是实现生态退耕地的有效措施，通过采取整治措施，妥善解决农民生产和生活出路，保证生态退耕等治理措施达到预期效果。

九、加大小流域治理，减少水土流失

通过土地综合整治，可以增厚土层，提高土壤持水保土能力，减少农耕地水土流失，保护水土资源；通过土地综合整治，优化了农田小气候，减少了局部流域的水土流失。

（一）有利于水资源及水环境的保护

作为土地整理活动重要内容的水利水电工程、农田灌溉工程以及坡地垦殖与梯田建设等往往会改变地表水系的网络结构，不仅会直接影响自然生境类型的改变，还可能影响伴随原有水系网络而形成的各种相关生态过程。耕地增加及植树种草在内的土地整理活动都会相应提高水资源需求量，对区域水资源分配所造成的影响不可低估。坡改梯是坡地治理开发的基础工程，梯田能够减缓原坡地坡度，缩短坡长，分层拦蓄，强化入渗，消除坡度因素对水土流失的影响。

（二）有利于植被及生态的恢复

通过农田防护林建设，能够增大植被覆盖率，植物根系可固结土壤。伴随村镇迁并、耕地垦殖率的提高、荒地的开发等一系列土地整理活动的实施，对地表植被及其相关生态过程产生深远影响。造成地表植被覆盖率和覆盖程度的降低，主要是非农建设用地的扩张，提高土地垦殖率及开发荒地等导致原生、次生自然植被及人工植被的大面积减少和退化。由各类型植被单元构成的地表景观格局决定各种动植物生态过程，维持相应生物多样性的空间基础。整理前道路一般路况较差，路面基本为素土，一遇雨天，泥水乱流；通过土地整理，根据实际需要将原有道路拓宽、硬化并减小了地面高差。另外在有边坡的道路两侧修建护坡，通过道路工程，可在一定程度上防止水土流失。

（三）有助于对土壤及相关生态的维护

在土地综合整治方案的实施过程中，土壤的各种理化性质及相关生态过程均受到不同程度的影响。农地耕作势必导致地表土层土质疏松和粒度细化，在耕地播种期及休耕、撂荒期又使其裸露于地表，在山区将易导致水土流失。在土地整理过程中，通过对农田水利设施的合理规划、重新布局及改造，都可有效地防止或减缓水土流失。

十、加快农村生态环境保护，建设美丽乡村

村容整洁是美丽乡村建设的基本要求，村庄整治通过迁村并点、拆旧建新、"空心村"治理等，不仅改善了农民住房条件和农村基础设施，也完善了中心村道路、电力、供排水等基础设施配套。农村生活垃圾、污水得到了有效治理，居住环境明显改善，生活水平也逐步提高。通过农村居民点综合治理，改变农村"脏、乱、差"的面貌，改善居民生活条件，治理生活污染源，改善环境质量。

（一）促进生态环境保护和建设

通过整理和复垦补充耕地的比重逐年提高，毁林开荒、乱垦草场和围湖造田以及湿地开发等破坏生态的行为得到遏制。根据对国家投资的 20 个土地开发整理示范区的调查，土地开发整理后植被覆盖率增加 2.4%，抗御自然灾害的能力明显加强，土地生态环境得到改善。

土地综合整治带来了农业生产环境的改善。通过地块合并、农田平整、兴修水利、坡地改梯、修筑路网等措施，可以改善农业生产条件。插花地的调整可以通过土地置换、分割，聚零为整，变交错为整齐；破碎地可以通过土地调换或边角整治进行整理。这样，不仅可以增加有效耕地面积以减少对荒地的过度开发，为那些生态环境比较脆弱的地方进行退耕还林、还草提供有力的支持，而且可以通过农田防护林带网等配套设施的建设，防风固沙，

改善农田小气候，增加旱涝保收面积，同时改善农村的景观生态环境，从而改善农田周围地区的大气环境质量。

（二）土地综合整治带来了农村生态环境的改善

农村居民点用地整理主要包括：村庄内部改造，如"空心村"的治理；村庄搬迁，主要是整村或部分搬迁，另辟坡地或劣质耕地作为村庄用地，退出原有村庄占用的耕地或好地；村庄兼并，主要是小村合大村，统一建设，旧村退耕还田。

（三）工矿废弃地及灾毁土地复垦整理带来了农村生态环境的改善

采矿、乡镇企业搬迁，自然灾害等带来的工矿废弃地和灾毁地的存在，对农村的自然环境和人文环境都有很大影响，对这一部分土地的复垦整理是农村生态环境建设和保护的重要组成部分。

（四）有利于美丽乡村建设

通过土地综合整治，一是加强社会主义新农村建设步伐。统一规划、统一设计的农民新住宅、新村庄、新集镇，可改善历史遗留下来的农村建房格局，体现新农村的景象。二是促进农业现代化建设。土地整理过程中，根据大农业、现代农业生产需要，建设综合配套的高标准农田，保障农田标准化。

第八章 河南土地综合整治的综合效益分析评价

河南作为一个农业大省和人口大省,人地矛盾较为突出,因此河南对土地整治工作高度重视,近年来大力发展土地整治事业,相继颁布了《河南省土地整理项目工程建设标准》、《河南省土地整理复垦开发项目区项目选址暂行办法(试行)》、《河南省土地整理复垦开发项目档案管理规定(试行)》、《河南省土地综合整治项目管理暂行办法》、《加强土地综合整治项目库建设的通知》和《河南省土地专项资金管理试行办法》等一系列政策法规,编制了《河南省土地综合整治实施方案》,对土地整治的投资不断加大。然而,河南在土地整治成效评价方面却是一片空白,导致对土地整治项目实施的情况以及其产生的效益无法明确把握。因此,开展土地综合整治成效评价与分析研究,就显得尤为必要和迫切。

通过对土地综合整治成效评价的理论分析,借鉴国内外的研究成果,结合河南实际,探索河南土地综合整治成效评价的基本思路和技术方法,构建河南土地综合整治成效评价指标体系,根据《全国土地整治规划(2011~2015年)》相关内容进行效益评价,全面评估河南土地综合整治的具体成效,深入分析土地综合整治工作中存在的制约因素,为河南今后的土地综合整治实践工作提供参考依据,为实现土地整治项目的经济效益、社会效益和生态效益提供指导,进而促进河南土地综合整治事业健康、高效、可持续发展。

一、土地综合整治成效评价方法和原则

（一）土地综合整治成效评价的常用方法

1. 定性评价法

定性评价法也称经验法或文字评述法，是一种传统的评价方法。它是根据评价目标及所考虑的土地利用类型，通过有关资料的调查和测试，对各个评价单元具有的属性进行分析，参照评价应对分级表，进行评定、归类与定级。定性法常常参照当地土地使用者的意见，结合评价者的专业能力和经验，确定出各类土地的适宜性、生产潜力和等级高低等，也可以绘制出评价图件。

归类法是定性评价的主要方法，它是以一定利用方式的土地质量优劣为依据，判断其生产力大小（或适宜性与适宜程度等）的方法，即根据各类土地在生产实践上的相似性与差别，将土地类型组合、分类和排队，并做出相应的解释或结论的方法。它在目前对土地的各种属性、作物的生态特性及两者之间相互关系的研究均不深入的情况下，是比较实用的方法。

定性的土地综合整治成效评价只把社会经济技术条件作为背景，用定性的语言描述土地的质量特征，确定土地适宜性的高低（如最适宜、中等适宜、勉强适宜等），属于概略性土地评价，主要通过土地组成要素定性特征来确定土地的质量特征。

定性评价法的优点是文字叙述较全面、详尽，如果评价者的知识和经验丰富，可以对各类土地做出比较准确的评价，那么定性法适用于评价地区的前期工作。缺点是它们属于一种经验评价，缺少定量化指标，比较容易产生片面论断。如果能与指标化、数量化评价相结合，将会使评价效果更好。

2. 定量评价法

定量评价法也称为数值法或参数量化法，是运用各参评项目所提供的数量指标，与特定的土地利用类型对土地性状要求的比较，直观地反映土地利用选择的可等性，按照一定的数学模型进行计算，获得评价单元数量化等级数值，并把计算结果作为定级的依据。

土地综合整治成效定量评价是在定性评价的基础上，对评价指标进行量化，再根据评价指标与结果之间的关系，用数学方法如回归分析法、层次分析法、聚类分析法、判别分析法、主成分分析法、模糊数学方法等计算出某块土地能够反映土地质量高低的综合指标值和对研究土地进行分等划级。其优点是"量"的概念非常明确，便于对评价出的土地综合整理成效进行对比，评价的结果更科学、更切合实际。缺点是土地组成要素的质量指标与土地质量等级的对应关系在确定上难免带有主观性，而且也难以考虑诸因素共同作用而产生的综合效应。

（1）层次分析法。

层次分析法（The Analytic Hierarchy Process，AHP）是美国匹兹堡大学教授萨蒂（Satty）在 20 世纪 70 年代提出的一种定性与定量分析相结合的新型多目标决策方法。它通过建立判断矩阵，逐步分层将众多复杂因素和决策者的个人因素综合起来，进行逻辑思维判断，然后用定量的形式表示出来，从而使复杂问题从定性分析向定量结果转化。

应用层次分析法解决问题的思路是：首先，把要解决的问题分层系列化，即根据问题的性质和所要达到的目标，将问题分解为不同的组成因素，按照因素之间的相互影响和隶属关系将其分层聚类组合，形成一个阶梯状的、有序的层次结构模型，然后对模型中每一层次因素的相对重要性，依据人们对客观现实的评判给予定量表示，再利用数学方法确定每一层次全部因素相对重要性的权值。其次，通过综合计算各层因素相对重要性的权值，得到最底层（措施层）相对于最高层（目标层）的相对重要性次序的组合权值，以此作为评价和选择方案的依据。

层次分析法将人们的思维过程和主观判断数学化，不仅简化了系统分析和计算工作，而且有助于决策者保持其思维过程和决策原则的一致性。

近年来，层次分析法得到了人们的重视。本书对土地整理综合效益评价进行量化研究时，采用层次分析法确定评价指标因子的权重。

（2）回归分析法。

具有相关关系的变量之间虽然具有某种不确定性，但是，通过对现象的不断观察可以探索出它们之间的统计规律，我们把这类统计关系称为回归关系。

所谓回归分析法（Regression Analysis Method，RAM）是在掌握大量观察数据的基础上，利用数理统计方法建立因变量与自变量之间的回归关系函数表达式（称回归方程式）。回归分析中，当研究的因果关系只涉及因变量和一个自变量时，叫作一元回归分析；当研究的因果关系涉及因变量和两个或两个以上自变量时，叫作多元回归分析。此外，回归分析中，又依据描述自变量与因变量之间因果关系的函数表达式是线性的还是非线性的，分为线性回归分析和非线性回归分析。通常线性回归分析是最基本的分析方法，遇到非线性回归问题可以借助数学手段化为线性回归问题处理。

回归分析在土地评价中的应用，是通过把一定地域范围内的土地评价因素及其与土地生产力之间的关系，近似地描述为具有线性相关关系的变量间联系的函数。通过回归分析可以近似确定土地生产力与评价因素之间的相关关系，以及土地评价因素之间的主次关系，从而达到筛选评价因素及确定权重的目的。

在土地综合整治成效评价中运用回归分析法，要使诊断因子数量化和生产力指标标准化，再通过诊断因子与土地生产能力的关系确定诊断因子，形成一个评价系统并绘出评价图。

（3）聚类分析法。

聚类分析（Cluster Analysis，CA）又称群分析，是根据"物以类聚"的道理将性质相近的事物进行归类的一种多元统计方法。它的基本思想是：首先将所研究的每个样品各自看成一类，然后根据样品间的相似程度，每次将最相近的两类加以合并，并计算新类与其他类之间的相似程度，再选择最相似者加以合并，并计算新类与其他类之间的相似程度，再选择最相似者加以合并，这样每合并一次，就减少一类，继续这一过程，直到将所有样品合并到一类为止。聚类方式很多，有 Q 模式系统聚类分析、RQ 模式系统聚类分析、图论聚类分析和灰色聚类分析等。

由于土地资源的构成要素比较多，相互之间的关系比较复杂，采用聚类分析法可准确把握各评价因素的相似性与评价单元总体相似性之间的关系。我们常采用 Q 模式系统聚类分析。

（4）主成分分析法。

主成分分析（Principal Components Analysis，PCA）也称主分量分析，根据指标降维原理，把多指标转化为少数几个综合指标。在实证问题研究中，为了全面、系统地分析问题，我们必须考虑众多影响因素。这些涉及的因素一般称为指标，在多元统计分析中也称为变量。因为每个变量都在不同程度上反映了所研究问题的某些信息，并且指标之间彼此有一定的相关性，因而所得的统计数据反映的信息在一定程度上存在重叠。在用统计方法研究多变量问题时，变量太多会增加计算量和增加分析问题的复杂性，人们希望在进行定量分析的过程中，涉及的变量较少，得到的信息量较多。主成分分析正是适应这一要求产生的。主成分分析是一种数学变换的方法，它把给定的一组相关变量通过线性变换转成另一组不相关的变量，这些新的变量按照方差依次递减的顺序排列。在数学变换中保持变量的总方差不变，使第一变量具有最大的方差，称为第一主成分，第二变量的方差次大，并且和第一变量不相关，称为第二主成分。依次类推，I 个变量就有 I 个主成分。主成分分析的原理是设法将原来变量重新组合成一组新的相互无关的几个综合变量，同时根据实际需要从中取出几个较少的总和变量。主成分分析是设法将原来众多具有一定相关性（比如 P 个指标），重新组合成一组新的互相无关的综合指标来代替原来的指标。通常数学上的处理就是将原来 P 个指标作线性组合，作为新的综合指标。最经典的做法就是用 F_1（选取的第一个线性组合，即第一个综合指标）的方差来表达，即 $Var(F_1)$ 越大，表示 F_1 包含的信息越多。因此在所有的线性组合中选取的 F_1 应该是方差最大的，故称 F_1 为第一主成分。如果第一主成分不足以代表原来 P 个指标的信息，再考虑选取 F_2 即第二个线性组合，为了有效地反映原来信息，F_1 已有的信息就不需要再出现在 F_2 中，用数学语言表达就是要求 $Cov(F_1, F_2) = 0$，则称 F_2 为第二主成分，依次类推可以构造出第三、第四……第 P 个主成分。

这种方法就土地综合整治成效评价而言，对处理众多因素与土地资源质量之间的关系也是较好的选择。利用该方法可确定参评因素的权重，但首先要解决众多评价因素量纲统一的问题。主成分分析法的计算步骤如下：

第一步，对原始数据进行标准化处理。以消除各指标量纲和量级差异的影响。采集随机向量构造样本阵，对样本阵元进行标准化变换，得到标准化阵。

第二步，对标准化阵进行相关系数矩阵计算。

第三步，计算特征值和特征向量。解样本相关矩阵的特征方程得到相应的特征根，按指标值确定主成分，使信息的利用率达到85%以上，对每个特征根，解方程组得到单位特征向量。

第四步，将标准化后的指标变量转换为主成分。

第五步，对主成分进行综合评价。对主成分进行加权求和，即得到最终评价值，权数为每个主成分的方差贡献率。

主成分分析法的优点主要有：第一，可消除评估指标之间的相关影响。因为主成分分析法在对原始数据指标变量进行变换后形成了彼此相互独立的主成分，而且实践证明指标间相关程度越高，主成分分析效果越好。第二，可减少指标选择的工作量，对于其他评估方法，由于难以消除评估指标间的相关影响，所以选择指标时要花费不少精力，而主成分分析法由于可以消除这种相关影响，所以在指标选择上相对容易些。第三，主成分分析中各主成分是按方差大小依次排列顺序的，在分析问题时，可以舍弃一部分主成分，只取前面方差较大的几个主成分来代表原变量，从而减少了计算工作量。用主成分分析法做综合评估时，由于选择的原则是累计贡献率≥85%，不至于因为节省工作量却把关键指标漏掉而影响评估结果。

主成分分析法的突出缺点包括：第一，在主成分分析中，首先应保证所提取的前几个主成分的累计贡献率达到一个较高的水平（即变量降维后的信息量须保持在一个较高水平上），其次对这些被提取的主成分必须都能够给出符合实际背景和意义的解释（否则主成分将空有信息量而无实际含义）。第二，主成分的解释含义一般多少带点模糊性，不像原始变量的含义那么清楚、确切，这是变量降维过程中不得不付出的代价。因此，提取的主成分个数通常应明显小于原始变量个数，否则维数降低的"利"可能抵不过主成分含义不如原始变量清楚的"弊"。第三，当主成分因子负荷的符号有正有负时，综合评价函数意义就不明确。

（5）灰色综合评价法。

目前，灰色系统普遍存在，尤其存在于一些抽象的农业、经济社会等系统中，其结构模糊、层次复杂以及指标数据的不确定和不完全，造成了一些数据的误差缺失甚至是虚假现象，也就是我们所说的"灰色性"。

灰色综合评价法（The Grey Comprehensive Evaluation Method，GCEM）主要指灰色关联度分析法，即利用灰色关联度来描述评价对象各影响因素间关系的强弱、大小和次序，灰色关联度分析法属几何问题范畴，其主要思路是对一种相对性进行分析，根据序列曲线的相似程度，判断各比较对象与理想对象联系是否紧密，曲线越相接近，序列之间的关联度越大；反之关联度就越小。

灰色综合评价法是一种以灰色关联分析理论为指导，基于专家评判的综合性评估方法。其过程是：首先，建立灰色综合评价模型；其次，对各种评价因素进行权重选择；最后，进行综合评估。其中，灰色综合评价法中的权重选择可以结合层次分析法，以提高评估的准确性。

（6）模糊综合评价法。

1965 年，美国加利福尼亚大学自动控制专家查德（L.A.Zadeh）教授提出了模糊集合理论（Fuzzy Sets）的概念，标志着模糊数学的诞生。模糊数学的兴起为确定和不确定、精确与模糊之间的沟通架起了数学方法的桥梁。

土地综合整理项目成效的评判是一个复杂的系统工程问题，由于影响土地整理项目成效大小的因素众多，并且不同因素作用于成效大小的角度和程度也各不相同，每个因素又由多个因子组成，同时，对有些因子还往往不能做出确定性的评价。根据不相容原理，当一个系统复杂性增大时，它的精确性就会减小，达到一定阈值时，复杂性与精确性相互排斥，复杂性上升，非定量性和不确定性也随之增加，模糊性也相应增加。评价因素的复杂使得对土地综合整治项目进行成效评价难以得出一个精确的结论。同时，作为刻画土地综合整治项目成效大小的各因素标志及界限也是相当模糊的，某些因素对成效的影响，从不同角度来考虑，有时会得出相互矛盾的结果。根据模糊数学的理论和方法，对土地整理项目成效评价采用模糊综合评判方法（Fuzzy Comprehensive Evaluation Method，FCEM），能够处理土地综合整治项目成效评判的复杂性，可能会取得较理想的效果。模糊综合评价法的步骤如表 8-1 所示。

表 8-1　模糊综合评价法的步骤

步骤编码	步骤名称	步骤内容
1	模糊综合评价指标的构建	在广泛涉猎与该评价指标系统行业资料或者相关的法律法规的基础上，进行评价指标的构建
2	构建好权重向量	通过专家经验法或层次分析法确定出指标的权重向量
3	构建评价矩阵	建立合适的隶属函数从而构建好评价矩阵
4	评价矩阵和权重的合成	采用合适的合成因子对其进行合成，并对结果向量进行解释

（二）土地综合整治成效评价的基本原则

系统、科学地选取土地综合整治成效评价指标，确定每个指标因子在系统中的贡献率，对土地综合整治成效评价结果的可信度、准确度有着重要意义。为了更全面、更有效地评价土地综合整治的综合效益，设计指标体系时，必须遵照下列原则：

1. 综合效益最大化与可比性原则

土地综合整治成效包括综合效益和单项效益、直接效益和间接效益、整体效益和局部效益、近期效益和远景效益等。土地综合整治虽然可以带来良好的经济效益，但毕竟是按照人类自己的意志对自然界的一种强烈干扰活动，尽管会在社会效应与生态效应上带来良好的促进作用，也不可避免地会产生一些负面效应，所以在土地综合整治过程中不仅要注重经济效益，还要注重社会效益和生态效益，使其综合效益达到最大化。同时在评价指标选取时，应综合考虑经济、社会以及生态效益三个方面的指标。

同时，确立的指标必须含义明确，计算口径一致，核算方法统一，努力做到不同地区之间可比，不同时期可比，保证评价结果的科学合理。

2. 因地制宜原则

我国不同地区的农业生态系统有着不同的特征，其主导限制因子也不一样，土地综合整治的目标和具体实施措施也应该具有针对性。不能一谈到生态效益就是在生产性道路两旁或沟渠的两旁种植人工防护林或是农村居民点的集中，实际上在有些地区需要防护林，而有些地区则可以通过立体农业、庭院生态农业等来保持或改善农业生态景观。

3. 可操作性和参考性原则

评价过程中建立的指标体系应有很强的可操作性，要尽量选用现有的统计数据和易于收集的资料，对于难以统计和收集的数据暂时不列入指标体系，以减少数据收集的困难。另外，通过效益分析评价，对拟开展项目的综合效益做出预测，综合评价项目是否可行，是否有利于经济、社会和生态的可持续发展，为项目的开发建设决策提供科学依据。

4. 系统性和层序性相结合的原则

土地综合整治成效评价是一个系统性的概念，在评价的过程中，尤其是在构建评价指标体系时，要统筹考虑各个方面的系统功能，选取的指标本身应构成相应系统，覆盖全面却不重复；在选取评价指标时，必须依据一定的逻辑，使整个评价过程的结构层次和顺序清晰明朗。

5. 动态性与稳定性相结合的原则

土地综合整治成效评价的指标是一种随时空变动的参数，不同发展水平应选用不同的指标体系，同时应保持指标在一定时期内的稳定性，便于进行评价。

6. 定性与定量相结合的原则

在选取指标时，有的指标是定性的，有的指标是定量的，因为数字最有说服力，能用数值表示的就用数值表示，把定量的数值运用在评价体系中，最终得出定性评价。

土地综合整治成效评价的方法分为定性评价和定量评价两种。定性评价是评价人员依据评价的目的，通过分析、选定评价的指标和因素，然后对评价单元所具有的属性进行逐个分析、归类、分类定级。定量评价是通过评价因子指标量化，按一定的数学模型，计算出的结果作为定级的依据，进行等级划分。这种方法需将一系列评价因子进行量化，所以深入研究各因子的特性是非常重要的。定量评价主要包含层次分析法、回归分析法、聚类分析法、主成分分析法、模糊数学方法等。

随着对评价方法研究的不断深入，土地综合整治成效评价工作逐步由定性方法向定量方法转变，但采用较多的是二者结合。

土地综合整治成效评价采用定量分析与定性分析相结合的方法，是一项系统性、综合性很强的工作。

二、土地综合整治成效评价模型的构建

（一）土地综合整治成效评价指标体系构建

土地综合整治成效具有广阔的外延。本书介绍了土地综合整治成效评价的理论基础，在这些基本概念和理论的指导下，结合指标体系选取的原则和本次土地综合整治项目收集的资料数据，通过专家咨询，最终建立起土地综合整治成效包括经济效益、生态效益、社会效益的三维立体指标体系。本书构建的指标体系，选取了 4 个经济效益指标因子、6 个社会效益指标因子，3 个生态效益指标因子。在设计的指标因子中主要考虑对项目效益有利的正向指标因子。考虑到项目数据收集的情况，本书构建的评价指标体系涉及的负向指标因子较少。本书建立的指标体系如表 8-2 所示。

表 8-2　土地整理综合成效评价指标体系

目标层 A	准则层 B_i	措施层 C_i	单位	编号
土地整理综合效益 A	经济效益 B_1	单位整治投入获得的粮食产量	千克/万元	C_1
		人均 GDP	元	C_2
		单位面积耕地平均年粮食产量	千克/公顷	C_3
		单位面积投资	万元/公顷	C_4
	社会效益 B_2	公共设施用地面积比例	%	C_5
		建新区数量占涉村数量的比例	%	C_6
		单位财政投入获得的新增耕地面积	公顷/万元	C_7
		城镇化水平	%	C_8
		城乡收入比	%	C_9
		城乡恩格尔系数比	%	C_{10}

目标层 A	准则层 B$_i$	措施层 C$_i$	单位	编号
土地整理综合效益 A	生态效益 B$_3$	林园覆盖率	%	C$_{11}$
		治理水土流失水平	%	C$_{12}$
		土地垦殖率	%	C$_{13}$

1. 经济效益指标

经济效益指标是衡量土地综合整治投资收益的重要指标。目前土地综合整治经济效益指标的主要内容有：土地综合整治的投入量与产出量分析，主要包括通过土地综合整治增加有效耕地面积、提高耕地质量、增加土地粮食产量、改善农业生产条件，便于机械化耕作、水利灌溉和规模经营、节水节电、有效降低农业生产成本的经济效益。经济效益指标采用土地综合整治对区域经济的回报率作为主要指标，配合土地综合整治的投入和产出分析。对土地综合整治经济效益评价主要进行以下 4 个指标值的分析，其中：

单位整治投入获得的粮食产量（C$_1$）=（项目区土地整理后的粮食产量 - 项目区土地整理前的粮食产量)/项目区省财政补助资金

人均 GDP（C$_2$）：是指项目实施后的人均 GDP。

单位面积耕地平均年粮食产量（C$_3$）：指项目实施后单位面积耕地平均年粮食产量。

单位面积投资（C$_4$）= 省财政补助资金/项目区综合整治土地总面积

2. 社会效益指标

社会效益指标是衡量社会可持续发展的重要指标，土地综合整治的社会效益指标主要内容有：在农村通过改造旧村庄，归并农村居民点，节约基础设施建设，改变农村环境"脏、乱、差"的面貌，提高农民居住水平和生活质量的效益；在城市，通过对存量土地的消化利用，优化用地布局，提高城市现代化水平，加速存量土地资产的流动和重组，促进区域经济战略性布局调整的效益。本书是对土地综合整治项目进行评价，社会效益评价指标主要选取以下 6 个：

公共设施用地面积比率（C$_5$）= 居民点公共设施用地面积/居民点用地总面积

建新区数量占涉村数量的比例（C_6）＝项目实施后居民点建新区数量/项目区涉及行政村数

单位财政投入获得的新增耕地面积（C_7）＝（项目实施后耕地总面积 – 项目区原有耕地面积）/省财政补助资金

城镇化水平（C_8）＝城镇人口数量/区域总人口数量

城乡收入比（C_9）＝城镇居民家庭人均可支配收入/农村居民家庭人均纯收入

城乡恩格尔系数比（C_{10}）＝城镇居民恩格尔系数/农村居民恩格尔系数

3. 生态效益指标

生态效益指标是衡量土地可持续利用的重要指标，土地综合整治的生态效益指标的主要内容有：评估预测土地综合整治实施后，通过兴修水利、疏浚河道、植树造林等增加林草覆盖率、治理水土流失的面积和优化生态结构、改善生态环境所取得的效益。对土地综合整治生态效益评价主要选取以下 3 个指标值，其中：

林园覆盖率 C_{11} ＝（项目区实施后林地面积 + 园地面积）/项目区农用地整治总面积

治理水土流失水平（C_{12}）＝（农用地整理中的土地平整、田间道路和农田水利投入 + 新区建设中的景观与环境投入）/项目投资总额

土地垦殖率（C_{13}）＝新增耕地面积/项目土地总面积

以上经过对各效益评价指标的分析及研究区域的综合考虑，建立了土地综合效益评价指标体系；其中，C_4、C_9、C_{10} 是逆向指标。

（二）土地综合整治成效评价模型的构建

土地整治成效评价主要采用多因素综合评价模型。土地整治成效评价思路为：根据土地整治效益各因子及其重要程度的不同，确定评价指标体系及指标权重，在对原始数据标准化的基础上，按照指标权重，将各指标值加权求和，得到土地整治效益综合指数，按综合指数从大到小的顺序对各评价单元进行排序，从而定量地确定土地整治效益水平。土地整治成效评价的流程见图 8-1。

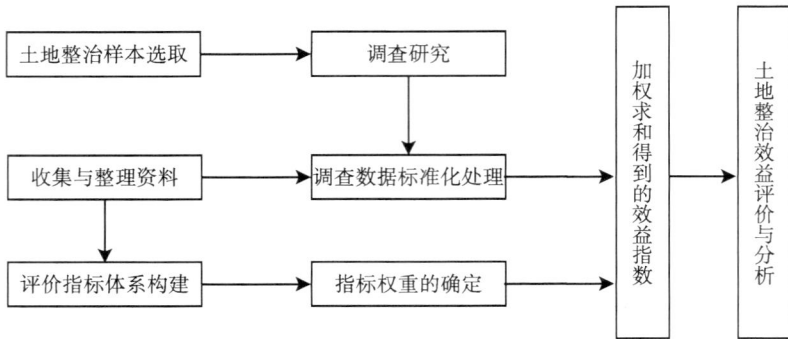

图 8-1　土地整治成效评价流程

在土地综合整治效益评价中,我们选择层次分析法建模。它的特点是把复杂问题中的各种因素通过划分为相互联系的有序层次,使之条理化,根据对一定客观现实的主观判断结构(主要是两两比较)把专家意见和分析者的客观判断结果直接而有效地结合起来,将每一层次元素两两比较的重要性进行定量描述。然后,利用数学方法计算反映每一层次元素的相对重要性次序的权值,通过所有层次之间的总排序计算所有元素的相对权重并进行排序。

1. 评价指标权重确定模型

指标权重的合理取值是进行评价的主要前提之一。指标的权重是综合评价的重要信息,反映指标在评价对象中的相对地位。由于土地综合整治效益评价指标体系中不同指标的重要程度存在差异,因此在进行综合评价时需要对各指标的权重进行科学的确定。确定指标权重时要确保指标之间的重要程度在逻辑上的一致性,例如,如果 R 比 S 重要,S 比 T 重要,则在逻辑上应该满足 R 比 T 重要。

目前,指标权重的确定方法很多,常用的有专家咨询法、因素成对比较法、灰色关联分析法、熵值法、主成分分析法和层次分析法等。其中,层次分析法是把研究对象作为一个系统,按照分解、比较判断、综合的思维方式,将定性的问题进行定量分析的一种简便实用的多目标、多准则的决策方法。运用层次分析法确定指标权重的一般流程如图 8-2 所示。

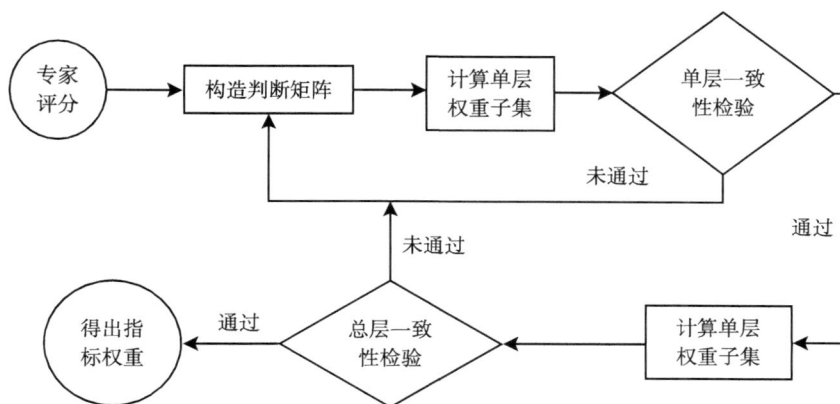

图 8-2　层次分析法实施流程

运用层次分析法确定指标权重的具体步骤如下。

（1）构造出一个有层次的结构模型，如表 8-3 所示。

表 8-3　层次结构指标体系

A			目标层
B_1	B_2	B_3	准则层
C_1 C_2 C_3 C_4	C_5 C_6 C_7 C_8 C_9 C_{10}	C_{11} C_{12} C_{13}	方案层

应用层次分析法分析决策问题时，首先要把问题条理化、层次化，构造出一个有层次的结构模型。在这一模型下，目标问题按照逻辑关系被分解为元素组成部分，这些元素又按其属性及关系形成若干层次，上一层次的元素作为准则对下一层次的元素起支配作用。这些层次可以分为三类：（Ⅰ）目标层：只包含一个元素，一般它是问题的最终目标；（Ⅱ）准则层：包含为实现目标所涉及的所有中间环节，又可由若干层次组成，还包括所需要考虑的准则、子准则；（Ⅲ）方案层：包含为实现目标可供选择的各种措施、解决方案等。上述层次之间的支配关系不一定是完全的，即可以存在如此元素——它并不支配下一层次的所有元素，而仅支配个别元素，甚至不支配任何元素。

（2）根据重要性构造两两比较矩阵，其比较结果以 1~9 标度法表示。各级标度的含义见表 8-4。

表 8-4　1~9 标度法

相对重要程度	定义	含义解释
1	同等重要	因素 i 和因素 j 同样重要
3	略微重要	因素 i 比因素 j 略微重要
5	相当重要	因素 i 和因素 j 重要
7	明显重要	因素 i 比因素 j 明显重要
9	绝对重要	因素 i 比因素 j 绝对重要
2，4，6，8	介于两相邻重要程度间	—

（3）运用方根法就行层次单排序，取得权重值。

（4）计算判断矩阵的最大特征值 λ_{max}。

（5）进行一致性检验。由于受诸多主客观因素的影响，判断矩阵很难出现严格一致性的情况。因此，在得到 λ_{max} 后，还需要对判断矩阵的一致性进行检验。为了检验判断矩阵的一致性，需要计算它的一致性指标 CI。

$$CI = \frac{\lambda_{max} - n}{n - 1} \tag{8-1}$$

当 CI = 0 时，判断矩阵具有完全一致性。$\lambda_{max} - n$ 越大，CI 就越大，那么判断矩阵的一致性就越差。为了检验判断矩阵是否具有满意的一致性，需要将 CI 与平均随机一致性指标 RI 进行比较。如果判断矩阵满足 CR = CI/RI < 0.10 时，则此判断矩阵具有满意的一致性，否则就需要对判断矩阵进行调整。RI 的取值见表 8-5。

表 8-5　平均随机一致性

阶数（n）	1	2	3	4	5	6	7	8	9	10	11
RI	0	0	0.58	0.90	1.12	1.24	1.32	1.41	1.45	1.49	1.51

2. 土地综合整治效益测度模型

本书运用基于层次分析法的加权综合评价法来测算区域土地综合整治效益。根据层次分析法获得具体指标的权重，分层逐级综合，最后得到区域土地综合整治效益水平的综合指数。

（1）评价指标数据标准化处理。

首先要对原始数据进行同度量处理。对数据进行标准化处理的方法很多，常用的主要有极差法、线性比例变换法、向量归一化法、标准样本变化法和改进的归一化法。本书采用阈值法。

单一指标采用直接获得的区域数据来表示，在进行标准化处理时采用效用值法，效用值的取值区间为 $[q，k+q]$。具体计算方法如下：

对于正向指标：
$$y_i = \frac{x_i - \min x_i}{\max x_i - \min x_i} k + q \tag{8-2}$$

对于逆向指标：
$$y_i = \frac{\max x_i - x_i}{\max x_i - \min x_i} k + q \tag{8-3}$$

式（8-2）、式（8-3）中，k 和 q 为指标的调节值，指标最小评价值为 k，最大评价值为 $k+q$。

对于城乡收入差距比、城乡恩格尔系数比等复合指标，采用相关的单项指标数据复合计算得到，其效用值的处理方法与单项指标相同。

（2）求子系统的发展水平指数。

得到指标层的权重后，按照式（8-4），可以求得子系统的发展水平指数。

$$B_{ij} = \sum_{j=1}^{m} w(j) y_{ij} \quad (i = 1，2，3) \tag{8-4}$$

（3）求出区域土地整治综合效益水平指数。

$$A_j = \sum_{i=1}^{3} w_i B_{ij} \tag{8-5}$$

根据原始数据的标准化值以及准则层对方案层的权重，计算方案层中各因素的综合评价值，然后通过方案层中各因素的评价值和对总目标的权重，计算总目标的最终评价值。综合评价值的大小反映了项目实施效益的大小顺序。评价值越大，项目实施后综合效益越好；评价值越小，项目实施后综合效益越差。

三、河南土地综合整治成效评价与分析

土地综合整治成效主要体现在经济效益、社会效益和生态效益三个方面，因此，我们首先分别从这三个方面对河南土地综合整治的具体效果进行评价与分析，然后再对河南土地整治的综合效益进行评价与分析。由于数据的可获得性，我们仅对河南18个省辖市和7个省直管市（县）进行评估。

（一）土地综合整治的经济效益评价与分析

首先，根据式（8-2）和式（8-3）对河南土地综合整治经济效益各指标的原始数据进行标准化处理，结果如表8-6所示。

表8-6　河南土地综合整治经济效益评价指标及其标准化后的数据

区域	指标	单位整治投入获得的粮食产量	人均GDP	单位面积粮食产量	单位整治面积投资
	编号	C_1	C_2	C_3	C_4
省辖市	郑州市	0.5593	0.9969	0.5957	0.9018
	开封市	0.7213	0.6234	0.7222	0.8109
	洛阳市	0.6975	0.8239	0.5777	0.8733
	平顶山市	0.5903	0.6695	0.6209	0.6423
	安阳市	0.8538	0.6720	0.8064	0.9286
	鹤壁市	0.6112	0.7116	0.8810	0.8530
	新乡市	0.5932	0.6511	0.8266	0.7111
	焦作市	0.7388	0.8106	0.9628	0.8661
	濮阳市	0.6361	0.6413	0.8593	0.6275
	许昌市	0.7766	0.7684	0.8325	0.8301
	漯河市	0.6496	0.6781	0.8319	0.5977
	三门峡市	0.5000	0.8765	0.5000	0.5213
	南阳市	0.6839	0.5941	0.6729	0.9702
	商丘市	0.6991	0.5522	0.8408	0.8169
	信阳市	0.7931	0.5865	0.8908	0.9539
	周口市	0.8521	0.5388	0.8416	0.8388
	驻马店市	0.6327	0.5580	0.7580	0.9105
	济源市	0.8747	1.0000	0.6773	0.9166

续表

区域	指标	单位整治投入获得的粮食产量	人均GDP	单位面积粮食产量	单位整治面积投资
省直管市县	兰考县	0.7342	0.6163	0.6990	0.8134
	滑县	0.7373	0.5000	0.9775	0.5000
	长垣县	1.0000	0.6137	0.8245	0.8094
	邓州市	0.5406	0.5572	0.6931	0.8498
	永城市	0.6545	0.6620	0.8064	0.8554
	固始县	0.6736	0.5669	1.0000	1.0000
	新蔡县	0.7290	0.5153	0.7505	0.7948

其次，按照层次分析法原理，在咨询相关专家意见的基础上，就河南土地综合整治经济效益各指标因素进行两两比较，构造判定矩阵如表8–7所示。

表8–7　河南土地综合整治经济效益子系统判断矩阵（B_1–C）

经济效益	C_1	C_2	C_3	C_4
C_1	1	8/7	4/3	8/5
C_2		1	7/6	7/5
C_3			1	6/5
C_4				1

其中，C_1表示单位整治投入获得的粮食产量，C_2表示人均GDP，C_3表示单位面积耕地平均年粮食产量，C_4表示单位面积投资。在矩阵B_1 – C中，单位整治投入获得的粮食产量所占比重最高，其次是人均GDP，单位面积耕地平均年粮食产量第三，单位面积投资所占权重相对最小。经计算可知，矩阵的最大特征值为4.0，CI = 0，RI = 0.9，CR = 0，CR < 0.1，一致性检验通过；四个指标的权重分别为：W_{C_1} = 0.308，W_{C_2} = 0.269，W_{C_3} = 0.231，W_{C_4} = 0.192。

最后，根据河南土地综合整治经济效益各指标标准化后的数据及指标权重，由式（8–4）可以计算得到河南土地综合整治的经济效益，如图8–3所示。

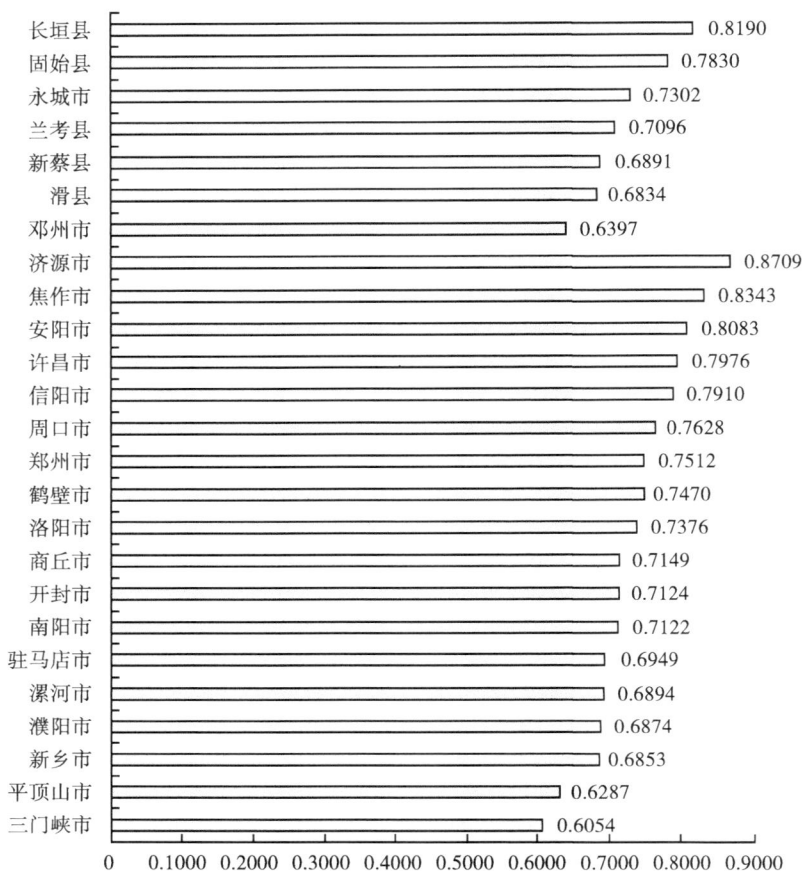

图 8-3　河南土地综合整治的经济效益

可以看出，在省直管市县中，长垣县土地综合整治的经济效益最好，经济效益指数达到 0.8190；固始县、永城市和兰考县土地综合整治的经济效益也不错，经济效益指数均在 0.7 以上，分别达到 0.7830、0.7302 和 0.7096；新蔡县、滑县和邓州市土地综合整治的经济效益相对落后，经济效益指数均在 0.7 以下，分别为 0.6891、0.6834 和 0.6397。

在 18 个省辖市中，济源市、焦作市和安阳市的土地综合整治经济效益表现比较突出，经济效益指数均在 80% 以上，分别高达 0.8709、0.8343 和 0.8083；许昌市、信阳市、周口市、郑州市、鹤壁市、洛阳市、商丘市、开封市和南阳市土地综合整治的经济效益居中，经济效益指数均在 0.7 以上，依次为 0.7976、0.7910、0.7628、0.7512、0.7470、0.7376、0.7149、0.7124 和 0.7122；驻马店市、漯河市、濮阳市、新乡市、平顶山市和三门峡市土地综合整治的经济效益相对落后，经济效益指数分别为 0.6949、0.6894、0.6874、0.6853、0.6287 和 0.6054，经济效益指数均不到 70%。

在河南省 18 个省辖市和 7 个省直管市（县）土地综合整治中，经济效益最好的为济源市，最差的为三门峡市；7 个省直管市（县）土地综合整治的经济效益平均水平为 0.7220，18 个省辖市土地综合整治的经济效益平均水平为 0.7351，领先 7 个省直管市（县）平均水平 1.3 个百分点；河南土地综合整治的经济效益总体平均水平为 0.7314，整体表现不错。

（二）土地综合整治的社会效益评价与分析

首先，根据式（8-2）和式（8-3）对河南土地综合整治社会效益各指标的原始数据进行标准化处理，结果如表 8-8 所示。

表 8-8　河南土地综合整治社会效益评价指标及其标准化后的数据

区域	指标	公共设施用地面积比例	建新区数量占涉村数量的比例	单位财政投入获得的新增耕地面积	城镇化水平	城乡收入比	城乡恩格尔系数比
	编号	C_5	C_6	C_7	C_8	C_9	C_{10}
省辖市	郑州市	0.9439	0.7986	0.5673	1.0000	0.8791	0.5000
	开封市	0.5044	0.9120	0.7314	0.6998	0.7114	0.8468
	洛阳市	0.5578	0.9713	0.8057	0.7927	0.5000	0.7232
	平顶山市	0.5000	0.9111	0.6032	0.7593	0.5658	0.8975
	安阳市	1.0000	1.0000	0.8417	0.7306	0.6823	0.7035
	鹤壁市	0.5000	0.9357	0.5286	0.8337	0.8328	0.8308
	新乡市	0.7545	0.8952	0.5245	0.7561	0.7251	0.7427
	焦作市	0.5000	0.9529	0.6345	0.8242	0.8573	0.6879
	濮阳市	0.5811	0.9317	0.5629	0.6489	0.5394	0.8162
	许昌市	0.5000	0.9436	0.7347	0.7351	0.8520	0.7848
	漯河市	0.8824	0.6562	0.5881	0.7352	0.7817	0.7290
	三门峡市	0.5000	0.9070	0.5098	0.7890	0.6881	0.9212
	南阳市	0.8669	0.8884	0.7114	0.6671	0.6514	0.8896
	商丘市	0.5000	0.9013	0.6415	0.6296	0.5238	0.8870
	信阳市	0.7906	0.7717	0.7224	0.6827	0.6742	0.8527
	周口市	0.5000	0.8527	0.8161	0.6290	0.5966	0.8356

续表

区域	指标	公共设施用地面积比例	建新区数量占涉村数量的比例	单位财政投入获得的新增耕地面积	城镇化水平	城乡收入比	城乡恩格尔系数比
省辖市	驻马店市	0.5000	0.8525	0.5973	0.6290	0.5905	0.9343
	济源市	0.5055	0.7719	0.9791	0.8549	0.8559	0.9082
省直管市县	兰考县	0.5000	0.9561	0.7642	0.5904	0.6750	0.7554
	滑县	0.5924	0.9960	0.6275	0.5000	0.6161	0.8180
	长垣县	0.5000	0.9237	1.0000	0.6599	1.0000	0.8876
	邓州市	0.5000	0.7642	0.5000	0.6105	0.7681	0.8780
	永城市	0.7669	0.8584	0.6039	0.6767	0.6221	1.0000
	固始县	0.5000	0.6013	0.5582	0.6181	0.7371	0.8516
	新蔡县	0.5000	0.5000	0.7240	0.5394	0.6827	0.8975

其次，按照层次分析法原理，在咨询相关专家意见的基础上，就河南土地综合整治社会效益各指标因素进行两两比较，构造判定矩阵如表 8-9 所示。其中，C_5 表示公共设施用地面积比例，C_6 表示建新区数量占涉村数量比例，C_7 表示单位财政投入获得的新增耕地面积，C_8 表示城镇化水平，C_9 表示城乡收入比，C_{10} 表示城乡恩格尔系数比。

表 8-9　河南土地综合整治社会效益子系统判断矩阵（B_2-C）

社会效益	C_5	C_6	C_7	C_8	C_9	C_{10}
C_5	1	5/4	5/8	5/7	5/6	5/6
C_6		1	1/2	4/7	2/3	2/3
C_7			1	8/7	4/3	4/3
C_8				1	7/6	7/6
C_9					1	1
C_{10}						1

在矩阵 B_2-C 中，单位财政投入获得的新增耕地面积所占比重最高，其次是城镇化水平，城乡收入比与城乡恩格尔系数比并列第三，建新区数量占涉村数量的比例占权重相对最小。经计算可知，矩阵的最大特征值为 6.0，CI = 0，RI = 1.24，CR = 0，CR < 0.1，一致性检验通过。四个指标的权重分别为：W_{C_5} = 0.139，W_{C_6} = 0.111，W_{C_7} = 0.222，W_{C_8} = 0.194，W_{C_9} = 0.167，$W_{C_{10}}$ = 0.167。

最后，根据河南省土地综合整治社会效益各指标的标准化后的数据及指标权重，由式（8-4）可以计算得到河南土地综合整治的社会效益，如图8-4所示。

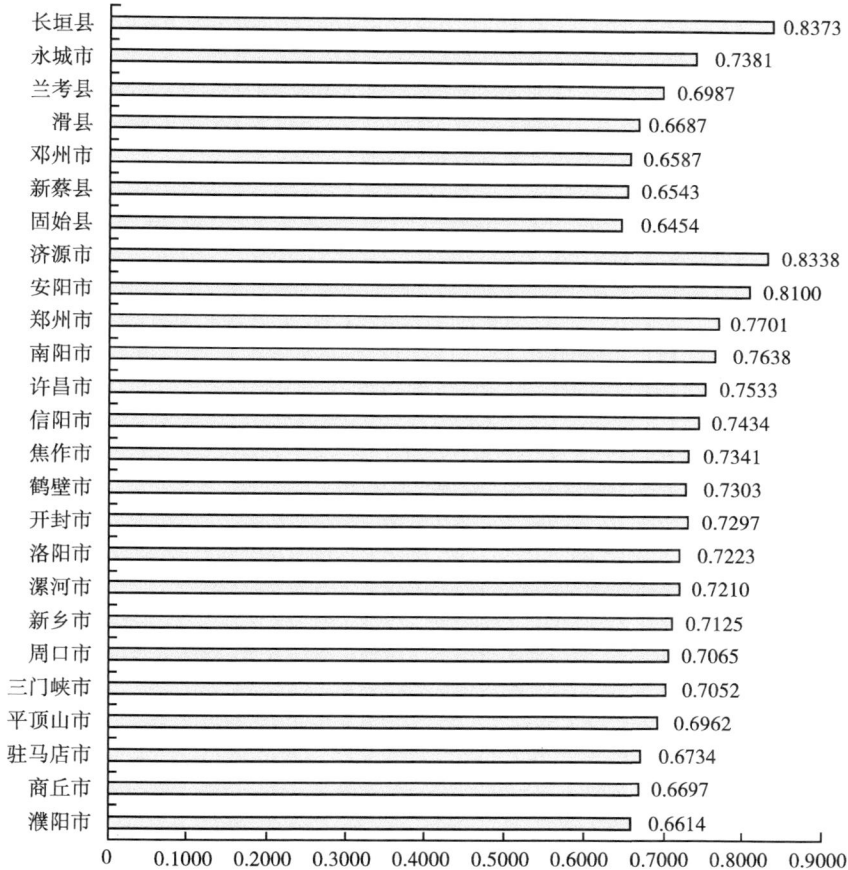

图8-4　河南土地综合整治的社会效益

图8-4表明，在省直管市县中，长垣县土地综合整治的社会效益最好，社会效益指数达到0.8373；永城市土地综合整治的社会效益也不错，社会效益指数位居第二，达到0.7381，也在0.7以上；其余的兰考县、滑县、邓州市、新蔡县和固始县土地综合整治的社会效益相对低下，社会效益指数均不足0.7，分别为0.6987、0.6687、0.6587、0.6543和0.6454。

在 18 个省辖市中，济源市和安阳市的土地综合整治社会效益比较显著，社会效益指数均在 80% 以上，分别高达 0.8338 和 0.8100；郑州市、南阳市、许昌市、信阳市、焦作市、鹤壁市、开封市、洛阳市、漯河市、新乡市、周口市和三门峡市土地综合整治的社会效益居中，社会效益指数均在 70% 以上，依次为 0.7701、0.7638、0.7533、0.7434、0.7341、0.7303、0.7297、0.7223、0.7210、0.7125、0.7065 和 0.7052；平顶山市、驻马店市、商丘市和濮阳市土地综合整治的社会效益相对低下，社会效益指数均不到 70%，社会效益指数分别为 0.6962、0.6734 、0.6697 和 0.6614。

在河南省 18 个省辖市和 7 个省直管市（县）土地综合整治中，社会效益最好的为济源市，最差的为固始县；7 个省直管市（县）土地综合整治的社会效益平均水平为 0.7002，18 个省辖市土地综合整治的社会效益平均水平为 0.7289，领先 7 个省直管市（县）平均水平 2.9 个百分点；河南土地综合整治的社会效益总体平均水平为 0.7215，整体表现中等。

（三）土地综合整治的生态效益评价与分析

首先，根据式（8-2）和式（8-3）对河南土地综合整治生态效益各指标的原始数据进行标准化处理，结果如表 8-10 所示。

表 8-10　河南土地综合整治生态效益评价指标及其标准化后的数据

区域	指标	林园覆盖率	治理水土流失水平	土地垦殖率
	编号	C_{11}	C_{12}	C_{13}
省辖市	郑州市	0.6398	0.6134	0.5811
	开封市	0.5000	0.5298	0.7814
	洛阳市	0.6398	0.7556	0.7493
	平顶山市	0.5000	0.5000	0.8330
	安阳市	0.8975	0.5343	0.6861
	鹤壁市	0.5000	0.5000	0.5944
	新乡市	0.5236	0.5489	0.6889
	焦作市	0.6640	0.5534	0.6519
	濮阳市	0.5771	0.5307	0.7951
	许昌市	0.5000	0.5000	0.7600
	漯河市	0.5545	0.5156	0.8526

区域	指标	林园覆盖率	治理水土流失水平	土地垦殖率
省辖市	三门峡市	0.5000	0.5000	0.7962
	南阳市	1.0000	0.5792	0.5767
	商丘市	0.5270	1.0000	0.7056
	信阳市	0.6646	0.6065	0.6003
	周口市	0.5000	0.5000	0.8064
	驻马店市	0.5103	0.5199	0.5894
	济源市	0.8161	0.5017	0.7724
省直管市县	兰考县	0.5000	0.5000	0.8038
	滑县	0.5174	0.5857	1.0000
	长垣县	0.5043	0.6163	0.9934
	邓州市	0.5589	0.9698	0.5774
	永城市	0.5427	0.5147	0.6423
	固始县	0.5000	0.5000	0.5000
	新蔡县	0.5000	0.5000	0.7954

其次，按照层次分析法原理，在咨询相关专家意见的基础上，就河南土地综合整治生态效益各指标因素进行两两比较，构造判定矩阵如表 8-11 所示。其中，C_{11} 表示林园覆盖率，C_{12} 表示治理水土流失水平，C_{13} 表示土地垦殖率。

表 8-11　河南土地综合整治生态效益子系统判断矩阵(B_3-C)

生态效益	C_{11}	C_{12}	C_{13}
C_{11}	1	2/3	2/5
C_{12}		1	3/5
C_{13}			1

在矩阵 B_3-C 中，土地垦殖率所占比重最高，其次是治理水土流失水平，林园覆盖率占权重相对最小。经计算可知，矩阵的最大特征值为 3.0，CI = 0，RI = 0.58，CR = 0，CR < 0.1，一致性检验通过。三个指标的权重分别为：$W_{C_{11}} = 0.200$，$W_{C_{12}} = 0.300$，$W_{C_{13}} = 0.500$。

最后，根据河南土地综合整治生态效益各指标标准化后的数据及指标权重，由式（8-4）可以计算得到河南土地综合整治的生态效益，如图 8-5 所示。

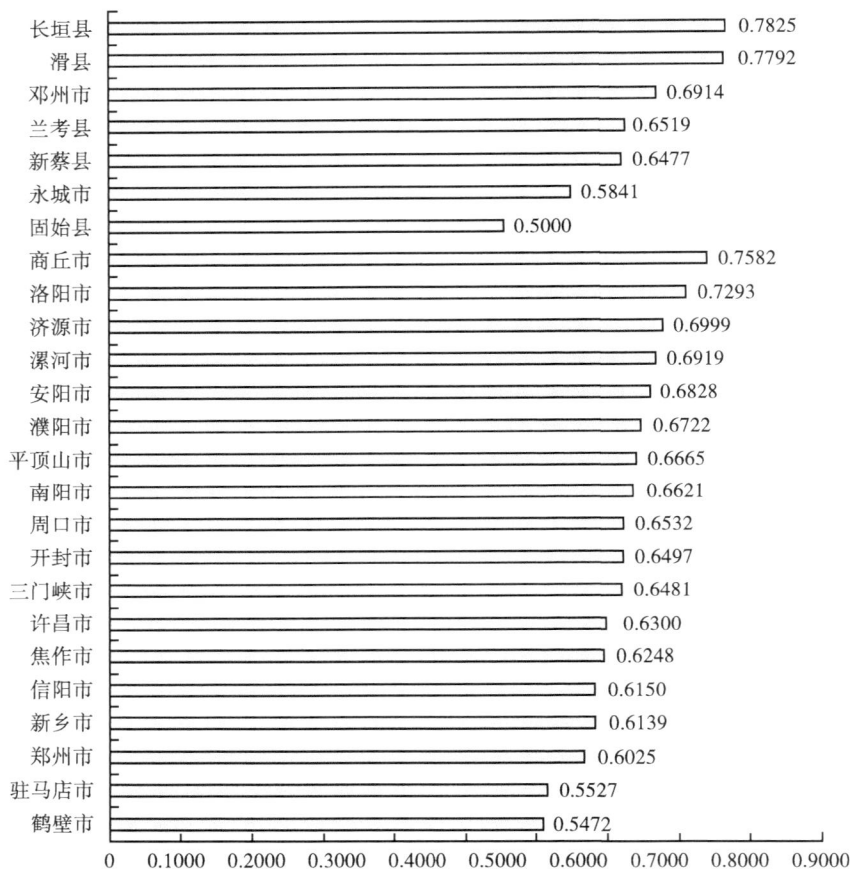

图 8-5　河南土地综合整治的生态效益

可以看出，在省直管市县中，长垣县和滑县土地综合整治的生态效益最好，生态效益指数分别达到 0.7825 和 0.7792；邓州市、兰考县和新蔡县的土地综合整治的生态效益处于第二梯队，依次达到 0.6914、0.6519 和 0.6477，在 0.6~0.7 之间；永城市和固始县土地综合整治的生态效益相对较差，生态效益指数均低于 0.6，分别为 0.5841 和 0.5000。

在 18 个省辖市中，商丘市和洛阳市的土地综合整治生态效益处于第一梯队，生态效益指数在区间（0.7，0.8）内，分别达到 0.7582 和 0.7293；济源市、漯河市、安阳市、濮阳市、平顶山市、南阳市、周口市、开封市、三门峡市、许昌市、焦作市、信阳市、新乡市和郑州市的土地综合整治生态效益属于第二梯队，生态效益指数在区间（0.6，0.7）内，分别达到 0.6999、0.6919、0.6828、0.6722、0.6665、0.6621、0.6532、0.6497、0.6481、0.6300、0.6248、0.6150、0.6139 和 0.6025。驻马店市和鹤壁市的土地综合整治生态效益比较差，属于第三梯队，生态效益指数在区间（0.5，0.6）内，分别达到 0.5527 和 0.5472。

在河南省 18 个省辖市和 7 个省直管市（县）土地综合整治中，生态效益最好的为长垣县，最差的为固始县；7 个省直管市（县）土地综合整治的生态效益平均水平只有 0.6624，18 个省辖市土地综合整治的生态效益平均水平更低，仅有 0.6500，落后于 7 个省直管市（县）平均水平 1.2 个百分点；河南土地综合整治的生态效益总体平均水平为 0.6535，整体表现合格。

（四）河南土地整治的综合效益评价与分析

土地综合整治追求经济效益、社会效益和生态效益三位一体，不可偏废，即在土地综合整治中既不能为了经济效益而牺牲社会效益和生态效益，也不能为了社会效益或者生态效益而牺牲其他两方面的效益。因此，就河南土地整治综合效益的经济效益、社会效益和生态效益进行两两比较，构造判定矩阵如表 8-12 所示。其中，B_1 表示经济效益，B_2 表示社会效益，B_3 表示生态效益。

表 8-12　河南土地整治综合效益系统判断矩阵（A-B）

综合效益	B_1	B_2	B_3
B_1	1	1	1
B_2		1	1
B_3			1

在矩阵 A-B 中，经济效益、社会效益和生态效益所占比重相同。经计算可知，矩阵的最大特征值为 3.0，CI = 0，RI = 0.58，CR = 0，CR < 0.1，一致性检验通过。经济效益、社会效益和生态效益三个指标的权重为：W_{B_1} =

$W_{B_2} = W_{B_3} = 0.333$。

最后，根据图 8-3、图 8-4 和图 8-5 所示河南省土地综合整治的经济效益、社会效益和生态效益的数据及它们的权重，由式（8-5）可以计算得到河南土地整治的综合效益，如图 8-6 所示。

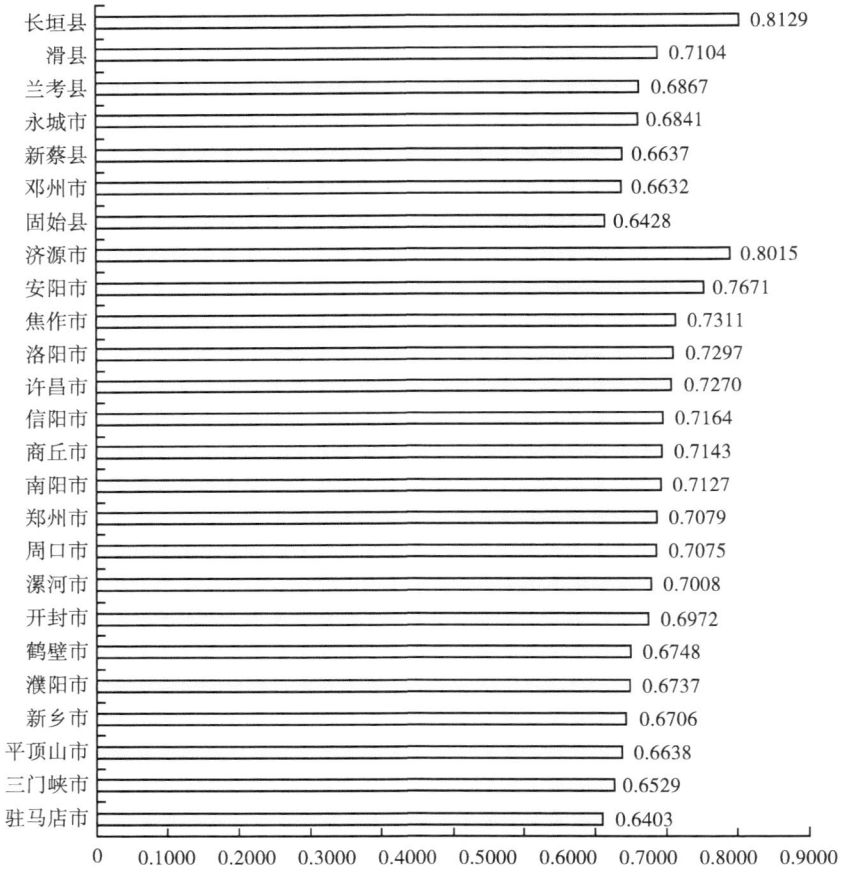

地区	综合效益
长垣县	0.8129
滑县	0.7104
兰考县	0.6867
永城市	0.6841
新蔡县	0.6637
邓州市	0.6632
固始县	0.6428
济源市	0.8015
安阳市	0.7671
焦作市	0.7311
洛阳市	0.7297
许昌市	0.7270
信阳市	0.7164
商丘市	0.7143
南阳市	0.7127
郑州市	0.7079
周口市	0.7075
漯河市	0.7008
开封市	0.6972
鹤壁市	0.6748
濮阳市	0.6737
新乡市	0.6706
平顶山市	0.6638
三门峡市	0.6529
驻马店市	0.6403

图 8-6　河南土地整治的综合效益

可以看出，在省直管市县中，长垣县土地整治的综合效益最好，综合效益指数达到 0.8129；滑县土地整治的综合效益位居第二，综合效益指数达到 0.7104；兰考县、永城市、新蔡县、邓州市和固始县的土地整治的综合效益相对较差，介于 0.6~0.7 之间，依次只有 0.6867、0.6841、0.6637、

0.6632 和 0.6428。

在 18 个省辖市中，济源市土地整治的综合效益最好，综合效益指数达到 0.8015；安阳市、焦作市、洛阳市、许昌市、信阳市、商丘市、南阳市、郑州市、周口市和漯河市土地整治的综合效益属于第二梯队，土地整治的综合效益指数在区间（0.7，0.8）内，分别达到 0.7671、0.7311、0.7297、0.7270、0.7164、0.7143、0.7127、0.7079、0.7075 和 0.7008；开封市、鹤壁市、濮阳市、新乡市、平顶山市、三门峡市和驻马店市土地整治的综合效益比较差，属于第三梯队，土地整治的综合效益指数在区间（0.6，0.7）内，依次为 0.6972、0.6748、0.6737、0.6706、0.6638、0.6529 和 0.6403。

在河南省 18 个省辖市和 7 个省直管市（县）土地综合整治中，综合效益最好的是长垣县，最差的是驻马店市；7 个省直管市（县）土地整治的综合效益平均水平只有 0.6948，18 个省辖市土地整治的综合效益平均水平相对略高，达到 0.7050，领先于 7 个省直管市（县）平均水平 1 个百分点；河南省土地整治的综合效益整体平均水平为 0.7021，整体表现中等。

为了更好地整体把握河南土地综合整治成效情况，我们把落在区间 [0.8，0.9）的效益值界定为良好，把落在区间 [0.7，0.8）的效益值界定为中等，把落在区间 [0.6，0.7）的效益值界定为合格，把落在区间 [0.5，0.6）的效益值界定为较差，则可以得到不同区域的比例示意图，如图 8-7、图 8-8、图 8-9、图 8-10 所示。

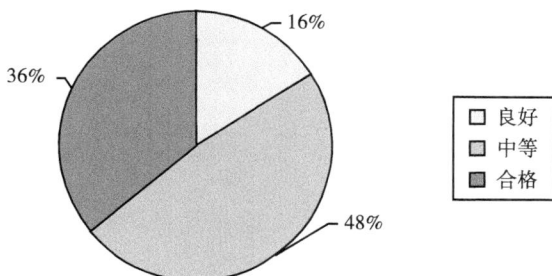

图 8-7 土地综合整治经济效益水平比例示意

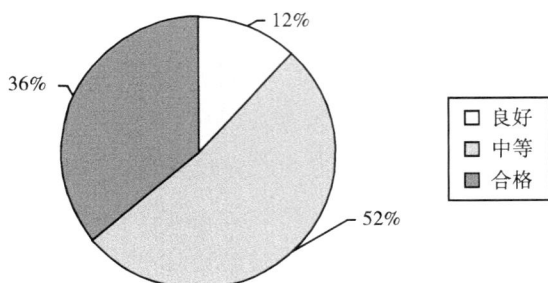

图 8-8　土地综合整治社会效益水平比例示意

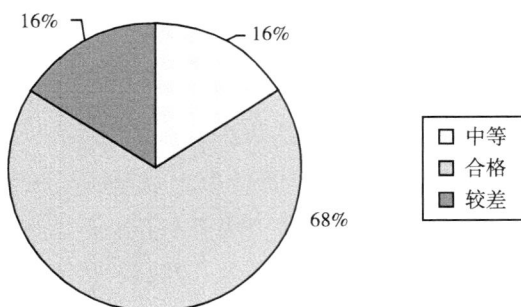

图 8-9　土地综合整治生态效益水平比例示意

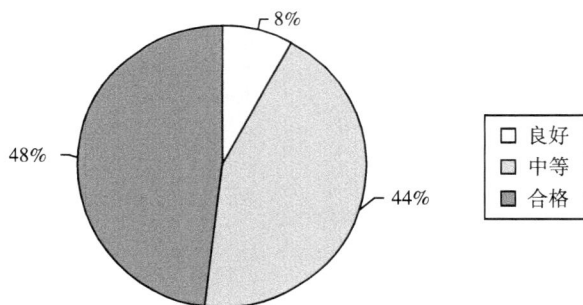

图 8-10　土地整治综合效益水平比例示意

由图 8-7 和图 8-8 可以看出，无论是经济效益还是社会效益，处于中等水平的区域所占的比例最大，处于良好水平的区域所占的比例最小。

图 8-9 表明，在河南土地综合整治中，生态效益达到良好的区域一个都没有，68% 的区域处于合格水平，处于中等水平的区域也比较少，不足 20%，土地整治中的生态效益改善与提升空间巨大。

由图 8-10 可以看出，在河南土地综合整治中，综合效益达到良好以上的区域所占的比例不足 10%，将近 50% 的区域处于合格水平，河南土地综合整治的任务仍然十分艰巨。

为了分析综合效益的影响因素，我们对图 8-3、图 8-4 和图 8-5 的数据进行排序，得到影响因素分析表，见表 8-13，其中 1、2、3 分别是土地综合整理的经济效益、社会效益和生态效益的编码。

表 8-13 河南土地整治经济、社会、生态效益排序状况

区域	三大效益大小顺序排列	编码顺序
郑州市	土地整治社会效益>土地整治经济效益>土地整治生态效益	2-1-3
开封市	土地整治社会效益>土地整治经济效益>土地整治生态效益	2-1-3
洛阳市	土地整治经济效益>土地整治生态效益>土地整治社会效益	1-3-2
平顶山市	土地整治社会效益>土地整治生态效益>土地整治经济效益	2-3-1
安阳市	土地整治社会效益>土地整治经济效益>土地整治生态效益	2-1-3
鹤壁市	土地整治经济效益>土地整治社会效益>土地整治生态效益	1-2-3
新乡市	土地整治社会效益>土地整治经济效益>土地整治生态效益	2-1-3
焦作市	土地整治经济效益>土地整治社会效益>土地整治生态效益	1-2-3
濮阳市	土地整治经济效益>土地整治生态效益>土地整治社会效益	1-3-2
许昌市	土地整治经济效益>土地整治社会效益>土地整治生态效益	1-2-3
漯河市	土地整治社会效益>土地整治生态效益>土地整治经济效益	2-3-1
三门峡市	土地整治社会效益>土地整治生态效益>土地整治经济效益	2-3-1
南阳市	土地整治社会效益>土地整治经济效益>土地整治生态效益	2-1-3
商丘市	土地整治生态效益>土地整治经济效益>土地整治社会效益	3-1-2
信阳市	土地整治经济效益>土地整治社会效益>土地整治生态效益	1-2-3
周口市	土地整治经济效益>土地整治社会效益>土地整治生态效益	1-2-3
驻马店市	土地整治经济效益>土地整治社会效益>土地整治生态效益	1-2-3
济源市	土地整治经济效益>土地整治社会效益>土地整治生态效益	1-2-3
兰考县	土地整治经济效益>土地整治社会效益>土地整治生态效益	1-2-3
滑县	土地整治生态效益>土地整治经济效益>土地整治社会效益	3-1-2
长垣县	土地整治社会效益>土地整治经济效益>土地整治生态效益	2-1-3
邓州市	土地整治生态效益>土地整治社会效益>土地整治经济效益	3-2-1
永城市	土地整治社会效益>土地整治经济效益>土地整治生态效益	2-1-3
固始县	土地整治经济效益>土地整治社会效益>土地整治生态效益	1-2-3
新蔡县	土地整治经济效益>土地整治社会效益>土地整治生态效益	1-2-3

由表 8-13 可以看出，郑州市、开封市、安阳市、新乡市、南阳市、长垣县和永城市这 7 个区域均是：土地整治社会效益>土地整治经济效益>土地整治生态效益，这些区域土地综合整治的着力点应该放在提升土地整治的经济效益和生态效益上面；洛阳市和濮阳市这 2 个区域均是：土地整治经济效益>土地整治生态效益>土地整治社会效益，这些区域土地综合整治的着力点应该放在提升生态效益和社会效益上面；鹤壁市、焦作市、许昌市、信阳市、周口市、驻马店市、济源市、兰考县、固始县和新蔡县这 10 个区域均是：土地整治经济效益>土地整治社会效益>土地整治生态效益，这些区域土地综合整治的着力点应该放在提升社会效益和生态效益上面；平顶山市、漯河市和三门峡市这 3 个区域均是：土地整治社会效益>土地整治生态效益>土地整治经济效益，这些区域土地综合整治的着力点应该放在提升生态效益和经济效益上面；商丘市和滑县这 2 个区域均是：土地整治生态效益>土地整治经济效益>土地整治社会效益，这些区域土地综合整治的着力点应该放在提升经济效益和社会效益上面；邓州市比较例外，土地整治生态效益>土地整治社会效益>土地整治经济效益，其土地综合整治的着力点应该放在提升社会效益和经济效益上面。

综上分析表明，在河南土地综合整治中，生态效益最小的区域最多，包括郑州市、开封市、安阳市、鹤壁市、新乡市、焦作市、许昌市、南阳市、信阳市、周口市、驻马店市、济源市、兰考县、长垣县、永城市、固始县和新蔡县等 17 个市县，超过研究对象的半数，占到研究区域总量的 68%。因此，较低的生态效益是制约综合效益提高的主要原因。未来的工作实践中，如何提升土地综合整治中的生态效益是我们必须解决的首要问题。

第九章　河南土地综合整治的影响因素和存在的问题

2009 年至今，河南土地综合整治取得了较好效果，但是受后备资源不足、资金投入短缺、配套制度不完善、技术支持不强、法律保障缺乏等因素影响，河南土地综合整治效果未能进一步提高；同时，河南在土地综合整治实施过程中，也面临着土地综合整治全面推进与区域差异性的矛盾、土地综合整治与部门资源分散配置的矛盾、土地综合整治加快推进与村级规划滞后的矛盾、土地综合整治整村开展与农民利益需求多元化的矛盾、土地综合整治成果管护制度有待完善等问题。

一、河南土地综合整治的影响因素

（一）综合配套法律政策不完善

第一，缺乏相应的国土整治法律支撑。《国土整治法》是规范国土整治规划、资源整体利用方式及其原则的法律。该法对国土资源的开发、利用和保护具有强制指导作用，具有自然资源保护基本法的作用。从国际经验看，国土整治取得较大成效的国家或地区都较早地制定和实施了关于国土综合整治的相关法律，给国土综合整治提供法律支撑和法律保障。例如，1886 年在巴伐利亚王国的法律中，"国土整治"就首次出现，并根据这项法律设立了国土整治专门机构，严格规定了国土整治的实施程序。此后，法国于 1919 年颁布了《土地调整法》，德国于 1953 年颁布了第一部《国土整治法》。其中，德国根据形势的新变化，在 1976 年和 1982 年先后两次进行了修订，进一步明确规定了国土整治的目的、任务和方法、组织机构及其职能、参加者的权利与义务、国土整治费用、土地估价、权属调整及成果验收等内容，建立起了完善的国土整治制度。德国的国土整治一直沿着规范的道路发展，取得了巨大的效益，成为各国国土整治仿效的典范。

我国自 20 世纪 80 年代开始国土整治以来，十分重视国土整治的规划与立法工作，已制定了一些国土整治的单行法律及法规，目前基本上形成了以《宪法》、《民法通则》为基础，以《矿产资源法》、《土地管理法》、《水法》、《森林法》、《草原法》等单项法律为核心，以大量的行政法规、部门规章和地方性法规、制度为补充的国土整治法律体系，基本上能做到有法可依。但是关于国土整治的法律仍显不足，还没有形成制度化层面上的具有法律保障的整治体系和组织体系，缺乏一部统一的《国土整治法》来对国土整治的目的、原则、范围、具体制度、责任等做出规定。此外，在执法领域，国土整治中有法不依、执法不严的现象仍然存在，相关部门在环境行政执法过程中，缺乏依法行政的理念，有"重罚轻管"的倾向。环境事故发生后，追究当事人责任后再无其他措施，对国土遭受污染后的污染消除、功能恢复缺乏相关法律规定。

第二，项目实施管理制度不完善。由于国土整治法律的缺乏，以及受发展历史短等客观因素的制约，河南在可操作层面上还没有形成一套完善的制度体系。如挂钩项目立项审批受到规模限制。因前期土地综合整治有效改善了项目区农村面貌和农民生活条件，在这种示范效应带动下，农民申报项目的积极性越来越高。但是由于受到立项审批规模限制，每年实施的项目数量非常有限，难以满足新农村建设的需要。挂钩项目立项审批受到区域限制，国发〔2011〕47 号文件规定："严禁项目区跨县级行政区域设置。"但从实践情况看，河南部分市县农村地域广阔，整治潜力非常大，其农村建设用地整理出的空间超过了城镇建设的需要，而其他地区农村土地整治空间有限，难以满足当地城镇发展的需要。因此，跨县域设置项目区的需求客观存在。挂钩项目的拆旧区不能变更。在实际工作推动中，农民意愿会随着项目实施效果的逐渐呈现而发生变化，原来没有参与项目的部分农民也要求参与，这使得这部分项目的拆旧地块因不能变更而无法实施。挂钩项目的建新区难以及时建设。根据有关规定，挂钩项目立项前就要确定项目建新区和拆旧区，而建新区必须在拆旧区完成复垦前并验收合格后才能使用，其项目周期往往在3年以上。这样造成的结果是时间跨度过大，原规划建新区建设的不确定性增强，挂钩周转指标没有真正起到周转作用。

第三，土地产权制度不够清晰。土地综合整治中相当部分涉及农村土地整治，这部分是在现行农村土地制度的指导与规范下实施的。但是，当前农村土地产权制度存在若干问题，影响了土地综合整治效果的提高。首先，在法律上，农村集体土地所有权主体界定不明晰。农村集体土地所有权主体虚位，"农民集体"是一个抽象的概念，不符合产权主体的特征。从所有制内容来看，国家和集体在法律关系上是平等的两个主体，实际却表现为国家高于集体，国家可以通过城镇化征收和征用集体的土地，反之则不行。农村集体土地所有权在法律上界定不明，结果导致土地被少数人控制，许多农民的土地经营权被侵害，也导致在城镇化进程中，本应作为既得利益的农民的权利，却被国家或其他乡镇村组织侵害。从法律方面看，立法上的缺失和法律解释的模糊也是造成这一现象的主要原因。其次，在产权安排上，现行土地承包制度不够完善。家庭联产承包责任制是一种小农式的家庭经营模式，其特点是农户拥有小面积的土地，耕作的方式是劳动密集型。这一土地制度安排随着农村经济体制改革的深化和市场经济发展的要求，不能与农业现代化、产业化、规模化相适应，出现了不同程度的制度障碍。究其原因，一是家庭联产承包责任制这种生产关系规模小，产生不了规模效应；二是家庭联产承包责任制仅仅赋予农民使用权，而无所有权，土地的使用经营常常受政策、人口、乡村干部等外部因素的干扰；三是家庭联产承包责任制还没有建立完善畅通的土地流转机制；四是由于家庭联产承包责任制吸引了大量的劳动力，劳动力的缺乏阻碍了整个农村产业结构的变革与农村的城镇化进程。再次，在全国范围内农村土地流转机制没有普遍建立起来。土地流转即土地使用权流转，是指拥有土地承包经营权的农户将土地经营权转让给其他农民或经济组织，保留承租权，转让使用权。建立农村土地流转机制有其必要性，主要原因包括：目前农村有大量的未利用建设用地处于低效利用甚至闲置、半闲置状态；解决农村家庭人口劳动力的增减变化，外出务工人员的流动与现行的土地制度的矛盾，这都需要形成合理规范的土地流转机制。土地流转机制的缺失导致土地的粗放式经营，农民生产积极性不高，农业发展缺少动力，阻碍了农村城市化和现代化的进程。最后，农村土地管理制度在立法和操作上的缺失。农村的土地管理制度一般分为土地产权保障和土地用途管制两大方面。现行的土地用途管制，出于追求经济增长的短期效应，往往超出农用土地的征地计划，使耕地流失严重。在细节上土地管理制度的缺失也表现在对农村宅基地管理的低效，在我国农村人口众多而土地数量有限的客观因素制约下，分散的宅基地管理与建设社会主义新农村和建设资源节约型社会相背离。造成这种状况的原因主要是因为法律法规上的模糊，以及各级行政机关在行政权限上的混乱不清。

（二）资金投入短缺

土地综合整治下需要大量资金，新村建设、旧村搬迁、土地复垦等都需要大量的资金投入，但从已开展的试点来看，一些地方主要依靠财政投入和农民自筹，资金投入渠道较窄，投入明显不足。例如，整治一个村，往往需要上亿元资金，而目前主要依靠财政资金的投入和涉农资金的整合，项目资金缺口巨大。据测算，在土地整治中，拆旧建新和新居民点的水、电、路、绿化等配套，每新增一亩耕地的基本投入需求，平原地区最少，也需要5万元以上；丘陵地区大约需要8万元以上，资金需求较大与投入渠道较少、有效资金不足的矛盾突出。但是，土地综合整治的资金来源通常大部分为政府专项资金的拨给，新《土地管理法》规定，新增建设用地土地有偿使用费，30%上缴中央财政，70%留给当地人民政府，都专项用于耕地开发。但是，由于土地综合整治是一项投资巨大的工程，仅仅依靠政府渠道来解决资金问题，是很难为项目提供源源不断的资金的。河南作为一个人口大省、农业大省，人口多、底子薄、人均水平低、历史欠账多的基本省情决定了加快经济发展、完善基础设施、推进新型城镇化、提高公共服务能力都需要大量资金，种种因素叠加在一起，导致财政能够投入到土地综合整治中的资金较少，加之目前资金运作机制不规范，使用效率有待提高，更加剧了土地综合整治资金的短缺问题。

从投入渠道分析，土地综合整治项目资金来源主要靠政府投入，传统式的完全由政府包揽项目、全投资的做法，在资金、人力、物力等方面已难以为继，给政府带来巨大压力。加之国家宏观调控政策过度，使得土地综合整治资金来源遭遇困境，项目资金缺乏保障性。城乡挂钩、占补平衡、百千万高标准良田建设等一大批项目的实施，也需要大量的资金，而目前现有财政体制根本无法保障；加之许多市县并未形成城乡挂钩、占补平衡等项目资金的保障体系，因此在土地整理项目实施过程中资金压力较大。

从资金来源分析，土地综合整治资金来源有明确的限制。按照一般规定，只有"取得建设用地指标"和"给予合理固定回报"两种方式未受相关限制，还可继续作为引资手段使用。由于国土资源部对建设用地限价，从而使指标交易因缺乏市场竞争而限制了指标价格的上涨空间，所以在目前情形下前者引资方式不具有足够吸引力，又因后者引资方式目前在"固定回报"方面仍旧没有做出明确的规定，回报标准模糊，使得社会资金参与土地综合整治的兴趣也越来越低，极大地阻碍了土地综合整治工作的开展。

从融资可能性上分析，由于前期大规模刺激性政策的实施，增大了通货膨胀压力，加之国家银行准备金率和贷款利率不断提高，社会投资者融资难度增加，使得诸多企业哪怕是国有企业也很难找到合适的投融资路径，从而使得部分企业投资者因自有流动资金不足而难以进入，在一定程度上延缓了土地综合整治的总体进程。

从资金周转时间上分析，土地综合整治资金周转压力大。土地整治项目前期需垫付大量资金，政府要集中花钱，周转困难。如果所置换的土地出让不了，就会造成资金周转困难，甚至资金链断裂，进而影响土地复垦及安置点建设质量，降低农户补偿标准。用地需求量越大的地方垫付资金的压力就越大；而通过土地整治置换出来的建设用地出让后所取得的收益，大多数被各级地方政府作为土地财政的一个重要的组成部分，真正继续用在土地整治项目周转上的却很少，更谈不上实现土地整治资金投入良性循环了。

（三）后备资源不足

近年来，河南各级国土资源管理部门都积极开展基本农田建设和土地整治，推进了耕地质量的建设和管护。但要清醒地认识到，鉴于保障国家粮食安全的需要，所有建设用地项目用地报批但凡占用耕地必须严格执行建设用地占补平衡制度，要求占用耕地的建设用地项目先完成对应补充耕地任务，实现先补后占，才能进行用地报批。但由于河南耕地资源开发利用比较充分，易开发为耕地的后备资源逐年减少，大多数情况下，补充耕地的质量往往低于原有耕地面积的质量水平。一般来说，城镇周围的土地由于长期耕种，生存条件好；新增的土地一般为非利用地或其他土地，耕作条件质量差，通过土地开发整治后，也很难到达原有耕地的生产能力，补充耕地难度不断增大，"占补平衡"矛盾十分突出。

以河南濮阳市为例，濮阳是一个以农业为主的城市，各县（区）经济发展不均衡，人均耕地少，群众收入低。结合濮阳实际，其耕地后备资源状况存在以下不容忽视的问题。一是土地利用率较高，后备资源数量少。濮阳未利用土地可整治为耕地的潜力资源仅为 9954.73 公顷，占全市土地总面积的 2.33%。由于工业强市、建设占用耕地和黄河湿地生态保护等客观需要，耕地后备资源存量相对不足和紧张。二是后备资源结构差距明显，农村建设用地开发潜力大。经分析，耕地后备资源整理类、开发类、复垦类三者之间的潜力规模比例为 96.45∶3.29∶0.26，农村建设用地、农用地、城镇工矿用地、未利用地、油污土地新增耕地潜力分别为 12016.02 公顷、7785.17 公顷、2200 公顷、9954.73 公顷、672.26 公顷，说明全市开发、复垦类耕地潜力相对较小，土地整治形式单一，易受宏观调控政策的影响；同时，农村建设用地开发潜力较大。三是油污土地整治难度大。中原油田自勘探开发以来，为濮阳的经济发展发挥了重要作用，但同时中原油田在长达 30 多年的开采过程中不断出现的井喷、采油污水、钻井场废弃物、落地原油等也对油区周围的土壤、地下水和生态环境造成了不同程度的污染，每年都产生一定数量的油田工矿废弃地，废弃油井大约为 5000 个，油污土地面积约为 1933.33 公顷（29000 亩），且已闲置、荒废多年。

（四）技术支持能力不够

土地综合整治横跨多个学科，涉及道路、水利、电力、测量等多个工程，客观上需要多个方面的专业技术人才和一套比较完整的技术方案。但目前土地综合整治的技术要求和技术指导都缺乏系统的书面规定，导致技术人员无本可依，技术设计不规范，无法达到预计目标。特别是土地综合整治，需要采用"3S"技术和计算机技术建立土地整治规划信息系统，加强土地整治的资源调查、评价和监测；加强信息建设，加强土地整治实用技术的开发和推广，在三维空间内对土地资源信息进行定性、定量和定时分析，做到"一张图"管理，提供土地资源的基础信息和规划服务，并能对土地整治规划执行情况进行系统反馈，所以更加需要人才和技术支撑。

同时，土地综合整治和高标准基本农田建设主战场在农村。目前，土地整治仍然是"农村在干城市的事，农民在干工人的事，部门在干全局的项目"。无论是土地整治，还是高标准基本农田建设，都涉及土地、农业、水利、规划、建设、交通、环保、园林等多行业、多专业。土地综合整治机构建设严重滞后，技术支撑力量非常薄弱，迫切需要建立完善的建设管理机构和技术支撑队伍。

二、河南土地综合整治实施过程中存在的主要问题

（一）土地综合整治全面推进与区域差异性的矛盾

河南各地自然条件、经济发展水平迥异，土地资源类型多样，平原、丘陵、低山兼有，村庄建设和农居也具有明显的地域差异。在全面推进土地整治的过程中，因各地经济不平衡、各地政府领导认识不平衡、各地农村居民需求不平衡、各地组织能力不平衡，造成了区域间整治基础差异性很大，难以在全省规划确定按统一目标、统一标准、统一要求组织实施项目整治。

同时，全面快速推进土地综合整治工作需要翔实的现状基础数据支持，需要科学合理、适用性强的规划加以引领。但由于部分地市起步较晚，这些基础性工作仍然存在一定的差距，部分协调成果还不能完全应用，土地利用总体规划、村镇建设规划、产业集聚区规划及当地新农村规划还不能做到相互衔接，导致部分试点项目规划编制基础不牢、层次不高、可操作性不强等问题，影响了土地综合整治工作的推进。

（二）土地综合整治与部门资源分散配置的矛盾

按国土资源部门的相关规定，土地综合整理是指在一定区域内，根据土地利用总体规划与土地整理专项规划，对"田、水、路、林、村"等实行综合整治，调整土地关系，改善土地利用机构和生产生活条件，增加可利用土地面积和有效耕地面积，提高土地利用率和产出率的活动。土地整理项目包括了归并零散地；平整土地，改良土壤；道路、林网、沟渠等综合建设；归并农村居民点、乡镇工业用地；复垦废弃土地；划定地界，确定权属；改善环境，维护生态平衡。这其中的道路建设和交通运输部门的"村村通"工程交叉重合，林网建设和林业部门的植树造林工程交叉重合，沟渠建设和水利部门的农田水利建设交叉重合等。

按此土地综合整治涉及国土资源、财政、农业、建设、交通、水利、林业、电力、科教文卫体等多个部门，需要在当地人民政府统一领导下按照"各负其责，各计其功"的原则，形成合力，共同推进，但实际工作中由于各部门支农政策不同、行业规划计划时序不同、资金管理办法不同，造成无法统筹实施。近几年的项目实施情况表明，项目自始至终都是"国家投资，各有关部门组织实施"，项目规划由本部门负责，部门之间缺乏沟通、协调，规划前又缺乏相关实地调查，往往是拿着老旧的图纸就开始进行规划，造成项目套项目，资金重复投资的情况比比皆是。省、市一级政府又缺乏监管、指导，由本部门系统内从上而下地委托实施，"一条边"的监督管理，"一条边"的自我约束，形成了国家国土整治项目的各部门垄断，一派"闭门造车"之象。

此外，乡镇政府管理职能缺位，也是土地综合整治与部门资源分散配置矛盾突出的一个重要表现。作为项目所在地的乡镇政府，在项目实施中不仅要充分协调好项目所涉及的各村关系，调动大家的积极性，创造一个好的施工环境，还要制定完善的工程管护制度，以便工程能够长期发挥经济效益。但是目前赋予乡镇政府的只有责任而没有权力，有时甚至把他们排除在外，从项目申报到竣工验收不让其参与，这种管理职能的缺位造成的结果是乡镇政府责、权、利不统一，严重挫伤了他们的积极性，影响了土地综合整治项目的实施效果。

专栏 9-1　河南土地综合整治涉及部门的职能及存在的问题

国土资源厅土地整理中心，主要职责是编制全省土地开发整理项目计划，并指导各省辖市组织实施；承担重点项目的实施；对地方编制项目计划进行技术指导；在全省范围内选择和运作项目；开展有关的调研及技术研究；参与拟定有关政策法规、技术规程、管理办法；承担技术培训；承办项目的鉴定、验收和复核；参与项目财务监督、检查、资金使用、效益评价等；参与编制全省土地开发整理专项规划；承办土地开发整理信息服务；开展国际交流合作等。

水利厅农村水利处，主要职责是指导组织协调全省农田水利基本建设；指导农村饮水安全、排水、节水灌溉及雨洪资源利用等工程建设与管理；负责全省水井凿井管理工作；指导农村水利社会化服务体系建设。

林业厅农村林业改革发展处，主要职责是组织指导全省林业改革和农村林业发展的工作；指导、监督集体林权制度改革方针政策的落实；组织拟定全省农村林业发展、维护农民经营林业合法权益的政策措施并指导实施；指导农村林地林木承包经营、流转及林权管理；监督林权纠纷调处和林地承包合同纠纷仲裁；贯彻落实国家和省林业产业发展政策；拟定并组织实施全省林业产业发展规划；指导全省林业产业体制改革和安全生产工作。

其他政府部门也纷纷成立了相关的业务处室，但是由于各自管理职能交叉，不清晰，重复管理、交叉管理等管理不到位的情况层出不穷。由于土地、农业、水利、交通、电力、林业等各部门都有相应的国土整治部门，一个部门做多个部门的工作，虽然都具有项目实施监督管理、竣工验收等多项职能，但经常与其他相关部门管理职能相冲突，造成各部门之间相互压制，干预管理，而一个部门往往又不具备整个行业管理的业务能力，造成相互之间职能不清，权、责、利不统一，结果形成了项目实施管理的真空，在一定程度上阻碍了土地综合整治的健康发展。

（三）土地综合整治加快推进与村级规划滞后的矛盾

村庄土地综合整治是土地综合整治的一项重要内容，进行村庄土地综合整治，需要结合自然地理环境，因势利导，便于村庄建设规划的制定，有利于通过土地利用规划布局实现村庄的功能结构。同时，进行村庄土地综合整治，需要充分考虑村庄的建设模式、建设改造的速度与程度，以确保土地利用规划的合理性，早日实现村庄发展规划的功能与结构。进行村庄土地综合整治，要确保可腾出建设用地，并将腾出的建设用地纳入整个村庄建设用地进行统一规划。进行村庄土地综合整治，对特色较明显的村庄，要体现村庄特色。

要在上述基础上全面推进村庄土地综合整治，实现村庄土地综合整治的多重目标，必须有科学合理、可操作性的规划引领。由于目前尚未编制村土地利用规划，因此行政村域土地利用布局无规可依，难以细化定量、定位。同时，村级建设规划编制滞后、层次不高，难与当前新农村建设的发展要求适应，而且土地利用总体规划和建设规划两规之间衔接不到位，两者布局存在错位现象，导致规划实施和执行力度不强，影响了土地整治的推进。

（四）土地综合整治整村开展与农民利益需求多元化的矛盾

在全面开展农村土地整治过程中，群众总体上是拥护的，但部分群众也存在着不同利益诉求，对土地整治工作产生了一定的影响。目前河南各地经济发展水平不同，经济实力悬殊，涉及农户的农作物补偿、房屋拆迁补偿安置等标准差异性很大，而且土地整治与土地征收不同，地上作物和房屋拆复建补偿难以在全省范围内制定统一的标准来实施，因此有的项目因少数村民对补偿标准不满意而拒绝停耕、退宅或上访事件进行调解处理难度很大，直接影响了土地整治项目的顺利实施。

土地综合整治整村开展与农民利益需求多元化的矛盾，突出表现在四个方面。一是拆迁补偿标准低，农民拆旧建新负担较重。这是当前面临的最突出问题。拆迁补偿是整个整治置换工作中最核心的环节。拆迁补偿标准没有统一政策依据，农民拆旧建新负担较重。据估算，目前每户拆旧建新自筹费用一般在 3 万~5 万元，高的达 6 万~7 万元，农民普遍举债。二是宅基地资产价值没有充分体现。中央自 1956 年改变宅基地私有制、明确宅基地集体所有制以来，对宅基地管理的总体思路是从严从紧，宅基地流转受到严格控制，如国办发〔1999〕39 号、国发〔2004〕28 号都明确禁止城镇居民在农村购买宅基地，《物权法》第 162 条规定基地使用权只能转给集体内的农户，宅基地市场价值难以体现。但在当前工业化、城镇化加快推进时期，市场对农村建设用地需求日益强烈，对农村宅基地进入市场交易的呼声日益高涨，特别是中共十八届三中全会《中共中央关于全面深化改革若干重大问题的决定》提出，要依法保障农户宅基地用益物权，逐步建立城乡统一的建设用地市场，这为农民分享宅基地整治收益提供了依据。但在目前开展的土地整治中，置换出的建设用地通过"招、拍、挂"，每亩可获取土地出让金几万到几百万元不等，而项目区农民普遍未享受到这一部分收益。三是各地对土地权属管理重视不够。突出表现在两个方面：整治前土地确权、登记、颁证工作滞后，整治后土地权益界定不清。既影响了工作推进，又使农民维权缺乏法律依据，不利于家庭承包经营制度的稳定。特别是受土地不断增值、整治项目经营成效波动，以及后续项目补偿标准的差异等因素影响，农民一旦发现无法享受自己的土地权益，很可能会进行剧烈的抗争，从而引发社会矛盾，影响农村稳定。四是农民参与机制不健全。实施土地整治关系项目区农户的切身利益，公众理应参与到土地整治的全过程中来，成为土地整治的主体。然而，土地整治中公众参与缺乏明确的法律法规保证，尚未成为土地整治的一个必备环节。尤其是先行国家投资的土地综合整治项目采用的都是自上而下的运作模式，项目立项、设计、施工、验收、监理等环节，基本上都是由国土部门和设计、施工单位等专业机构承担，群众无从参与，即便参与，也仅仅局限于会议讨论和社会调查。

（五）土地综合整治成果管护制度有待完善

土地整治项目完工交付使用后，如何做好后期管护工作，发挥项目区的作用和功能，实现土地整治效益的最大化，造福一方百姓，使土地整治工程真正成为"民心工程"、"惠民工程"，这是土地整治的根本目的。但是，当前土地综合整治效果尚未完全发挥出来，主要由以下原因造成：

第一是后期管护无法律依据。目前的《土地管理法》及相关条例没有对后期管护工作做出具体规定。各县市国土管理部门将完工的土地综合整治项目以协议方式交付乡镇政府后，乡镇政府从乡镇实际出发，确定各自的管护办法，有的将管护任务交给村委会，有的交给村民小组，有的将项目分片、道路沟渠分段落实到农户，管护办法五花八门，管护效果千差万别。第二是由土地综合整治自身特点决定。土地综合整治内容包括采用工程、生物等措施，平整土地，归并零散地块，修筑梯田，整治养殖水面，规整农村居民点用地；建设道路、机井、沟渠、护坡、防护林等农田和农业配套工程；治理沙化地、盐碱地、污染土地，改良土壤，恢复植被。土地综合整治项目建成的工程有三种类型，一是面状工程，如土地平整工程和林网工程等，对平整后的土地，由于涉及土地权利人众多，项目区多数土地最终将以"块状形式"分配给项目区老百姓；二是点状工程，如新植树苗、新打机井等；三是线状工程，如道路工程和灌排渠系。对于点状和线状的农田水利来讲，这类工程作为一个系统才能发挥作用，具有难以割舍的特点。也正是这个特点，增加了土地综合整治项目后期管护的难度和复杂性。第三是土地权属复杂增加了后期管护的难度。农村土地所有权是农村集体所有或国家所有，而土地使用权（或承包权）为一家一户，分散经营。一个土地综合整治项目内往往有多个土地使用者，如一个农用地开发整理项目内往往有多个土地承包经营户。在土地的地块兼并、道路建设、水利设施建设等土地综合整治过程中，常常会影响到土地使用者的利益。土地综合整治项目完成后的后期管护、利益分享等与土地权属密切相关。第四是土地综合整治成果分享与管护的分离性，增加了项目后期管护的难度。土地综合整治成果（如农田水利设施、田间道路）具有不可分割性，必须将其作为一个整体进行管护，而整理后的土地往往分到各家各户，由分散的农户经营和分享整理成果。土地综合整治成果分享与管护的分离性，增加了项目后期管护的难度，不利于土地综合整治成果的巩固和投资效果的提高。土地综合整治项目的投资方、项目法人和受益主体常常是一致的。目前农用地开发整理的受益主体是农民，涉及项目区成百上千农民群众的利益，但投资主体、项目法人却不是农民。投资主体是国家，项目法人一般是具有法人资格的事业单位或企业。国家对土地综合整治项目的投资一般不回收，项目法人对土地综合整治项目完成后一般不是受益者，而作为受益主体的农民在土地综合整治项目中一般又不需要自己投资。这就很容易造成投资方管理者没有资金回收压力、项目法人缺乏利益驱动、受益者农民无投资回报动力等问题，结果是投资方、项目法人和受益主体对土地综合整治项目实施管理都抱着"无所谓"的思想态度。

第十章 提高河南土地综合整治效应的着力点

土地综合整治是统筹城乡发展的平台，为了能够最大限度地发挥其在优化土地利用结构和布局、推动产业转型升级和促进新型城镇化发展等方面的综合效应，今后一段时期河南的土地综合整治要着力于以下几方面：

一、以土地资源节约集约利用为方向，大力推进土地综合整治，优化土地资源配置

土地综合整治花费了大量的人力、财力，整理出来的土地来之不易，要倍加珍惜。在土地的二次开发利用上，要利用标准控制、市场配置、盘活利用等手段，以土地资源节约集约利用为方向，优化土地利用结构和布局，提高土地利用效率。

（一）盘活存量土地资源，构建城乡土地节约集约利用新格局

建立低效用地再开发、废弃地再利用的激励机制，对布局散乱、利用粗放、用途不合理、闲置浪费等低效用地进行再开发，对因采矿损毁、交通改线、居民点搬迁、产业调整形成的废弃地实行复垦再利用，使新增建设用地规模得到有效控制，闲置和低效利用的建设用地得到充分利用，土地利用结构更趋优化，集约用地水平进一步提高。一是开发利用闲置土地。对企业取得土地使用权，但是由于种种原因造成项目不按时开工的，按照《闲置土地处置办法》规定，依法收回企业的国有建设用地使用权，重新进入土地市场

进行开发利用。宜农未利用地开发，应当根据环境和资源承载能力，坚持有利于保护和改善生态环境的原则，因地制宜适度开展。二是盘活低效利用的工业用地。要对低效利用的工业用地实行回购。可指定全资国有公司或集体资产经营公司，筹集专项资金，有计划、分步骤地开展企业用地回购工作。三是推进农村集体经济组织所属的存量建设用地高效利用。在符合土地利用总体规划的前提下，鼓励农村集体经济组织将依法拥有的存量建设用地，按城乡规划所确定的用途，建设除住宅和可分割转让的商业、商务房产外的经营性项目。四是加快农村腾退宅基地的复垦，对纳入城乡建设用地增减挂范围内的村庄整治项目，要加快拆迁安置房建设，对拆迁的村庄加快复垦整理。

（二）严格土地使用标准，提高准入门槛，促进土地节约集约利用

土地使用标准是节约集约用地的基础和依据，按照国土资源部制定的工程建设项目用地控制指标、工业项目建设用地控制指标、房地产开发用地宗地规模和容积率等建设项目用地控制标准，结合省内实际情况，制定和实施更加节约集约的地方控制标准，在建设项目立项、用地预审和供地审批、规划设计、施工等环节必须严格执行建设用地控制标准促进土地节约集约利用。一是实行建设项目用地准入标准，实施限制禁止用地目录，控制资源消耗高、环境危害大、产能过剩、土地利用强度低、投入产出效益差的项目用地。二是实行城乡统一的建设用地指标控制，完善科学可行的建设用地标准体系，修订和实施工程建设项目用地指标，合理确定城镇规划区范围以外的农村宅基地和宅基地建筑占地最高控制面积，控制建设项目用地规模，逐步形成覆盖城乡、覆盖各类产（行）业的建设用地使用标准体系。三是实行工业项目建设用地指标控制，适时修订工业项目建设用地控制指标，明确工业项目投资强度、容积率、建筑系数、绿地率、非生产设施占地比例等控制性指标要求，实现工业用地节约集约和优化配置。四是建立经营性建设项目投资和产出标准体系，综合评定土地利用效率和效益。

（三）实行土地资源市场配置，提高土地利用效率

坚持市场配置土地资源制度，完善国有土地出让、租赁、作价入股等配置方式。实行经营性基础设施用地有偿使用，缩小划拨供地范围。坚持和完善国有土地招标、拍卖、挂牌出让制度，依据规划确定用途，通过市场竞争确定土地价格和用地者。加快推进经营性集体建设用地使用制度改革，城镇建设用地范围外依法取得的集体经营性建设用地使用权，可按有关规定采取公开规范的方式转让，与国有土地享有平等权益。鼓励集体土地使用权人以土地使用权联营、入股等形式兴办企业，盘活利用闲置土地和低效用地。

（四）促进城乡土地利用布局优化，引导项目集约布局节约用地

一是引导工业向开发区集中、人口向城镇集中、住宅向社区集中，推动农村人口向中心村、中心镇集聚，产业向功能区集中，耕地向适度规模经营集中。禁止在土地利用总体规划和城乡规划确定的城镇建设用地范围之外设立各类城市新区、开发区和工业园区。鼓励线性基础设施并线规划和建设，促进集约布局和节约用地。在土地利用总体规划中划定城市开发边界和禁止建设的边界，实行建设用地空间管制。二是城市建设用地应当因地制宜，采取组团式、串联式、卫星城式布局，避免占用优质耕地。三是促进现有城镇用地内部结构调整优化，控制生产用地，保障生活用地，提高生态用地的比例，加大城镇建设使用存量用地的比例，促进城镇用地效率的提高。四是鼓励建设项目用地优化设计、分层布局，鼓励充分利用地上、地下空间。

（五）积极开展节约集约用地试点创新，推广节地新经验

继续深化已开展的增减挂钩、工矿废弃地复垦调整利用、低丘缓坡荒滩等未利用地开发、采矿用地临时使用等节约集约用地改革试点，对试点的成功经验及时总结评估，形成制度性成果进行推广。为了提高试点示范效应，凡列入省国土资源厅批准的节约集约用地改革试点，必须在"一张图"为基础的国土资源综合监管平台上运行，达不到条件的，不得开展试点。省级和

县市级国土资源主管部门要重点推进节约集约用地制度实施中的试点创新，要结合本地实际，研究制定行之有效的政策措施，创新节地模式，推广节地技术，提升节地科技水平，推进节约集约用地制度在试点创新中不断健全完善。

二、以严格保护耕地为目标，加快建设高标准基本农田，稳定提高粮食综合生产能力

2011 年至今，高标准基本农田建设成为土地整治的主旋律，这是确保国家粮食安全的战略需要。在当前耕地数量日益紧张的情况下，要以严格保护耕地为目标，充分利用土地综合整治资金建设一批高标准农田，提高机械化水平和粮食综合生产能力，保障粮食核心区建设。

（一）加强农田基础设施建设，提高农业抗灾能力

强化田间工程和抗灾能力建设。河南农田的基础设施薄弱，靠天种田限制了耕地生产力的提高。尤其是 2014 年，遭遇了 60 多年来最严重的干旱，此次大旱农作物受旱面积广、程度重、损失大。造成此次大旱的原因除了降水太少、气温偏高外，很多地区的水利工程蓄水严重不足，无法满足农作物灌溉。因此要把耕地、道路、防护林、排灌渠道、机井、抽水站、输电线路等结合起来通盘考虑，全面规划，扎实推进水利、农业、农机、科技、林业、交通运输、电力、气象等综合配套工作，完善田间基础设施建设。要加强抗旱水源工程建设，对现有小水库、小塘坝、小水池等蓄水工程清淤扩容、整修配套、除险加固，增加蓄水能力和防范自然灾害的能力。对老化失修的机井、泵站和灌溉设备抓紧进行升级改造，确保发挥正常功能。大力发展节水灌溉工程。推进大中型灌区节水改造和续建配套与末级渠系改造及田间灌排配套工程建设，积极推广管灌、喷灌、滴灌、微灌等先进灌溉技术和水肥一体化技术，调节和改变农田水分状况，提高耕地质量，促进农业生产的发展。

（二）加强农田整治工程建设，提高农业机械化水平

一是土地平整工程建设。土地平整工程要达到田块集中、耕作田面平整，耕作层土壤理化指标满足作物高产稳产要求，田块规格和平整度能够满足农业机械化生产要求。二是通过实施灌溉与排水工程，合理利用水资源，形成"旱能灌、涝能排、渍能降"的灌排体系，采取节水灌溉措施，增加有效灌溉面积。三是田间道路工程。通过实施田间道路工程，构建便捷高效的田间道路体系，使田块之间及田块与居民点保持便捷的交通联系，满足农业机械化生产、安全方便的生活需要。四是农田防护与生态环境保持工程。包括农田林网工程、岸坡防护工程、沟道治理工程和坡面防护工程。通过实施农田防护与生态环境保持工程，预防和减少农田的自然灾害，保持和改善农田生态环境，保障农田生态系统安全。

（三）加快灾害监测预警体系建设，增强河南粮食生产防灾能力

一是要提高农业气象灾害监测预警能力。加快推进农业气象服务体系和农村气象灾害防御体系建设，建立健全气象、水务、国土等部门联合共享的监测预警信息平台。加强农业气象灾害自动化监测网和人工增雨防雹作业网建设，建设农业与气象灾害预测预警和评估系统，增强河南粮食生产防御自然灾害的能力。切实提高气象灾害预报预警水平。在强降水、暴雪、冰冻、浓雾、高温等灾害性天气来临前，及时做好滚动预报。对突发性强降水、强对流天气等，切实加强短时临近预报预警，提高预报精细化水平。二是要加快抗旱防涝和重大病虫害监测预报体系建设。突出抗旱防涝和病虫害防治，切实加强服务体系建设，做到科学应对。加快重大病虫害监测预报体系建设，建设农情远程可视会商系统，完善抗旱服务体系。

（四）创新与推广农业科技，提高粮食生产水平

一是提升耕地基础地力。在高标准基本农田区域开展耕地质量定向培育，不断提高耕地基础地力。推广玉米秸秆粉碎还田腐熟技术、地力培肥技

术，消纳规模养殖畜禽粪便，减少秸秆焚烧，改善土壤理化性状，增加作物抗性，提高农产品产量和质量，保护生态环境。二是开展测土配方施肥。更新测土化验设备，提高测土化验能力，实现周期性测土。在行政村设立固定测土配方施肥信息公告专栏，以地理信息系统为平台，建立省、市、县三级施肥咨询信息系统，通过互联网、触摸屏等途径和形式，为农民提供实时作物施肥技术咨询指导。因地制宜推广化肥机械深施，减少养分挥发和流失。三是建立基层农技服务体系。结合高标准基本农田"百千万建设工程"的实施，全省统一规划新建农技推广区域站，为高标准基本农田建设提供技术支撑。

（五） 推进高标准基本农田示范县建设

高标准基本农田示范县，是国土资源部根据《全国土地整治规划（2011~2015 年)》，从国家产粮大县中选定的，全国共有 500 个示范县，河南共有36 个，"十二五"期间，全省 36 个示范县要率先把全域基本农田建成高标准基本农田。在安排高标准基本农田建设专项资金时，将按照"以任务定资金"的原则，向示范县重点倾斜。在示范县按照"田成方、树成行、路相通、渠相连、旱能灌、涝能排"的标准，通过土地整治，建成集中连片、设施配套、高产稳产、生态良好、抗灾能力强的优质基本农田。高标准基本农田示范县建设活动完成后，示范县的基本农田将平均提高 1 个等级，粮食亩产增加 200 斤以上，对推广应用农业适用技术和高新技术，促进农业增产增效和农民增收将产生深远影响。

三、以增强建设用地保障能力为核心，积极开展城镇和工矿建设用地整治，促进"四化"同步发展

全面推进旧城镇、旧工矿以及"城中村"改造，拓展城镇发展空间，促进土地节约集约利用，提升土地价值，改善人居环境，保障城镇化健康发展。

（一）积极开展旧城镇改造

一是强化城镇改造的规划控制。依据节约集约用地和城镇建设规划要求，制订改造计划，科学划定城镇改造单元，明确城镇职能、用地布局、主导产业，做好城镇改造的时序安排，做到改造单元功能用途协调、建设集中连片、产业关联发展，避免由于规划控制不力而造成混乱。二是鼓励有条件的地区开展旧城镇改造。积极开展城镇更新改造，重点做好基础设施落后、人居环境恶劣、奇零细碎或与城镇功能定位不符区域的更新改造，挖掘用地潜力。探索增减挂钩指标安排与中心城区用地效率提高的联动机制，加大财政、土地等政策的支持力度，形成城镇更新改造的促进机制。重点开展省辖市和县城等高度城市化地区的旧城镇改造。三是强化配套设施与节地建设。加快旧城镇改造进程，疏导不适合在城镇内发展的产业，合理开展中心城区工业用地用途调整，推进旧城区转型更新。积极推行节地型更新改造，控制生产用地，保障生活用地，增加生态用地。鼓励开发地上、地下空间，提高城镇综合承载能力，促进节约集约用地。完善市政公用设施和基础设施的配套，加强绿化和市容卫生建设，提升旧城镇居民的整体生活质量，创造舒适宜人的城镇环境。四是加强历史文化保护。注重保护历史文化街区，挖掘文化内涵，延续历史文脉。保护地方特色建筑，保持原有的景观特征，避免大规模拆旧建新对古城历史风貌造成不利影响。

（二）积极开展旧工矿改造

一是充分挖掘现有工矿用地潜力。制定工业用地节约集约利用的激励政策，推广应用多层标准厂房，改善工矿区配套设施以及环境景观，盘活土地资产，提高工业用地经济密度，实现从粗放型向集约型转变。条件适宜地区，积极实施工矿用地功能置换，在调查评价和治理修复的基础上，结合周边环境将工矿用地改造为居住、商业、办公等用途。创新土地管理方式，在严格控制建设用地总量、切实保护耕地的前提下，通过复垦工矿废弃地并与新增建设用地挂钩，优化土地利用结构和布局，促进土地资源节约、合理和高效利用。加强工业用地使用监管，严格落实闲置土地处置办法，防止土地闲置、低效利用和不合理利用。二是促进产业更新升级。制定合理的产业用地政策，积极发挥用地标准和价格手段的调控作用，淘汰效益低、占地多、污染高的落后产能。建立产业发展的协调推动机制，科学配置不同类型、规模的企业用地，实现产业整体协同发展，提升整体功能和综合效益。三是引导工业集聚发展。积极引入社会资金，引导分散企业向工业园区和生产基地集中，促进集中布局、集约用地。

（三）稳步推进"城中村"改造

有计划、有步骤地推进"城中村"改造。严格执行土地利用总体规划和城市总体规划，加强新增建设用地审批和供应管理，遏制"城中村"现象的扩大。将"城中村"各项管理纳入城市的统一管理体系，推进规划区内土地市场和土地管理一体化，促进现有"城中村"的改造，提高土地集约利用水平。加强"城中村"改造土地权属管理。尊重居民主体地位，严格按照民主程序确定改造模式和改造办法，依法依规确定土地权属，协调平衡各方利益，确保群众利益不受损。切实改善"城中村"人居环境。加大"城中村"土地整治力度，完善"城中村"整治的配套政策，加强环境卫生建设，改善"城中村"居住环境。

四、以切实保护农民利益为前提，建立合理的土地增值收益分配机制，稳妥推进农村建设用地整治

开展农村建设用地整治，要以促进农民增收、农业增效和农村发展为出发点和落脚点，建立合理的土地增值收益分配机制，切实维护农民合法权益。

（一）加快和完善土地确权登记，切实维护农民权益

农村集体土地所有权、宅基地使用权、集体建设用地使用权等确权登记

颁证工作，是推进农村建设用地整理的基础性工作，也是保护农民利益的重要制度保障。土地确权颁证首先要以土地权属调查为先导，以先进、经济的测绘技术为支撑，参照有关技术规范和规定，查清农村集体土地所有权、宅基地使用权和集体建设用地使用权的归属情况和村庄范围内土地利用情况，制作完成符合土地权属管理和土地登记要求的地籍调查成果，包括地籍调查表、宗地图、地籍图等，为今后农村土地管理制度或者农村土地产权制度改革奠定土地产权和土地利用基础。对有权属争议的土地，成立土地权属争议调处专门机构，加大土地权属纠纷调处力度，制定土地权属争议应急预案和相关调处制度，维护农民合法权益。要深化、完善所有权登记发证工作，加强发证后的管理。根据宅基地使用权和集体土地建设用地使用权调查成果，采取"一次查清、分类处理"的原则，按照国家制定的有关规定以及《土地登记办法》的规定开展土地登记，建立数据库及管理系统，通过信息化手段，加快工作的进度，提高确权登记发证的效率，同时巩固确权登记发证的成果，把成果资料长期永久地保存起来并动态更新，实现成果共享、应用，为登记发证成果在集体建设用地流转、城乡建设用地增减挂钩立项、土地征收、土地整治立项等国土资源管理各个环节提供有力支撑。

（二）严格控制建设用地增减挂钩规模与范围，充分保证农民权益

城乡建设用地增减挂钩要严格按照国家和河南的有关政策、法规，始终把维护农民权益放在首位，充分尊重民意，坚持群众自愿、因地制宜、量力而行、依法推动。保障农民的知情权、参与权与收益权。一是城乡建设用地增减挂钩的实施必须获得村民和村集体的同意。开展增减挂钩试点，必须举行听证、论证，充分听取当地农村基层组织和农民的意见。涉及土地调整互换使用的，未征得农村集体经济组织和农民的同意，不能够强行开展增减挂钩试点。二是城乡建设用地增减挂钩试点项目区的选择要充分考虑当地社会经济条件。涉及农村拆迁安置的新居建设，要为农民提供多种建房选择，保持农村特色和风貌，保护具有历史文化价值和景观价值的传统建筑。要尊重农民意愿并考虑农民实际承受能力，防止不顾条件盲目推进、大拆大建。严

禁在农村地区盲目建高楼、强迫农民住高楼。三是通过城乡建设用地调整使用所获收益，必须明晰产权、维护权益原则，合理分配增值收益。增值收益全部返还农村，用于农村集体发展生产和农民改善生活条件。征地补偿费的使用、分配方案涉及村民的切身利益，必须经村民会议讨论决定才能办理。

（三） 完善宅基地补偿机制，加快引导农村宅基地有偿腾退

目前，农村很多闲置宅基地，由于缺乏完善的退出机制，再加上城市为其提供的基本公共服务不足，对于进城务工的农民来说，虽然进城，但是仍然不愿意放弃农村的土地，这其中包括宅基地，因此要建立补偿机制加快引导农村宅基地自动退出。一是在坚持农村土地集体所有的前提下，充分发挥农民群众的主体作用，鼓励农民集体通过自主、自愿、自治的方式，形成农村宅基地产权长久不变的决议，实行农村宅基地"增人不增地、减人不减地"，国土资源管理部门原则上不再受理农户申请新的宅基地。二是建立农村宅基地有偿腾退的激励机制。在确保特定区域耕地总量不减少、城乡建设用地规模不增加的前提下，制定农村宅基地有偿腾退的激励机制。鼓励进城的农户自愿退出宅基地，并将废弃的宅基地和建设用地进行整理复垦后节余的建设用地指标，有偿调剂到规划的建设用地范围再利用，促进城镇化健康发展。三是允许农户按规定继承、赠予、转让、抵押、租赁经依法确权登记颁证的宅基地及房屋，且对流转对象不作限制性规定。房管、国土等部门应依法办理变更登记手续。四是加强农村房屋及宅基地流转的后续管理。农房不符合土地利用总体规划确定的用途的，不得重建、扩建；符合土地利用总体规划确定的用途的，可以依照城乡建设规划的要求，经区（市）县规划建设部门同意后，依法重建、改建。违反规定擅自重建、改建的，由相关部门依法查处。五是加快制定统一户籍登记、实行自由迁徙后的城乡居民住房保障、社会保障和就业保障等政策。

五、以统筹城乡一体为方向，明确差异化整治措施，加快新型城镇化进程

土地综合整治是在河南省内全域推进，但不同地区的社会经济发展水平和土地利用总体战略、生态环境建设和保护重点各有不同，土地整治的方向和重点也不相同。所以，土地综合整治要以统筹城乡、城乡一体为方向，实施差异化的土地综合整治，实现土地综合整治的综合效益。

（一）农产品主产区坚持以农用地整理为主，提高高产、稳产田比重

农产品主产区是指以提供农产品为主体功能，承担国家粮食生产核心区建设重要任务的农业地区。具体包括黄淮海平原、南阳盆地和豫西山丘区的66个国家级农产品主产县。农产品主产区以农用地综合整治为基础，保障粮食生产安全。加大农用地整理力度，大幅度提高高产、稳产的基本农田比重，加大基本农田保护区、粮食主产区、基本农田整备区的耕地整理力度，推进中低产田改造，复垦因自然灾害和生产建设损毁的耕地，改善水利灌溉条件，完善农田生产配套基础设施建设，适度开发增加耕地数量，不断提高耕地质量，确保国家粮食安全。农产品主产区土地综合整治要调整优化农业结构。重点打造城市近郊都市高效农业区、黄淮海平原和南阳盆地优质粮食生产核心区和豫南豫北山丘区生态绿色特色高效农产品优势区，加强粮食生产加工基地建设，提高粮食综合生产能力和效益。推进优质畜产品生产和加工基地建设，提高农业生产规模化、集约化、标准化和产业化水平。在有条件的县城周边，建设一批具有城市"菜篮子"、生态绿化、休闲观光等综合功能的农业园区。农产品主产区土地综合整治要加强中心城镇的道路、供排水、垃圾污水处理等基础设施建设，增强城镇吸纳农村人口的能力。

（二）生态脆弱区强化生态保护和修复

生态脆弱区生态系统结构稳定性较差，对环境变化反应相对敏感，容易受到外界的干扰发生退化演替，而且系统自我修复能力较弱，自然恢复时间较长。河南生态脆弱区主要包括豫西山地丘陵区、豫东黄泛区等地。生态脆弱区土地整治要着重强化生态环境整治，提升土地资源整体环境质量。坚持因地制宜，尊重生态规律，保护河道、水库、湿地、沟渠等水体。恢复重建退化土地生态系统，治理盐碱化、石漠化土地，改良土壤。整治后的土地利用环境要突出生态要求，禁止随便改变地貌形态，不断优化现有生态环境，提升人们生产生活环境质量。

（三）重点开发城市化地区以建设用地整治为重点，促进土地节约集约利用

重点开发的城市化地区主要包括18个省辖市和一些位于重要产业带发展条件较好的县（市）或省辖市近郊县（市）以及省直管县（市），国家农产品主产区和省级重点生态功能区的县城关镇、少数建制镇镇区以及产业集聚区。重点开发的城市化地区，其土地整治要以建设用地整治为重点，促进土地节约集约利用。发挥建设用地整治对社会经济发展用地需求的贡献，加大农村建设用地整治力度，合理迁村并点，大力开展旧城区、城郊村、城中村、地质灾害易发区村庄整治，建立健全农村宅基地退出机制，规范城乡建设用地增减挂钩试点，盘活城镇存量建设用地和农村非农用土地，推进城乡土地节约集约利用。

（四）重点生态功能区以保护和修复生态环境为首要任务，保护生物多样性

重点生态功能区是生态系统重要、关系到较大空间范围生态安全的区域。河南重点生态功能区主要分布在豫北太行山、豫西伏牛山、豫南大别山等区域。重点生态功能区土地整治要着力修复生态、保护环境、提供生态产品，增强水源涵养、水土保持、维护生物多样性等提供生态产品的能力。严

格控制开发强度，腾出更多的空间用于保障生态系统良性循环。城镇建设与工业开发要布局在资源环境承载能力相对较强的特定区域，禁止成片蔓延式扩张。按照农村人口向城市转移的规模和速度，根据生态保护的需要，综合采取易地扶贫、生态移民、水利设施移民以及合村并镇等措施，逐步适度减少农村居住空间，将闲置的农村居住空间转为林地等绿色生态空间。在丹江口水库、桐柏山等水源涵养功能区要着力推进天然林保护和围栏封育，治理土壤侵蚀，维护与重建湿地、森林等生态系统。实施南水北调水源地保护工程，禁止无序采矿、毁林开荒等行为，有效防止水土流失。在大别山、太行山等水土保持型功能区，土地整治要推进封山育林，重点营造水土保持林，推进植被恢复与重建。加快水土保持治理工程建设，开展水土保持生态清洁型小流域和生态示范工程建设，促进工程措施、生物措施与农耕措施紧密结合。在伏牛山生物多样性功能区，土地整治要加强对野生动植物的保护，禁止对其进行乱捕滥采，保持和恢复野生动植物物种和种群的平衡，实现野生动植物资源良性循环和永续利用。

六、以提高生态环境质量为支撑，大力实施复耕还田，建设"美丽河南"

针对土地生态环境退化趋势，新时期土地整治必须把着力保护和改善生态环境放在更加突出的位置，深入贯彻建设"美丽河南"的要求。要把山水林田作为一个生命共同体进行统一整治和修复，大力实施复耕还田，加快国土空间开发格局优化，推动土地整治向更高层次的国土综合整治转变。

（一）加强生态脆弱区的治理与恢复，提高生态系统的自我调节能力

一是推进沙化土地的综合整治。按照因地制宜、因害设防的原则，加强黄河故道、沿黄沙地风沙和荒漠化治理。完善小网格林网，积极发展农林间作，大力营造片林，逐步建立完善的防护林体系。依法限制人为滥垦、滥

采、滥挖，逐步形成稳定的沙区生态系统，普及节水灌溉技术，推广保护性耕作技术，改善生活能源结构，提高植被覆盖面积。二是加大水土流失治理力度。按照"预防为主、全面规划、综合治理、因地制宜、加强管理、注重效益"的水土保持方针，以小流域为单元，以治理坡耕地为主攻方向，开展豫北太行山、豫西伏牛山、豫南桐柏山和大别山等水土流失严重地区的综合治理。实施"山、水、林、田、路、矿"综合治理，减少因水土流失造成的面源污染。强化生产建设项目监督管理，遏制人为造成的水土流失现象发生。三是在易灾地区、革命老区、黄河淤地坝等地建设水土保持重点防治工程，提高生态保持能力。

（二）推进损毁土地复耕还田，改善生态环境，保障土地可持续利用

一是加大历史遗留损毁土地的复耕力度。在调查评价损毁土地复耕潜力的基础上，综合考虑土地损毁前的特征和损毁类型、程度和复耕的可行性等因素，尊重自然规律，立足农业发展、生态改善，因地制宜恢复农业利用。二是全面推进生产建设活动新损毁土地的复耕。按照"谁损毁，谁复耕"的原则，坚持土地复耕和生产建设相结合，编制土地复耕方案，在生产工艺、建设方案中落实土地复耕各项要求。要严格禁止毁田烧砖。加强位于基本农田保护区内新损毁土地的复耕，减少损毁面积，降低损毁程度。三是严格控制土地复耕质量。开展土地复耕适宜性评价，按照因地制宜、经济可行、综合利用、农业优先、确保安全的原则，合理确定复耕土地的用途。注重生态环境保护，做到土地复耕与生态恢复、景观建设和经济社会可持续发展相结合，复耕后景观与当地自然环境相协调。支持土地复耕科学研究和技术创新，制定土地复耕技术标准，加强土地复耕先进技术的推广应用，全面提升土地复耕的水平。四是组织实施土地复耕重大工程。在废弃的水利工程、铁路、公路、场（站）厂矿、取土坑及废弃建筑物占压的土地上，组织实施重点工程。

（三）推进土地生态环境整治，增强生态修复能力

在城镇化、工业化、农业集约化快速发展的进程中，产生了一系列严重

的土壤污染、水环境污染、生态系统功能退化、生物多样性下降、景观破碎化等生态环境问题。对此，新时期的土地整治应系统分析和诊断区域土地利用存在的生态环境问题和成因，有针对性地开展水土污染生态修复、退化和废弃土地的生态修复与改造、生物生境修复、土地生态系统生物关系与健康重建、水土生物过程与土地利用/景观格局关系重建，以及土地生态系统生态服务功能恢复。按土壤污染物的种类和程度，综合应用物理、化学、生物等多种土壤污染修复技术，开展工业区和废弃地土壤污染修复。因地制宜、合理利用污染和修复的土地，实现生态用地控制指标。加强多功能绿色基础设施建设，防控土壤污染。同时，维护水系的自然稳定形态，加强水系和河道整治、疏通河道、生态修复河道，促进自然保护区和水源敏感区、河流、湖泊生态涵养公益林建设。根据河道等级，推进乔灌草结合的缓冲带工程技术，控制面源污染。此外还应加强水道、坑塘湿地生态修复，利用生态工程技术清洁水体，提高水系的连通性，降低水体污染程度，营造高质量的生境斑块和自然化的亲水景观。

（四）优化农用地功能布局，提升耕地生态景观功能

农用地整治要强化农田景观、生态和休闲功能。土地整治首先要做好农业景观层次上的水土、污染物和水盐运动过程、生物迁移的分析评价。在源头上控制面源污染，根据水、土、气和生物过程需要，优化"田、水、路、林、村"景观格局，控制面源污染、水土流失、风蚀和保护生物多样性，提高农业景观生态系统稳定性和弹性，缓解灾害的影响，增强生态系统反馈作用，间接提高和持续保持土地生产能力。其次要重视小林地、溪流、坑塘湿地、灌丛的保护和提升，构建顺应地形地貌的土地利用格局，抑制田园景观均质化、同质化现象的蔓延趋势。在农田整治中，应根据田块大小与规模效益和成本投入的关系，优化田块、沟路林渠、半自然生境构成的景观空间格局，顺应地形与地貌，实施精细化、生态景观化的农田建设。再次，要开展沟、渠、路、边坡综合治理。针对各地的农田灌溉方式和因干旱导致的季节性渠道闲置、道路边坡裸露问题，以及由于排水渠缺乏健康的植被护岸和缓冲带等问题，推进具有水土保持、生物多样性保护、面源污染控制、病虫害

综合防治等多功能的边坡综合治理模式以及配套的技术研发、应用和示范活动。最后，还应大力推进农田防护林体系的生态植被配置模式优化，改变当前农田防护林及片林结构简单、树种单一的群落配置模式。

七、以加快村落整治为关键，全面推进村庄规划建设，协调推进美丽乡村和新型城镇化建设

稳妥推进村庄整治。各地要根据经济发展状况，依据乡（镇）、村土地利用总体规划，结合现代农业发展规划、富民行动规划和新农村建设，因地制宜、积极稳妥地推进村庄整治，促进美丽乡村建设和新型城镇化建设。

（一）加强基础设施与公共服务设施配套建设，提高农村生产生活质量

按照有利生产、方便生活和公共服务均等化的要求，合理进行村庄功能分区，完善农村道路、水电及生活垃圾、污水处理等基础设施，健全教育、医疗卫生、文化娱乐等公共服务设施，加强村庄内部绿化建设，着力改变农村"脏、乱、差"的状况，实现布局优化、村庄绿化、环境美化。一是完善道路、供电、供水、通信等基础设施，使其更适合居民的生产与生活。二是通过改善和增设村庄内部公共设施，如绿地、村社活动中心等，改变村庄"旧、脏、乱、差"的面貌。三是建设污水处理设施和垃圾处理设施，使生活垃圾得到无害化处置，减少农村生活面源污染。

（二）加强闲置和低效利用的农村建设用地整治

遵循城乡发展规律，区分村镇规划区内、城乡接合部、"空心村"和闲置宅基地等低效土地利用的不同情况，因地制宜，量力而行，循序渐进，按项目分类推进土地整治。首先要优化农业建设用地布局，统筹土地利用。以充分尊重农民意愿为前提，以改善农民生产生活条件为目标，以集约用地、

改善环境为原则，调整优化农村居民点用地布局，逐步推行分散农村居民点的适度集中归并，重点发展中心村，稳妥撤并自然村，适时拆除"空心村"，形成等级职能结构协调有序、空间布局合理的农村居民点体系。其次要加快对村内废弃地和闲置地的整治，促进中心村和小城镇建设，引导农民集中居住、产业集聚发展。严格划定农村居民点扩展边界，村内有空闲地或宅基地总面积已超出标准的，原则上不再增加宅基地规模。依法引导农村闲置宅基地在本集体经济组织成员之间合理流转，提高宅基地利用效率。村庄建设用地整治，要以"空心村"整治和"危旧房"改造为重点，全面提高农村建设用地利用效率。

（三）加强乡村景观特色保护，传承乡村文明，建设美丽乡村

乡村景观不仅包括具有历史文化的建筑、聚落格局、历史遗迹以及具有特殊吸引力的自然和人文景观，也包括常见的、能够反映当地人与自然相互作用形成的沟路、小溪、梯田、院落、石墙、篱笆、乡土植物群落、树丛等。这些景观要素是记载历史、表达认同和归属的精神空间，是构成地域生产生态生活风貌、表现乡村景观特征的重要组成要素。因此，土地整治应维护自然山水格局。保持山体、水系和地形地貌形成的景观格局特征，保护和恢复原生生物群落和生态系统，延续地域文化景观特征，实现绿脉、文脉的持续传承与发展。在村庄整治中，要开展景观特征评价，确定景观特征类型和区域，从而提出不同景观特征的保护、恢复、提升和重建的技术和措施，运用丰富多彩的乡土植物，模拟自然群落的结构组成，营造季相变化丰富的植被景观，提升乡村风貌的景观多样性。村庄整治要挖掘并保护历史文化遗产景观和廊道。提升现有自然景观文化和美学价值，强化非机动车绿色通道建设，提高游憩廊道和道路的多功能性及景观的可达性，构建乡土景观体验网络，促进乡村旅游发展。此外，村庄整治还应将乡村生态景观建设与自然保护区、森林公园、风景名胜区、地质公园等现有自然保护管理体系相结合，形成多样化的绿色开放空间和乡村休闲绿道。

第十一章 提高河南土地综合整治效应的对策建议

土地综合整治是一项复杂的系统工程，意义重大、影响深远，具有显著的经济效益、社会效益和生态效益。同时，土地综合整治不仅涉及面广、政策性强，而且资金投入大、工作难度大。大力推进土地综合整治，要进一步加强组织领导、加大资金保障、加强规划引导、强化项目管理、强化人才和科技保障、保障农民权益、完善相关政策制度、加大舆论宣传。

一、加强组织领导

（一）提高对土地综合整治工作的认识

土地是民生之本，是支撑经济社会发展的重要载体和战略资源。开展土地综合整治，加强土地开发利用管理，实现土地合理高效利用，是贯彻落实科学发展观、加快经济发展方式转变的内在要求，是在用地需求不断增长的形势下严格保护耕地、缓解用地压力、维护群众利益的重要途径，在当前河南保障国家粮食安全、推进农业现代化、促进城乡统筹发展、科学推进新型城镇化、加快经济发展方式转变、建设"美丽河南"的过程中具有重要的战略地位和作用。

各地各部门要进一步统一思想，提高认识，高度重视土地综合整治的重要性，以科学发展观为统领，紧紧围绕保护耕地与保障发展这一主题，创新体制和机制，以土地整理复垦开发和城乡建设用地增减挂钩为平台，整合使用各类土地专项资金，积极聚合其他涉农资金，整合协调农用地整理、农村建设用地整理、废弃地复垦以及未利用地开发等各类活动，对农村"田、水、路、林、村、房"实行综合整治。促进耕地规模经营、人口集中居住、产业集聚发展。

（二）建立高效的土地综合整治工作机制

按照"政府主导、市场运作、农民参与"的原则，坚持地方政府领导，国土资源部门搭台，相关部门参与，各负其责，加强配合，联动推进，形成合力，建立高效的土地综合整治工作机制。以各级党委政府为主导，以土地整治为平台，由党委政府强力整合各部门资源，统筹项目、资金和规划，建立健全工作组织协调机制，落实共同责任机制，真正做到优化配置资源、"捆绑"使用资金、灵活运用政策、催生综合效益。总体目标是建立以土地整治为纽带，党委政府主导，国土搭建平台，部门协同合作，上下联动共进的管理体制。

省政府成立土地综合整治领导小组，对工作的开展进行总体安排部署，制定资金等方面的支持政策，领导小组在省国土资源厅设立办公室，负责协调解决工作中的具体问题。省辖市政府制定相关的政策支持措施，明确工作要求和部门责任，组织、指导各县（市、区）开展工作，定期不定期地督查督导，促进工作的落实。各县（市、区）政府是土地综合整治的主导者和责任人，负责整合部门力量，整合各项涉农资金，整合相关政策，组织推进综合整治。成立以政府主要领导为组长、各相关单位主要负责人为成员的土地综合整治领导机构，组成工作班子，负责辖区内土地综合整治工作的安排部署、重大事项的协调，制定实施方案，并对辖区内土地综合整治任务完成情况负责。乡级政府也要成立相关组织领导机构，协调解决项目实施、村庄拆迁、新居建设等过程中遇到的问题。各相关部门要在同级政府的统一领导下，按照省政府有关文件规定，主动跟进，融入全局，切实履行职责，形成合力，共同推进土地综合整治工作。

（三）建立土地综合整治的考评奖惩制度

加强对土地综合整治工作的监督检查。建立监督检查制度，对项目实施进度、工程质量、资金使用、廉政建设等情况进行监督检查，发现问题及时解决。实行规划、实施和验收的全程监管。要积极开展土地综合整治项目稽查，发现问题及时纠正；充分利用遥感技术，开展项目实施情况的动态监测；加强项目实施的专项巡查；配合审计部门加强资金使用情况的审计监督。加强考核。每年把土地综合整治任务分解到各地，明确时间、进度，加大督查力度。对进度快、质量好、资金投放足的地方，给予一定的资金和用地指标奖励；对进度慢、工程质量存在问题、资金投放不够的地方采取惩处措施。

建立考评奖惩制度。全省各级政府对土地综合整治实行目标管理，纳入政府目标考核序列，将土地综合整治的工程质量、进度、效果、群众满意度等作为考核的指标，考核结果与新增建设用地土地有偿使用费分配、用地政策、评先评优挂钩。对土地综合整治工作完成好的地方，给予资金和政策方面的倾斜，对成绩突出的单位和个人进行表彰和奖励；对检查、验收中发现建设质量差、资金管理使用问题大、弄虚作假以及其他严重违规违纪问题的，除依法依纪处理有关人员外，还要收回或相应核减下一年度有关资金和建设用地增减挂钩指标，取消开展综合整治试点资格等。同时，县（市、区）、乡镇政府主要负责人为本辖区内全部项目实施的第一责任人，要把土地综合整治工作实绩列入干部提拔、任用考核的一项内容，必要时可实行"一票否决"或"一票认可"。

（四）完善相关的法律规章制度

法律法规是土地综合整治的依据，土地综合整理必须依法进行。目前，河南以至全国在土地综合整治方面的法律、法规不完善，要强化土地综合整治法制建设，保障土地综合整治依法、有序开展。认真落实国家有关落实土地综合整治的政策法规，进一步规范程序，将土地综合整治工作纳入法治轨道。加紧修订现行土地管理法律法规，研究制定《河南省土地综合整治条例》。同时，农村土地整治政策性强、影响面广、敏感问题多，要跟进完善相关的法律规章。对土地确权登记、宅基地管理和退出机制、土地承包经营权流转、集体建设用地流转、项目资金政策支持、改革征地制度和维护农民权益等现实性问题，以及各类倾向性、非常规性问题，要积极探索，及时跟进研究，总结经验，化解矛盾，转化成果，尽快出台相关的法律法规政策和制度，做好土地整治的法制保障。

二、加大资金保障

（一）加大政府对土地综合整治资金的投入

由于农村基础设施和公共服务设施薄弱，开展土地综合整治，促进新农村建设和农村居民点整理需要大量资金投入。同时，土地综合整治由于具有外部性、公共性和投资大等特点，是政府投资的重要领域。要开展资金情况摸底调查，摸清可用资金，科学计划资金投入。要以政府投入为主，整合耕地开垦费、新增建设用地土地有偿使用费、土地复垦费、耕地占用税和土地出让金用于农业开发部分资金，设立土地综合整治专项资金。加大政府对土地综合整治资金的投入力度。县（市、区）政府增减挂钩免收的费用应全额用于土地综合整治，并拿出一定比例的出让金收益，用于土地综合整治及补偿奖励农村新增耕地和集中建房。切实做好土地综合整治专项资金足额征收，加大统筹力度，确保专款专用，最大限度地发挥专项资金的使用效果。

（二）整合利用各类土地专项资金

整合使用各类土地专项资金。要充分发挥土地专项资金在土地综合整治中的主体作用。省级下达的新增建设用地土地有偿使用费，连同本级管理的用于农业土地开发的土地出让收入、耕地开垦费、土地复垦费、土地闲置费等专项资金，要全部用于基本农田建设与保护以及土地整理、耕地开发等整治项目。新增耕地指标和节余建设用地指标有偿转让收入，要全额投入村庄整治及农民建房补贴。今后，省级在分配新增建设用地土地有偿使用费时，要进一步向土地综合整治试点倾斜。

聚合使用各类相关资金。要在统一规划的基础上，积极协调有关部门，按照"渠道不乱、用途不变、专账管理、统筹安排、各计其功"的原则，建立财政专项补助和部门资金整合相结合的资金投入机制。加强政府各职能部门协作联动，加大项目资金整合，用好相关涉农资金，确保农村土地综合整治统一规划、分项实施、整体完成。争取在更大范围内聚合引导农村公路建设、农业综合开发、小型农田水利、以工代赈、农业扶贫、退耕还林、中低产田改造等相关资金集中投放使用，充分发挥各项资金使用的叠加效应和规模效益。

（三）加大金融对土地综合整治的支持力度

金融机构融资就是政府将土地综合整治项目本身拥有的资产及其预期收益作为还贷担保向银行等金融机构进行贷款融资，包括政策性银行贷款和商业银行贷款，目前主要为向商业银行贷款。它是一种常用的有效的融资方式，也是当前我国各种建设项目最主要的筹资方式。

首先，综合运用财政和货币政策，引导和支持农发行等政策性银行和农村信用社、农业银行等商业银行开展融资服务，增加土地综合整治信贷资金，缓解地方政府资金周转压力。其次，在控制风险的前提下，大力支持国家农业发展银行开展土地综合整治项目中长期政策性贷款，积极鼓励国家开发银行、农业银行、农村信用社和邮政储蓄银行等金融机构进一步增加土地综合整治的信贷资金。再次，鼓励和支持金融机构创新金融产品和金融服务，积极稳妥开展小额信用贷款、小额联保贷款、农民创业贷款、农房抵押贷款等多种信贷业务，为土地综合整治提供信贷支持，确保满足土地综合整治的合理融资需求。最后，引导各金融机构完善土地综合整治的金融服务体系，并加强与政府相关部门的合作交流，增强金融支持和政策扶持的协同性。各金融机构发放的农村土地综合整治贷款，计入涉农贷款。

（四）积极引导社会资金投入

通过财政的先期投入进行启动并发挥拉动效应，按照市场化运作的原则，引入企业、个人、信贷等社会资金参与土地综合整治，确定政府、投资者各自的权利、责任和义务，使投资主体得到合理回报，进而形成投资与收益的良性循环，建立稳定的投资回报机制，拓宽土地综合整治资金投入渠道。

第一，采取积极措施，鼓励符合条件的融资平台公司通过各种融资方式，拓宽土地综合整治投融资渠道，广泛吸引社会资金参与农村土地综合整治。第二，鼓励集体和个人加大投入。坚持"谁整治，谁受益"的原则，鼓励集体和个人加大对土地综合整治的投入。在开发上坚持国家、集体和个人一起上，以集体和财政投入为导向，多方筹资启动运作。鼓励农民自力更生、艰苦奋斗，在统一规划的基础上，按照多筹多补、多干多补的原则，加大一事一议财政奖补力度，充分调动农民开展农村土地综合整治的积极性。第三，加大土地综合整治项目的招商力度，积极鼓励和吸引有实力的企业参与土地综合整治，增强土地综合整治的生机和活力。第四，建立完善的农村土地交易市场。按照依法、平等、自愿、有偿的原则，开展补充耕地指标和建设用地置换指标交易，力求盘活农村存量土地资源。第五，由于土地综合整治项目的特殊属性，应当减轻社会资本投资主体的税费负担，对投资土地综合整治的企业实施优惠的税收政策，鼓励他们积极参与土地综合整治。

三、加强规划引导

（一）科学编制土地综合整治规划

做好土地综合整治规划，科学谋划土地综合整治，是有序推进土地综合整治的前提和基础，是全面落实土地利用总体规划目标任务的重要手段，也是树立新型资源观、切实转变土地管理职能和管理方式的有力工具。组织编制土地综合整治规划，依据土地利用总体规划、城镇体系规划、城市总体规划和村镇规划，分层级组织编制省、市、县农村土地整治规划，统筹安排农用地整治、农村建设用地整治和新农村建设、城镇化发展、产业集聚区建设用地，明确农村土地整治的目标、原则和任务，合理安排城乡建设用地增减挂钩试点的规模、布局和时序，引导土地整治和城乡建设用地增减挂钩工作稳妥有序推进。

一是按照国土资源部有关要求，在各级土地利用总体规划修编中，落实土地整治重点区域和重大工程涉及的项目。二是在县级政府的统一领导下，结合当地社会经济发展规划等相关规划，以土地整理五年总体实施方案为基础，组织有关部门共同编制县级土地综合整治规划。开展土地综合整治的村要按照"整村推进"和"全域规划、全域设计、全域整治"的要求，先行编制农村土地综合整治规划，以指导整治工作有序进行。三是在县级政府的统一领导下，抓紧做好村镇体系规划和村镇建设规划，合理安排农村生产、生活、生态用地规模和布局，确保土地综合整治能够规范有序实施。

（二）突出规划的科学性和前瞻性

编制土地综合整治规划，要按照"高起点、高标准、高水平"的原则，用更高的要求、更宽的视野、更科学的思维，超前考虑，科学规划。首先，要提高认识，站在科学推进新型城镇化促进城乡统筹发展，转变经济发展方式促进当地乃至全省经济社会发展的战略高度进行超前谋划。其次，对提出的规划方案要进行反复论证，优化方案，使之更具有前瞻性、科学性和合理性。再次，重点研究当地的历史文化、民风民俗，把文化与产业、交通等条件结合起来，注重对历史建筑的保护与整治，把当地传统的建筑符号和元素融入新建建筑中，强化传统文化和地方特色。最后，可以聘请省内外知名的规划编制机构编制土地综合利用规划。同时，成立由相关领域知名专家学者、职能部门工作人员以及社会公众组成的规划评审委员会，有针对性地对土地综合利用规划进行评审，切实增强规划的科学性、前瞻性和可操作性。

（三）注重土地综合整治规划与相关规划的协调

土地综合整治规划需要与各项专业规划很好地衔接，要坚持统筹规划，强化规划间的协调。各地编制土地综合整治规划在宏观上要与省、市、县国民经济和社会发展规划、河南新型城镇化规划、土地利用总体规划、城镇体系规划、城市总体规划、村镇体系规划等充分协调衔接。

要严格按照土地利用总体规划、县（市）村镇体系规划、乡镇和村庄建设规划，认真组织编制土地综合整治专项规划，明确区域布局、实施计划和保障措施，统筹土地"三项整治"、土地整理复垦开发与城乡建设用地增减挂钩项目区安排，科学确定农用地整理、农村建设用地整理与挂钩项目区的选点布局，建设土地综合整治、农村村庄建设和产业集聚区发展的统一平台。要掌握方法步骤：在方法上，要以行政村为基本单位，整村规划、整村设计、整村推进，把现有的土地整理复垦开发项目、城乡建设用地增减挂钩项目以及能够整合的交通、水利、农业、电力等项目统一纳入土地综合整治项目，统筹安排，按各自的职能和规定组织实施。在步骤上，要认真总结试点经验，按照先易后难的原则，因地制宜、分步推进。

（四）切实维护规划的权威性和严肃性

加大规划监督力度，确保执法必严、违法必究，切实维护规划的权威性和不可逾越性。规划经批准以后，要严格按规划执行，按规划办事。而需要调整规划的，必须经规划委员会集体研究决定，坚决维护规划的严肃性，做到"规划一张图，审批一支笔，建设一盘棋"。

规划一经批准，必须严格执行。加大对土地综合整治规划执行的监督检查力度，确保规划落实到位，杜绝违法建设现象发生。在做好规划的基础上，按照先易后难的思路，精心选点，按计划、有组织地开展土地综合整治工作，确保"干一个，成一个，带一片"；对于不符合土地利用总体规划的村镇建设用地，不予受理或审批；切实加强土地管理，落实一户一宅制度，严格控制宅基地用地标准，规范宅基地审批程序，宅基地审批要与土地置换挂钩，纳入土地置换规划的旧村庄不予审批新的宅基地；加大土地巡查监察力度，及时查处违反土地综合整治规划的各种行为。土地整治项目的立项审批和高标准农田建设必须依据规划，各类土地整治活动都要符合规划。要加强规划监督检查，禁止随意修改规划，切实维护规划的权威性和严肃性。要对规划实施情况进行跟踪分析，对约束性指标和主要预期性指标完成情况进行适时评估，将规划实施评估工作制度化、常态化，并将评估结果以适当形式向社会公布。

四、强化项目管理

（一）提高土地综合整治项目管理的科学性

注重土地综合整治项目管理的系统性。土地综合整治项目是一个从规划选址、项目实施、检查验收到项目后期管护的有机整体，各环节紧密连接，不可偏废。在项目的立项审批、项目设计和概算编制及审查、项目实施管理、土地权属管理、项目验收、工程管护、监督检查等方面，严格按照《河南省土地综合整治项目管理暂行办法》规定的要求和程序进行。在实际工作中，要防止"重规划，轻验收"、"重建设，轻管护"的现象发生，才能保证土地综合整治项目长期、有效、稳定地发挥效益。

建立科学化指标体系。目前，各地土地综合整治项目的设计实施主要以地方政府的主观意愿为主，但不容忽视的是，部分整治项目实际是地方政府在用地指标约束、土地财政推动、对城市化热衷、对政绩追求等目标驱动下开展的，因而缺乏对项目实施的必要性、适宜性和可行性的评估和论证。所以有必要开发一套综合性的技术方法和指标体系，在项目实施前测算土地综合整治项目的适宜性程度、目标取向，因势利导，选取适宜的土地综合整治方法。在项目实施后，对土地整治项目的经济效益、社会效益、生态效益进行综合评估、验收。

（二）建立分级管理的项目管理机制

按照权责一致的原则，探索建立管办分离、分级管理的项目管理机制。省级国土资源管理部门负责研究制定项目管理政策、计划下达、项目规划设计审查论证以及省级重大项目审查、验收和监督检查等工作；市级国土资源管理部门负责省级重大项目的组织及申报工作，负责省级重大项目以外所有土地综合整治（整理复垦开发）项目的立项批准、规划设计批复与概算审查，指导项目实施，负责项目竣工验收等工作；县级国土资源管理部门在当地人民政府的组织领导和市级国土资源管理部门的指导监督下开展工作。对项目管理和实施的合法性、真实性、合规性负责。负责本行政区域内项目选址，组织项目可行性研究报告、规划设计及概算的编制审查，监督管理项目实施，组织实施权属调整，组织项目初验等工作；县级国土资源土地整理机构为项目承担单位，对项目建设履行法人责任，负责组织项目的实施等工作。经县级人民政府同意，项目法人可委托项目所在地乡（镇）级人民政府负责组织项目实施。

（三）完善土地综合整治项目资金管理

土地综合整治项目涉及资金量大，资金的使用管理要严格按照专款专用的要求，要坚持施工单位申请、监理审核、县（市、区）国土资源局实地核实的工作程序，按照工程进度及时拨付工程进度款，不得影响施工进度，要配合财政、审计部门做好项目资金的监管，确保资金使用安全。

在县（市、区）人民政府的统筹下，按照"渠道不乱、用途不变、专项管理、统筹安排、各计其功"的原则，整合土地整理复垦开发、增减挂钩、农村公路建设、农业综合开发、农田水利等涉农资金，集中使用。资金以各相关子项目设计和预算为依据，依照土地整理复垦开发、基础设施建设、村庄整治等实际工程量确定。项目资金实行预算管理，专款专用，专账核算，资金拨付和使用必须控制在项目预算范围之内，不得办理超范围、超预算和虚列的支出。项目资金拨付工作应遵循严格管理、实事求是、追踪问效的原则，按照项目实施进度和有关规定拨付，县（市、区）人民政府应当建立项目财务管理制度。用新增建设用地土地有偿使用费复垦拆旧区等新增的耕地，不能用于项目区外的城乡建设用地增减挂钩。加强监督检查和审计，确保土地整治专项资金有效使用。

（四） 细化实施管理制度

实施管理是土地整治项目管理的核心内容。进一步细化完善实施管理制度体系，强化工程进度控制、质量控制和资金控制，提高实施管理能力和水平，是确保土地整治工作取得实效的关键所在。要进一步完善项目法人制、招投标制、合同制、监理制以及审计、验收、档案管理等各项常规管理制度。鼓励地方探索土地整治项目工程实施模式，允许财政投资土地整治项目资金直接投向符合条件的农民合作社。建立健全集中统一、全程全面的土地整治项目信息备案和监测监管制度，提高日常监测监管能力和水平。进一步完善重大工程实施和示范建设评估监测制度。

（五） 创新后期管护制度

后期管护工作效果是决定土地综合整治项目建设成果能否持久发挥效益的关键。要坚决扭转"重建设，轻管护"的倾向，因地制宜建立健全后期管护制度，充分发挥各方面作用，形成专业管护与群防群护相结合、共同推进后期管护工作的良好局面。要按照中央和省内要求，加快落实农业灌排工程运行管理费用由财政适当补助的政策。农民合作社基础较好的地方，要引导国家投资项目形成的资产移交给合作社管护，指导合作社建立健全项目资产管护机制。对于高标准基本农田建设项目，要按照"高标准建设、高标准管护、高标准利用"的要求，建立健全高标准基本农田管护制度。

五、强化人才和科技保障

（一） 加强土地综合整治专业人才队伍建设

以"稳量、提质、增效"为核心，以培养土地整理、复垦人才为重点，以整治促建设、以建设促保护、以复垦促利用为目标，打造一支专业知识精、技术水平高、创新能力强的复合型人才队伍，构建集"产、学、研、用、推"为一体的土地综合整治技术体系。

加快土地综合整治科技人才培养。积极探索以重点学科、创新平台、野外科研基地为依托，以学科带头人为核心，围绕重大项目凝聚学术队伍的人才组织模式，加强科学研究领军型人才、技术型人才、应用型人才的培养，积极探索引进国内外高层次科技人才；实施土地整治人才跟踪协调服务制度，及时协调解决人才培养过程中存在的困难，培养一大批品德优良、基础厚实、知识渊博、专业精深的土地综合整治科技人才。

加强对从事土地综合整治工作人员的培训。一是分期分批对领导干部、乡镇干部、相关部门工作人员、专业技术人员等进行培训，开展相关法律法规、政策措施、资金管理、工程管理、项目验收等内容的学习培训，提高相关人员的认识水平和业务素质。二是进一步加大项目实施管理人员培训力度，在掌握实施管理知识的基础上，稳步推进新技术在项目管理中的应用，加强项目动态管理，建立项目申报、计划安排、实施、验收等一体化信息管理和监控系统，逐步实现全系统联网，实行"在线监控"，运用信息技术对项目管理情况进行跟踪监控，不断提高项目管理水平。

建立一支现代化的土地综合整治干部队伍。提高政治素质，坚决贯彻落实科学发展观，具有大局观念和战略思考。培养协同作战意识，要在党委、政府的统一领导下，加强协调配合，共同做好工作，推进科学发展。全面提升业务素质，针对新时代提出的新要求，坚持与时俱进，加强政策研究，树立科学管理的理念，全面提高业务素质。全面提高工作效率。进一步提高政策理解能力和执行力。

加强有利于土地整治人才成长的制度建设。一是按照国家有关政策，建立和完善有利于激发人才活力、鼓励人才创新的各类人才薪酬制度、收入分配激励制度，在单位内部分配上向关键科研岗位和优秀顶尖人才倾斜。二是建立和完善高层次创新型科技人才奖励制度，形成以政府奖励为导向、用人单位奖励为主体、社会力量奖励为补充的人才奖励体系，落实有关福利政策，改善工作环境和生活条件。三是以土地整治科技项目、土地整治重大工程为着力点，以项目促人才、以人才促发展，完善土地整治关键技术研发、示范和推广应用体系。四是制定人才引进和培育的优惠政策，定期选派一批青年人才进行进修和培训，并有计划地引进一批优秀人才。

（二）积极开展土地综合整治科技创新

以生态文明建设、创新驱动发展战略为统领，贯彻自主创新、重点跨越、支撑发展、引领未来的方针，加强土地整治基础理论和前沿技术研究，完善科技投入和人才培养机制，促进土地整治科技更好地为土地整治事业发展服务。

发挥科技对土地整治工作的引领作用。以土地整治领域重大科技问题为核心，着力提升解决重大资源环境问题的能力，以提升土地整治科技自主与集成创新能力、研发与应用能力作为关键环节，实现关键技术的突破和集成创新，充分发挥科学技术对土地整治行业发展的引领作用，服务于国家资源安全保障和统筹经济社会协调发展。关注重点领域，搭建科技平台。根据经济社会发展与资源保护等的紧迫需求，开展重点重大专项研究，把发展重点领域关键技术作为提升行业整体水平的突破口；加强科学和技术基础设施与条件平台建设，建立共享机制，培养土地整治高端科技人才，加强土地整治科技持续创新能力建设，达到以科技发展的局部跃升带动土地整治整体科技水平提升的要求。建立示范模式，社会广泛参与。通过开展典型地区科技创新示范，推进科技成果工程化、实用化，引导地方依靠科技提升管理效能；积极引导高等院校、科研院所、高新企业等外部力量参与土地整治科技创新，逐步实现"产、学、研、用、推"相结合的发展模式，推动土地整治科技工作全流程的现代化发展。

拓宽土地整治科技经费渠道。科技经费投入是土地整治科技持续创新的必要条件，以国家和各级政府财政投入为主，建立多元化、多渠道的土地整治科技投入体系。积极争取国家科技支撑、国家自然科学基金、公益性行业专项和国际合作等项目，各级土地整治系统争取将土地整治科技发展计划列入财政专项预算。充分调动全社会的积极性，鼓励和引导企事业单位、民间组织、社会团体和个人，尤其是具有高新技术创新能力的企业，将资金投入土地整治科技创新领域，保障土地整治科技发展的经费需求。

深化科技机制创新。以土地整治中心系统内科研力量为主，借助科研院所、高等院校等外部力量，鼓励原始创新，突出集成创新，加强引进消化吸收再创新，充分结合区域经济和社会发展的特色和优势，统筹规划区域土地整治科技创新体系和创新能力建设。加大土地整治科技转化力度，探索营造有利于土地整治科技创新的环境和氛围，注重土地整治科学技术实用与推广，逐步构建多环节协调、多部门协作的全国土地整治科技创新体制。

六、保障农民权益

（一）坚持保障农民合法权益

土地综合整治工作，既不能踌躇不前、贻误时机，又不能一蹴而就、一哄而起，要防止违背民意、强拆大建。坚持保障农民合法权益。要把尊重群众的意愿放在首位，充分尊重农民的知情权、参与权，依法保护农民的财产收益权与处置权。在运作模式、规模经营、旧房改造、新居建设、非农就业和社会保障等方面提供多种选择。适当提高农民拆旧建新补偿标准，制定不同地区、不同类别的最低补偿标准和相对统一的补偿办法，便于基层操作。以土地综合整治为契机，切实抓紧抓好农村集体土地特别是集中流转出的耕地、新增耕地、新宅基地、农民住房等确权发证工作，确保农村基本经营制度的稳定。

土地整治腾出的农村建设用地，首先要复垦为耕地，在优先满足农村各种发展建设用地后，经批准可将节约的指标少量调剂给城镇、产业集聚区及重点项目集中使用，其土地增值收益必须及时全部返还农村，用于支持农业农村发展和改善农民生产生活条件，防止农村和农民利益受到侵害。要充分发挥土地综合整治的带动作用，最大限度地拉动农业规模化、产业化经营以及农村基础设施建设等后续产业投资，促进城乡一体化发展。

（二）充分尊重农民意愿

土地综合整治是惠及农民群众的建设活动，农民满意是取得成效的重要标志。在推进土地综合整治试点项目过程中，一定要把群众自愿、群众满意、群众拥护作为先决条件，坚持群众的主体地位，切实维护群众的知情权、参与权、选择权、监督权，民主协商而不强迫命令，突出特色而不强求一律，引导扶持而不包办代替。从项目规划到项目实施全过程，各级国土资源部门要充分尊重农民群众的意愿，通过公告、听证、公示等方式，广泛征求村民组织和农民的意见，依法签订协议，把土地整治项目真正建成"民心工程"、"德政工程"。凡是村民组织和农民不同意的项目，不得强行立项实施。严禁以行政命令的方式强行推进，搞大拆大建，损害农民群众的合法权益。

要在保证项目质量的前提下，鼓励农民参与工程建设，扩大农民就业渠道和收益来源。各地要强化土地整治项目的群众监督制度。项目实施前应将项目建设有关情况公告；实施中应组成村民监督小组进行监督；验收时应了解村民反映，征求意见。搞好土地权属管理要切实保障农民合法权益，项目建设完成后要将土地权属调整方案公开，并及时按规定程序办理土地变更登记和发证手续。项目区要树立国家投资土地开发整理项目标志牌，充分接受群众监督，坚持公开公平。结合实际制定宅基地整理优惠、鼓励政策，鼓励金融机构开展农民按揭建房业务，帮助农民解决建房资金困难，充分调动广大干部群众参与土地综合整治的积极性。

（三）探索建立收益分配机制

根据当地经济发展水平，合理确定涉及农民的承包地、农作物、房屋拆迁等补偿标准，妥善处理土地权属调整中的农民利益问题，维护农民的合法权益。同时，继续通过推行经济补偿和探索"两分两换"政策，鼓励农户退出农村宅基地。建立乡镇、村集体土地综合整治收益分配机制，土地综合整治新增耕地指标按一定比例留在乡镇、村，由乡镇、村自主安排，可有偿调剂或置换建设用地指标，充分调动乡镇、村组织和农户实施整治项目的积极性。

探索农村宅基地有偿退出途径。在充分尊重农民意愿的前提下，引导农村居民点向小城镇、新型农村社区或中心村相对集中。农民自愿放弃宅基地向小城镇集中的，政府给予合理补偿，符合住房保障条件的纳入城镇住房保障范围。农村居民点向新型农村社区或中心村集中的，新建住房使用集体建设用地，根据当地农村住房建设费用标准给予适当补助。鼓励进城创业农民用宅基地换购城镇保障性住房，对自愿交回宅基地且符合城镇住房保障条件的，要优先安排廉租住房、租住公共租赁住房或购买经济适用住房。对农户交回宅基地和住房的，所在县（市、区）政府应委托有资质的中介服务机构进行评估，同农民签订补偿协议，确保补偿合理和按时到位。

防止农民负担反弹。由政府承担的农村公共基础设施、基本公共服务费用和所需劳务，防止转由农民或村集体承担；向农民和农民专业合作社收取的各种费用，要有政策依据，不能超标准、超范围收取；向农民筹资筹劳，要符合一事一议筹资筹劳的适用范围、议事程序和限额标准等规定；农民应得到的补贴补助和补偿，不能被截留、抵扣或挪用。要切实加强农民负担监管，严控加重农民负担和损害农民权益的行为。

七、完善相关政策制度

（一）完善指标使用政策

强化土地利用计划指标分配的约束激励作用。全力争取把河南重点项目列为国家重点项目，使用国家配备的用地指标，缓解省内计划指标不足的压力。同时，要用好各类用地指标。一是要用好挂钩周转指标。对土地综合整治区内的农村建设用地整理，优先安排城乡建设用地增减挂钩周转指标给予配套。挂钩项目区内建新地块的规模，要严格控制在下达的挂钩周转指标以内。对开展土地综合整治的地方，可使用挂钩周转指标，解决新村建设用地问题。二是要用好节约出来的建设用地指标。对农村集体建设用地整理节约出来的土地，在复垦成耕地的同时调剂为建设用地指标的，要按照"先减后增、减增平衡"的原则，优先满足本地建设用地需要，节余部分可以实行有偿转让，用于弥补当地产业集聚区、重要民生工程建设和县域经济发展用地指标的不足，或集中用于保障省内重要发展区域建设用地需求，所得收入要严格用于整理区域内改善农村生产生活条件的基础设施建设。三是要用好耕地"占补平衡"指标。对纳入土地综合整治专项规划的农村建设用地、农用地和未利用地整理复垦开发形成的新增耕地，可用于"占补平衡"的指标可实行有偿转让，优先用于产业集聚区等县域经济建设项目占用耕地的补偿。

（二）推行信息公开制度

信息公开制度是有关保障公众了解权和对了解权加以必要限制的法律制度。推行土地整治信息公开制度，也是为了更好地保障群众的知情权、参与权和监督权，是对公告制度进一步的完善和提升。要将土地整治规划、项目规划设计及其变更、项目实施、竣工验收等信息及时向社会公众公开，提高土地整治工作透明度，实行土地整治"阳光运行"。要加强土地整治宣传和舆论引导，建立健全与社会各界的沟通机制，提高社会公众对土地整治的认知程度，提升土地整治品牌形象，为土地整治事业发展积极营造良好的社会舆论氛围，争取最大范围的拥护和支持。

（三）建立健全听证制度

听证制度来源于西方国家，建立听证制度的目的在于保障和深化公众参与。听证从形式上可分为正式听证和非正式听证，区别主要在于公众参与的方式和程度不同；以听证举行的时间为标准，又可分为事前听证、事后听证和混合听证。土地综合整治是一项复杂的经济社会活动，直接涉及群众的切身利益。建立健全土地综合整治听证制度，就是要完善土地综合整治工作流程，在土地综合整治规划编制、土地综合整治项目规划设计与工程建设中，充分听取当地群众的意见建议，引导群众全程参与，接受社会公众对土地综合整治活动的全过程监督，以更充分地表达群众的利益诉求，切实维护和保障群众权益。

（四）建立多元化激励机制

一是建立农田整治的激励机制。加大地方财政的转移支付力度，构建区域补偿机制，完善新增费因素法分配制度，加大对基本农田保护和补充耕地重点地区的支持力度。使用新增费开展高标准基本农田建设，可不受有关新增耕地率规定的限制。鼓励农村集体经济组织和农民依据土地整治规划开展高标准基本农田建设，探索实行以补代投、以补促建、先建后补等实施方式。

二是探索建立促进城镇低效用地开发的机制。在试点示范基础上，研究制定相关政策，鼓励企业在符合规划、不改变用途的前提下挖掘存量建设用地潜力，提高土地利用率，促进土地深度开发，以土地利用方式转变促进经济发展方式转变。

三是探索土地复垦激励机制。按照"谁投资，谁受益"的原则，鼓励和引导社会资金参与土地复垦。依据《土地复垦条例》等有关规定，综合运用退还耕地占用税、补充耕地指标奖励、经济补贴等手段，调动土地复垦义务人、社会投资主体、土地权利人以及地方政府参与土地复垦的积极性和主动性。

四是构建土地整治市场化机制。研究探索土地整治市场化资金运作模式，建立多元化的土地整治投融资渠道，形成以政府资金为主导、吸引社会资金投入的土地整治资金保障体系。制定社会资金投入土地整治的优惠政策，建立健全社会资本准入和退出机制，推进土地整治产业化。

（五）营造良好的土地综合整治市场环境

一流的事业必须有一流的从业机构和队伍支撑，必须有安全高效、公平公正、竞争有序的市场氛围。在各级政府机构简政放权、转变职能的改革背景下，要积极营造和维护良好的土地整治市场秩序，创造公平竞争、优胜劣汰的市场环境。要发展土地整治专业教育，建立健全土地整治从业人员上岗认证和机构资质认证制度。要加强对从业机构的资信管理，设立从业机构诚信档案，规范土地整治市场服务，建立规划设计、造价咨询、招标代理、工程监理、工程施工等机构准入和退出机制。加强土地整治专业技术培训，促进土地整治各类从业机构和队伍不断提高服务质量。

八、加大舆论宣传

（一）加大宣传力度

土地综合整治不是单纯地造多少地或用多少地的问题，它事关我们在新政策、新形势下能不能处理好保护资源与保障发展的关系，处理好依法行政和搞好服务的关系；事关能否坚守耕地红线、保障国家粮食安全、提高农业效率、推进农业现代化；事关河南全省经济发展、城乡一体化进程和科学推进新型城镇化能否得到足够的用地保障；事关能否加快经济发展方式转变，以及促进生态文明建设、打造"美丽河南"的成效。因此需要加大宣传力度，深入广泛地宣传土地综合整治工作。

首先，要加强在政府层面的宣讲。围绕土地综合整治的基本概念、土地综合整治的重要性、土地综合整治所涉及的系列政策，加大政策宣传力度，促进各级政府及相关职能部门深刻认识土地综合整治和"人地挂钩"政策对促进地方社会经济发展方面的重大意义，提高地方政府的工作热情和主动性。其次，采取办培训班集中培训等方法，分期分批对乡镇干部、相关部门工作人员、专业技术人员等从事土地综合整治和"人地挂钩"的具体工作人员进行业务培训，开展相关法律法规、政策措施、资金管理、工程管理、项目验收等内容的学习培训，提高相关人员的认识水平和业务素质，增强其对相关政策和工作程序的熟悉程度，灵活解决工作中出现的有关问题。最后，要逐步加强土地综合整治和"人地挂钩"试点工作宣传，突出工作成效和亮点，增强社会公众的认识和了解，争取赢得社会广泛支持。

（二）发挥示范典型带动作用

好的典型具有明显的示范带动作用。北京、天津、浙江、江苏、河南、湖南、安徽、四川、辽宁、贵州等地积极开展了多种多样的整村整镇推进土地综合整治的试点工作，成都、扬州正在推进全市域土地整治试点工作。试点工作取得了丰富的实践经验，非常值得我们借鉴和参考。

河南的土地综合整治工作要根据经济社会发展、农业生产发展、农民生活状况改善的阶段，循序渐进，因地制宜，量力而行，实行典型引路、示范先行。一方面，树立示范典型。重点培育一批政府重视、基础条件好、积极性高、群众支持的土地综合整治试点项目，从资金和政策等方面给予大力支持，争取早出成效，并为全省开展土地综合整治工作发挥示范带头作用。另一方面，示范工程的实施，要按照政府主导、部门联动、农民参与的组织方式，采取统筹规划、聚合资金、整村推进的工作模式，在实现耕地总量不减少、质量有提高，建设用地规模不扩大、节约用地水平有提升、农民权益有保障、生产生活条件有改善等方面发挥示范引领作用，集中体现土地整治的综合效益。此外，对于试点取得的丰富的实践经验，需要抓紧总结凝练，使之上升为政策反过来指导实践。边试点、边总结、边规范，以点带面，积极推动土地综合整治政策制度的创新。

（三）创新宣传方式方法

充分发挥媒体的宣传作用。随着传媒新技术新手段的应用，媒体交融也为传播土地综合整治政策开辟了广阔的前景。媒体的快速发展使其在对土地综合整治相关政策宣传方面发挥着重要作用，已成为土地综合整治相关政策的重要载体和有效途径之一。要充分利用电视、广播、网络、报纸等新闻媒体，广泛宣传土地综合整治工作的好处以及重要性和必要性，宣讲国家法律政策，引导群众转变思想观念，推进土地综合整治工作顺利开展。例如，通过大张旗鼓的宣传，使广大群众知道，旧城改造、村庄归并、农地整理等土地综合整治项目，都需要群众参与，同时，使广大群众明白土地综合整治也能给自己带来切身利益，逐步转变其观念，从而积极拥护并自觉参与，推动土地综合整治工作。

创新宣传方式方法。充分借助各类宣传媒介，利用电影下乡、村务公开栏、上门走访及综治网格化管理等时机，不断加大宣传土地综合整治的力度。采用召开动员会、现场会、经验交流会等形式，深入广泛地开展土地综合整治宣传工作。此外，紧紧围绕"土地日"宣传主题，通过制作墙体标语、悬挂横幅、设立咨询台、编制宣传材料、"送法下村"等多种形式开展内容丰富的宣传活动，提高群众对土地综合整治的认知程度，营造珍惜土地资源、节约集约用地、开展土地综合整治的良好氛围。

参考文献

［1］毕维铭. 国土整治与经济建设 ［M］. 北京：中国地理出版社，1992.

［2］蔡娟. 国土整治的国际化特征与发展趋势 ［J］. 今日湖北（理论版），2007（3）.

［3］蔡守秋. 环境资源法教程 ［M］. 北京：高等教育出版社，2004.

［4］柴鲁江. 公益性政府投资项目管理模式中各相关利益主体关系研究 ［J］. 中国工程咨询，2006（2）.

［5］陈常优，王喜，王群中. 土地开发整理项目选择条件评价研究——以河南省为例 ［J］. 资源与产业，2008（5）.

［6］陈光建. 土地利用总体规划环境影响评价指标体系研究 ［D］. 中国科学院成都生物研究所，2005.

［7］陈敏，刁承泰. 土地开发整理研究中的经济效益分析 ［J］. 西南大学学报（自然科学版），2004（3）.

［8］陈苏锦. 土地整理与新农村生态环境建设 ［J］. 才智，2012（5）.

［9］崔巍. 环境保护行政管理体制研究 ［D］. 开封：河南大学，2010.

［10］邓经川，杨庆媛，藏波，孙宇毅. 县域农村土地整理社会效益评价研究——以重庆市云阳县为例 ［J］. 西南农业大学学报（社会科学版），2013（4）.

［11］杜书云. 构建统一用地市场　推动城乡统筹发展 ［N］. 河南日报，2008-10-29.

［12］杜鑫昱，夏建国，章大容. 四川省土地整理项目绩效评价 ［J］. 中国生态农业学报，2015（4）.

［13］樊荣. 土地综合整治效益评价研究 ［D］. 南京：南京农业大学，2011.

[14] 范金梅. 土地整理效益评价研究 [J]. 中国土地，2003（10）.

[15] 方立. 法国的地区差距及其解决措施 [J]. 高校理论战线，1997（10）.

[16] 冯欢. 基于可持续发展的土地整理项目评价指标体系研究 [D]. 武汉：武汉大学，2005.

[17] 冯应斌等. 转型期中国农村土地综合整治重点领域与基本方向 [J]. 农业工程学报，2014（1）.

[18] 高爱军，彭爱华，彭志宏，王克强，朱莉萍. 农村土地综合整治存在的问题及对策 [J]. 中国土地科学，2011（3）.

[19] 高会臣. 土地整理效益分析 [J]. 黑龙江科技信息，2015（9）.

[20] 高向军，靳正山. 中国土地整理与生态环境保护 [J]. 资源产业，2005（2）.

[21] 高向军，彭爱华，彭志宏等. 农村土地综合整治存在的问题及对策 [J]. 中国土地科学，2011（3）.

[22] 高向军. 土地整理理论与实践 [M]. 北京：地质出版社，2003.

[23] 高向军. 土地整理与社会主义新农村建设 [M]. 北京：中国大地出版社，2007.

[24] 高向军等. 中国土地整理与生态环境保护 [J]. 资源与产业，2006（5）.

[25] 葛霖. 重庆市农村土地综合整治效益评价及其影响因素研究 [D]. 重庆：西南大学，2013.

[26] 贵州省人力资源交流合作代表团. 扩大开放推动创新　发挥优势跨越发展——西班牙、意大利经济社会发展经验对贵州的启示 [J]. 当代贵州，2015（3）.

[27] 郭长强. 政府投资工程管理体制改革探析 [J]. 体制改革，2004（1）.

[28] 郭晓鸣，张鸣鸣，孙翠芬. 土地综合整治科学化路径探微——以河南省土地综合整治模式为例 [J]. 学习论坛，2012（6）.

[29] 韩冬，韩立达. 农村土地综合整治绩效评价的 MAUT 及 FANP 分析 [J]. 重庆大学学报（社会科学版），2013（2）.

［30］何芳. 前联邦德国土地整理介绍与分析[J]. 中国土地，1997（10）.

［31］河南省人民政府. 河南省人民政府关于批转河南省创新土地开发利用管理机制专项工作方案的通知［J］. 河南省人民政府公报，2011（10）.

［32］河南省土地综合整治工作领导小组办公室. 河南省土地综合整治实施方案［J］. 资源导刊，2010（1）.

［33］贺国伟，胡能灿. 农村土地综合整治的实践与思考［J］. 资源与人居环境，2011（1）.

［34］胡存智. 城镇化中的土地管理问题［J］. 行政管理改革，2012（11）.

［35］胡叔宝. 对政府决策成本的研究［C］//政治改革与政府转型. 北京：社会科学文献出版社，2009.

［36］胡哲. 浅析影响土地综合整治效益的因素［J］. 科技致富向导，2011（8）.

［37］黄一刚. 当前政府投资项目管理中的问题分析及对策研究［D］. 成都：西南财经大学，2003.

［38］纪素霞. 试论农村土地整理与农业现代化［J］. 安徽农业大学学报（社会科学版），2009（4）.

［39］贾文涛，张中帆. 德国土地整理借鉴［J］. 资源产业，2005（2）.

［40］贾文涛. 德国土地整理借鉴［J］. 中国土地，2006（5）.

［41］姜晓萍等. 还权赋能：治理制度转型的成功经验［J］. 公共行政评论，2011（12）.

［42］蒋胜强. 长沙市农村土地综合整治融资模式研究［D］. 长沙：湖南师范大学，2011.

［43］蒋书铭. 河南土地十年历程［M］. 北京：中国大地出版社，1998.

［44］井敏. 服务型政府概念辨析［C］//服务型政府与和谐社会［M］. 北京：北京大学出版社，2005.

［45］黎诚，猴武龙，吴茗华等. 广东省土地整治规划效益评价与分析［J］. 安徽农业科学，2012（5）.

［46］李晨，吴克宁，刘新卫. 土地整治促进城乡统筹［J］. 中国土地，2013（4）.

［47］李翠菊，刘天明.土地整理对区域生态环境的影响［J］.资源环境与发展，2011（3）.

［48］李东伟.河南省土地整理与新农村建设统筹研究［D］.开封：河南大学，2010.

［49］李红，魏晓，刘传明.传统土地整理规划与景观生态型土地综合整治规划之比较［J］.国土资源导刊，2014（10）.

［50］李见秋.农村土地综合整治存在的问题及对策［J］.国土资源导刊，2013（10）.

［51］李倩等.我国农村土地综合整治运行逻辑与实证研究——成都试验解析［J］.经济体制改革，2013（3）.

［52］李如义.土地开发整理项目资金管理体制再造［J］.中国土地，2005（6）.

［53］李树宏.创新体制，推进农村土地综合整治［J］.中国土地，2010（12）.

［54］李文波.土地整理中生态环境问题的研究［J］.建设社会主义新农村土地问题研究，2006（11）.

［55］李鑫锋.土地整理生态效益评价研究［D］.南京：南京农业大学，2006.

［56］李雪敏.商洛市土地整治综合效益评价研究［J］.经济论坛，2012（10）.

［57］李越.河南省农村土地综合整治中存在的问题与对策建议［J］.农业经济与管理，2013（3）.

［58］梁海燕.我国国土整治中存在的问题及法律对策［J］.甘肃农业，2007（2）.

［59］梁敏.农村土地整治社会效益评价研究［D］.南京：南京农业大学，2011.

［60］林艳丽，闫弘文.农村土地综合整治效益评价指标体系探究［J］.鲁东大学学报（自然科学版），2011（2）.

[61] 刘斌. 基于模糊综合法的土地综合整治项目绩效评价——以江苏省泗洪县双沟镇项目为例 [J]. 现代农村科技, 2014 (15).

[62] 刘伯龙等. 当代中国公共政策 [M]. 北京: 复旦大学出版社, 2000.

[63] 刘海楠, 王德起. 区域经济协调发展驱动下的农村土地综合整治研究 [J]. 农业经济, 2014 (3).

[64] 刘红芳, 邹自力, 邹历, 陈娴. 基于鄱阳湖生态建设视角的土地整治生态效益评价——以九江市星子县土地整治项目为例 [J]. 东华理工大学学报 (社会科学版), 2015 (2).

[65] 刘姝驿, 杨庆媛, 何春燕等. 基于层次分析法 (AHP) 和模糊综合评价法的土地整治效益评价——重庆市 3 个区县 26 个村农村土地整治的实证 [J]. 中国农学通报, 2013 (26).

[66] 刘卫东等. 土地资源管理学 [M]. 上海: 复旦大学出版社, 2005.

[67] 刘雪冉, 赵艳玲, 信凯等. 皖江城市带土地综合整治现状评价 [J]. 国土资源科技管理, 2012 (3).

[68] 刘艳红. 农村居民点整治效益评价研究 [D]. 泰安: 山东农业大学, 2012.

[69] 刘跃斌. 农业基础设施使用寿命短的原因及对策 [J]. 农业技术与装备, 2014 (24).

[70] 刘志峰. 以土地整理为载体 助推城乡统筹发展——河北省张北县农村土地整理工作调研 [J]. 中国土地, 2010 (12).

[71] 龙花楼. 论土地整治与乡村空间重构 [J]. 地理学报, 2013 (8).

[72] 卢晓峰, 刘战豫, 时三帅. 国土开发整治工作浅议 [J]. 焦作工学院学报 (社会科学版), 2004 (4).

[73] 鲁建平. 当前我省农村土地整治现状、问题及对策 [J]. 浙江国土资源, 2009 (9).

[74] 罗均等. 土地整理: 从行政主导型到全程产业化 [J]. 中国土地, 2004 (8).

[75] 罗明, 曹著, 何雄飞. 荷兰土地整理研究及借鉴 [N]. 国土资源报

（土地版），2000-04-13.

［76］罗明，张惠远. 土地整理及其生态环境影响综述［J］. 资源科学，2002（2）.

［77］罗明等. 中德土地整治公众参与比较研究［J］. 中国土地，2013（5）.

［78］马军成，王令超. 河南省宜阳县土地综合整治分区研究［J］. 国土资源科技管理，2011（6）.

［79］牛传军，贾芳芳，马好霞，王秀茹. 土地整理对区域生态环境的影响分析［J］. 水土保持研究，2008（2）.

［80］潘文灿. 中外专家论国土规划［M］. 北京：中国大地出版社，2003.

［81］潘珍妮，刘应宗，高红江. 农村土地综合整治项目效益评价方法研究［J］. 西北农林科技大学学报（社会科学版），2012（5）.

［82］潘珍妮，刘应宗，高红江. 农村土地综合整治项目效益评价方法研究［J］. 西北农林科技大学学报（社会科学版），2012（5）.

［83］平卫. 对农村土地综合整治工作的思考［EB/OL］. http：//www.mlr.gov.cn/tdsc/lltt/201005/t20100518_149269.htm，2010-05-18.

［84］乔润令，顾惠芳，王大伟. 我国土地综合整治的现状、问题与对策［J］. 宏观经济管理，2012（2）.

［85］曲福田. 典型国家和地区土地整理的经验及启示［J］. 资源与人居环境，2007（20）.

［86］渠晓莉，毋晓蕾，陈常优等. 土地综合整治效益评价研究——以河南省陕县为例［J］. 国土资源科技管理，2010（6）.

［87］荣联伟，师学义. 基于 AHP 和熵权法的县域耕地整理潜力评价［J］. 江西农业大学学报，2014（2）.

［88］商海涛，王承武. 土地综合整治项目实施效益评价［J］. 天津农业科学，2015（10）.

［89］邵赤平. 资源环境与发展［M］. 北京：中国地质大学出版社，1998.

［90］申玉铭，毛汉英. 国外国土开发整治与规划的经验及启示［J］. 世界地理研究，2004（13）.

［91］沈满洪，何灵巧. 外部性的分类及外部性理论的演化［J］. 浙江大

学学报（人文社会科学版），2002（1）.

[92] 盛国民. 明确责任、创新机制，着力构建节约集约利用新格局 [J]. 资源导刊，2014（1）.

[93] 史德. 对乐都县土地开发整理工作的思考 [J]. 青海国土经略，2007（1）.

[94] 宋迎新. 农村土地整治的突破口在于制度创新 [J]. 浙江国土资源，2010（1）.

[95] 苏可喜. 思路一变天地宽——鄢陵县耕地保护工作纪略 [J]. 资源导刊，2015（8）.

[96] 孙丽娟，张永红，赵宝民. 宁夏中北部土地整治效益评价指标体系构建 [J]. 中国工程咨询，2013（12）.

[97] 唐添. 山东省土地综合整治措施探析——以莒南县为例 [J]. 安徽农业科学，2013（17）.

[98] 陶信平，陈蓉. 陕西省土地整理存在的问题及对策 [J]. 陕西农业科学，2006（1）.

[99] 田玉福. 城与乡同样美——德国土地整治经验与启示 [J]. 资源导刊，2013（9）.

[100] 万丽平. 我国耕地资源消费及其保护的体制与政策分析 [D]. 南京：南京农业大学，2005.

[101] 王瑷玲，刘文鹏，纪广韦，李英. 山东低山丘陵土地整治区耕地生态价值评价 [J]. 农业工程学报，2013（S1）.

[102] 王德钧，唐龙斌，王秀培. 大力开展农村土地综合整治为经济社会发展服务——以江油市为例 [J]. 资源与人居环境，2012（6）.

[103] 王国敏，翟坤周，周庆元. 我国农村土地综合整治面临的矛盾及化解对策 [J]. 理论视野，2013（8）.

[104] 王佳. 内黄县耕地利用生态风险评价 [D]. 开封：河南大学，2010.

[105] 王静，郝晋珉，段瑞娟. 农地利用社会效益评价的指标体系与方法研究 [J]. 资源产业，2005，7（1）：64-67.

[106] 王静. 农用地社会效益评价的理论与方法研究 [D]. 北京：中国

农业大学，2005.

[107] 王珊，张安录，张叶生. 湖北省农用地整理综合效益评价——基于灰色关联方法 [J]. 资源科学，2013（4）.

[108] 王思敬. 河南省新型城镇化发展路径及对策研究 [J]. 改革与战略，2015（2）.

[109] 韦俊敏，胡宝清. 基于改进 TOPSIS 法的土地整治合理度评价——以广西农垦国有金光等 4 个农场为例 [J]. 资源科学，2013（7）.

[110] 毋晓蕾. 土地综合整治效益评价 [D]. 开封：河南大学，2010.

[111] 吴次芳等. 土地整治发展的理论视野、理性范式和战略路径 [J]. 经济地理，2011（10）.

[112] 吴付艳，郑艳东，葛京凤. 基于模糊综合评价的土地整治效益分析——以河北省太行山山前平原为例 [J]. 中国农机化学报，2013（5）.

[113] 吴海洋. 农村土地整治：助推农业现代化 [J]. 求是，2012（7）.

[114] 吴海洋. "十二五"时期中国土地整治工作思考 [J]. 中国土地科学，2013（10）.

[115] 吴怀静，杨山. 基于可持续发展的土地整理评价指标体系研究 [J]. 地理与地理信息科学，2004（6）.

[116] 吴守恒，秦明周，李晨. 河南省国土整治管理体制探究 [J]. 安徽农业科学，2009（21）.

[117] 吴小璐. 集体主导型农地流转模式的演化动力及趋势分析 [J]. 农业经济，2013（5）.

[118] 谢炳庚，胡贤辉. 土地综合整治的六个关键 [J]. 国土资源导刊，2009（9）.

[119] 谢炳庚，谢光辉. 开展土地整理是合理利用和保护土地资源的战略措施——以湖南为例 [J]. 农业现代化研究，2001（8）.

[120] 谢蓉. 国外区域经济政策的特点及其启示 [J]. 外国经济与管理，1997（7）.

[121] 熊广成，吴晶晶，赵志江，孟庆香. 基于农村土地流转的土地综合整治研究——以河南省为例 [J]. 安徽农业科学，2012（4）.

［122］许昌市统计局. 对许昌市开展土地综合整治情况的思考 ［EB/OL］. http：//www.ha.stats.gov.cn/hntj/tjfw/tjfx/sxsfx/ztfx/webinfo/2009/07/1245840397890 0330.htm，2009-07-09.

［123］许青云. 新型城镇化的内涵、问题及对策［J］. 经济研究导刊，2014（12）.

［124］薛华等. 我国政府投资项目管理方式分析［J］. 经济与管理，2004（1）.

［125］薛思学，张克新，黄辉玲等. 土地整治项目绩效评价研究——以黑龙江省为例［J］. 国土与自然资源研究，2012（1）.

［126］严金明，夏方舟，李强. 中国土地综合整治战略顶层设计［J］. 农业工程学报，2012（14）.

［127］严金明，夏方舟，杨丹凤. 新型城镇化背景下中国土地整治的转型发展研究［J］. 土地经济研究，2014（1）.

［128］严金明，钟金发，池国仁. 土地整理 ［M］. 北京：经济管理出版社，1998.

［129］严金明. 有序有度开发国土空间［J］. 中国国土资源报，2013（5）.

［130］晏敬东. 法国国土整治和区域发展政策［J］. 武汉汽车工业大学学报，2000（5）.

［131］杨鸿泽. 绩效评价如何更具科学性——基于公共治理理论的土地整治绩效评价机制［J］. 中国土地，2014（4）.

［132］杨建波等. 我国农村土地整治的发展态势与重点研究领域［J］. 国土资源科技管理，2012（1）.

［133］杨俊，王占岐，金贵等. 基于 AHP 与模糊综合评价的土地整治项目实施后效益评价［J］. 长江流域资源与环境，2013（8）.

［134］杨庆媛，张占录，杨华均. 土地开发整理项目社会影响评价方法探讨［J］. 中国土地科学，2006（3）.

［135］尹贻林等. 政府投资项目代建制理论与实务 ［M］. 天津：天津大学出版社，2006.

［136］余际可. 土地综合整治项目经济评价浅析 ［J］. 湖南水利水电，2012（6）.

[137] 袁华.土地综合整治在"三化"协调发展中的作用及应注意问题[J].资源导刊，2012（10）.

[138] 袁勇，王成清.对土地综合整治是生态文明建设重要抓手的思考[J].资源与人居环境，2013（2）.

[139] 约翰·克莱顿·托马斯.公共决策中的公民参与：公共管理者的新技能与新策略［M］.孙柏瑛等译.北京：中国人民大学出版社，2004.

[140] 郧文聚，杨红.农村土地整治新思考[J].中国土地，2010（3）.

[141] 郧文聚，宇振荣.中国农村土地整治生态景观建设策略［J］.农业工程学报，2011（4）.

[142] 张成福等.公共管理学［M］.北京：中国人民大学出版社，2004.

[143] 张健雄，李敏，王宝山.焦作矿区塌陷土地复垦与可持续利用[J].地域研究与开发，2003（6）.

[144] 张晋石.荷兰土地整理与乡村景观规划［J］.中国园林，2006（5）.

[145] 张俊凤，花盛，刘友兆，孟展.基于改进灰靶模型的土地整治可持续性评价研究——以江苏省为例［J］.长江流域资源与环境，2014（2）.

[146] 张世全，李汉敏，张霭丽，张震，冯长春.基于农村土地整治的河南新型城镇化问题研究［J］.中国国土资源经济，2012（8）.

[147] 张庶，金晓斌，魏东岳，周寅康.土地整治项目绩效评价指标设置和测度方法研究综述［J］.中国土地科学，2014（7）.

[148] 张婷婷.基于土地整治的美好乡村建设研究［D］.合肥：安徽农业大学，2013.

[149] 张昕，于清峰，郭晓枫等.农村土地综合整治中存在的问题与对策建议［J］.绿色科技，2011（12）.

[150] 张野，苏芳莉.土地整理过程中的水土流失与防治对策［J］.水土保持应用技术，2008（10）.

[151] 张勇，吴丽萍.安徽省池州市农村土地整治实践与启迪［J］.安徽农业大学学报（社会科学版），2011（5）.

[152] 张忠明，钱文荣.不同兼业程度下的农户土地流转意愿研究——基于浙江的调查与实证［J］.农业经济问题，2014（3）.

［153］赵国锋，段禄峰.西部地区生态城镇建设的理论、构想和路径［J］.现代城市研究，2013（4）.

［154］赵绘宇.生态系统管理法律研究［M］.上海：上海交通大学出版社，2006.

［155］赵云峰.唐山市旱情分析及抗旱对策［J］.中国农业信息，2014（24）.

［156］郑财贵，邱道持，叶公强，张孝成，梁启学.论一体化管理的国土整治规划思想——以重庆市璧山县大路镇国土整治规划为例［J］.中国农学通报，2009（24）.

［157］中共河南省委关于科学推进新型城镇化的指导意见［N］.河南日报，2014-01-06.

［158］中华人民共和国国土资源部地价信息.郑州、新乡、南阳、商丘、驻马店地价信息表［EB/OL］.http：//www.mlr.gov.cn/tdsc/djxx/，2013-01-31.

［159］周建等.规模效应、生态安全、限制因素耦合的农用地整治研究——以天津市蓟县为例［J］.资源科学，2014（4）.

［160］周庆行，杨兴坤.建设服务型政府的困扰［J］.党政论坛，2004（5）.

［161］周婷，胡庆国.土地综合整治项目效益评价指标体系研究［J］.科技信息，2013（3）.

［162］周婷.土地综合整治项目效益评价研究［D］.长沙：长沙理工大学，2013.

［163］朱德举，卢艳霞，刘丽.土地开发整理与耕地质量管理［J］.农业工程学报，2002（7）.

［164］邹佳岑.如何搞好土地整理以推进现代农业建设［J］.资源与人居环境，2009（23）.